金融科技

卓有成效的金融创新实践

［英］尼尔斯·佩德森（Niels Pedersen） 著

董良和 译

中国科学技术出版社

·北 京·

© Niels Pedersen, 2021

This translation of Financial Technology is published by arrangement with Kogan Page.

北京市版权局著作权合同登记　图字：01-2022-4203

图书在版编目（CIP）数据

金融科技：卓有成效的金融创新实践 /（英）尼尔斯·佩德森（Niels Pedersen）著；董良和译 . —北京：中国科学技术出版社，2023.7
　ISBN 978-7-5236-0209-6

Ⅰ . ①金… Ⅱ . ①尼… ②董… Ⅲ . ①金融—科学技术—研究 Ⅳ . ① F830

中国国家版本馆 CIP 数据核字（2023）第 085987 号

策划编辑	杜凡如　王秀艳	责任编辑　杜凡如
封面设计	北京潜龙	版式设计　蚂蚁设计
责任校对	张晓莉	责任印制　李晓霖

出　　版	中国科学技术出版社
发　　行	中国科学技术出版社有限公司发行部
地　　址	北京市海淀区中关村南大街 16 号
邮　　编	100081
发行电话	010-62173865
传　　真	010-62173081
网　　址	http://www.cspbooks.com.cn

开　　本	710mm×1000mm　1/16
字　　数	280 千字
印　　张	22
版　　次	2023 年 7 月第 1 版
印　　次	2023 年 7 月第 1 次印刷
印　　刷	大厂回族自治县彩虹印刷有限公司
书　　号	ISBN 978-7-5236-0209-6/F·1155
定　　价	69.00 元

（凡购买本社图书，如有缺页、倒页、脱页者，本社发行部负责调换）

致谢

感谢TLT律师事务所的大卫·加德纳（David Gardner）、纽卡斯尔大学的凯伦·艾略特（Karen Elliott）博士和英国特许银行家协会的马克·罗伯茨（Mark Roberts）博士对本书初稿的反馈。此外，作者还要感谢米哈尔·格罗梅克（Michal Gromek）及巴勃罗·内波罗日涅夫（Pablo Neporozhnev），感谢他们为本书的支持，感谢他们卓有成效的建议及鼓励。

本致谢排名不分先后。

推荐序

传统的银行和金融体系曾一度被视为全球贸易及产业的支柱。这种金融体系以政府发行的（法定）货币为基础，由政府集中管理。该体系中的主要代理机构通过股票及地方交易机构就现金价值达成一致，推动交易，把控经济。关键代理人及经纪人之间的交换具有物质性，大众无法直接参与。相反，零售银行部门聘请财务经理及专家为客户提供一系列服务，以换取贷款及抵押贷款等利息支付——这是该体系的一个独特利润动机。几个世纪以来，以银行经理与消费者之间建立的社会信任契约为基础的体系垄断了市场，主导着消费者的选择。这一体系表明了一种互惠互利的关系，在赢利的同时又可保护客户的财务利益及个人数据（硬拷贝分类账）。

在2007—2009年全球金融危机（GFC）之前，如果有人质疑当时银行的主导地位或者讨论失去消费者信任的话题，就会遭到嘲笑，因为人们不理解这种独特的嵌入社会的管理者与消费者之间的关系。自全球金融危机以来，我们经历了一系列事件，这些事件逐渐揭开了老牌金融机构在宏观层面的集权（及特权）地位，揭开了一些可疑的交易行为。据报道，某些依赖于不发达算法的交易行为属于虚假交易。换句话说，这种行为就是忽视了阿达·洛芙莱斯（Ada Lovelace）的警告："算法只能做我们已知的并且命令它去执行的事情。"事实上，引入企业合理化因素，提高新技术创新水平，挑战现有体系及其基础，这就是"挑战者"银行。此类创新开始打破金融体系的平衡，开辟了一条去中心化交换形式的新路，这种交换形式从物理交换转向数字交换，宣示着如今人们所熟知的金融科技

（fintech）行业的崛起。

如今，我们生活在"数字经济"的时代，金融科技发挥着重要作用，帮助人们了解来自计算机科学与数据科学的新术语和新技能及其带来的重大社会技术转型和挑战。金融科技极大地推动了技术发展，为消费者在财务决策方面提供了更多选择。据报道，新冠感染疫情暴发之后，人们开始重新思考现金实物交易、金融及银行体系，以实现全面数字化社会或无现金社会。因此，我们不必再谨小慎微地去和银行经理探讨诸如那些我们的银行余额情况怎样，可不可以获得贷款这类稀松平常的问题。数字"机器人"或数字处理助手可以驾轻就熟地处理此类问题，给出答复。这种社会技术的转变表明，线上平台重新定义了人们和金融之间的社会关系及物理关系。金融安全及金融系统的控制权正在由大型金融机构转移到个人，金融控制得以分散，金融选择更加灵活。我们有新式银行、挑战者银行及金融科技初创企业，这些银行及企业打破了金融机构在银行服务及金融服务领域一家独大的垄断局面。

各类组织该如何应对金融服务的这种转变？简而言之，技术创新及合作的时代已经到来，而且人们还将技术创新及合作视为保持竞争优势的关键。那些选择不予合作、不去参与下一次产业革命的组织将会面临惯性风险，那些思维方式和结构体系僵滞，缺乏灵活性且无法适应转变的组织可能将会面临出局。实体银行分支机构的渐次关闭就是一例。现存银行业及金融业所面临的真相就是，要么适应，要么合作，要么倒闭。尽管与挑战者相比而言，这些产业仍然保持相对较大的客户群体，但变革将悄然而至。

此外，伴随创新，将产生无数数字法规，一些现有规则及治理与金融科技的创新也在同步，进行数字转型，以确保消费者的权益并注重洛芙莱斯关于适应技术的警告。然而，向分散体系转型是一个很复杂的过程，需要通过网络、应用程序编程接口（API）和新的银行平台（即开放银行平台）以及支付监管找到一条路径。因此，如果只购买现成的技术解决方案，而不是再招新人到网络体系、组织或机构，则这种认知可能会导致利润动机摇摆不定。自全球金融危机以来，神秘的中本聪（Satoshi Nakamoto）[①]通过分布式账本技术支撑区块链及加密货币，实现了第一个去中心化的金融应用。其基础核心原则（几乎是"颠覆传统"）旨在改变金融博弈，分散对金融体系的控制。这无疑凸显了集中体系的局限性。

自2008年以来，去中心化金融的发展状况如何？这对各类组织意味着什么？正如我们所讨论的那样，文化及技术变革规模如此之大，需要一定时间，因为人们更愿意去自发变革，毕竟，如果变革是强迫性的，人类通常会去抵制这种变革。因此，当前的创新浪潮并非扰乱金融，而是开拓了金融与大众的新型关系，这一关系终将惠及大众。诚然，虽然我们已经有了开放银行及金融运动，但是这一领域还有很多工作要做。

《金融科技》为金融科技领域提供了指南，堪称金融的百科全书。本书使用了当前热议的案例，有助于读者深入了解金融科技创新，减轻对自动化的担忧。尽管作者对技术创新大加称赞，他同时也对采纳金融技术持谨慎态度。作者认为不应扼杀技术创新，而应在使用创新技术的同时保障个人财务稳健，以此来平衡技术创新可能带来的问题。因此，作者提出全社会都需要金融包容性，但访问及使用消费者数据要遵循伦理道德，以增强对金融科技创新的信任。这样也便于消费者逐步适应新的数字金融环境。

本书以数字经济的演化为背景，见证了金融科技前所未有的创新、变

[①] 日本媒体常译为"中本哲史"。——译者注

革及社会挑战，抓住了流动金融科技领域的关键，同时扩充这一新兴领域不断增长的知识。本书提供的方法，为读者导航，帮助读者避开去中心化金融创新雷区，抓住各个有利因素，在各自的组织中努力实践，促进社会及技术领域的进一步发展。

——凯伦·艾略特（Karen Elliott）博士

（英国纽卡斯尔大学商学院企业与创新副教授，专注于金融科技领域，位列研究金融科技领域的35位杰出女性榜单，也是电气与电子工程师协会（IEEE）社会道德、信任及人工智能委员会的成员。）

前言

每隔几年,就会出个新的流行语抢占新闻头条。比如"人工智能(AI)""大数据(Big Data)""加密货币(Cryptocurrency)""分布式账本技术(DLT)"等,这些术语隐含着巨大的承诺及人们的期望,吸引着公众想象力。对悲观怀疑论者而言,新技术所带来的兴奋更像是一次次的老调重弹。然而,随着数字化的加速发展,人们再也无法遏制技术创新的势头。相反,人们需要学习来适应新技术,而且这个过程并非一劳永逸,需要终身学习。明天的机遇属于好奇尚异之人。

研究金融行业的新技术时,如果没有计算机科学的背景,我们大多都会被一些行业术语绊住。查找一个新术语时,又遇到更多术语——遇到的问题比找到的答案还多。这种挫败感令人沮丧,人们开始认为"我对技术一窍不通",于是就选择了放弃。此外,即使克服了术语的障碍,有了些许理解,也仍然会有迷失在一片汪洋之中的感觉。说来说去,这些术语与技术创新究竟是如何结合在一起的呢?

本书将尝试解决这些问题,让读者对重要技术的工作原理有一个基本而透彻的理解。而且,本书会分析这些技术对金融业的影响,以提振读者的信心,激励读者去深入地挖掘那些激发想象的技术。

乍看上去,本文所涉及的各个主题似乎彼此之间完全风马牛不相及,所探索的不同技术似乎也彼此毫不相干。然而,切换到宏观视角,这些主题及技术之间丝丝缕缕便会更加明晰。这本书将通过这种方式让读者了解不同的技术何以受到相同的潜在趋势的影响。例如,如果没有微芯片技术进步所带来的处理能力，人工智能及加密货币的崛起就不可能实现，换句话说，这两项创新属于同源。

金融系统及数字领域正在融合，这是本书的一个核心主题。金融交易会包含有关个人偏好的信息，而我们平时点击鼠标、转发网络上的帖子、使用即时消息沟通也一样会涉及个人偏好。由于它们都依赖于电信号传输，因此很难区分这两个体系。事实上，随着在线用户行为日益货币化，金融日益数字化，它们也可能很快就会无法被区分了吧？

本书通过金融及数字领域之间系统融合的视角探索金融科技，所谈及各个主题领域的结合方式就变得更加清晰了。一边是网络更加畅通，用户界面设计更加友好，可以更大规模地收集数据；另一边是区块链及人工智能等技术催生了新颖的融资方式。最终的结果就是金融服务趋于去中心化，越来越自动化，越来越以用户为中心。

希望读者能够认识到，虽然金融科技通过数字化手段使金融服务更快、更实惠、更方便，但是利用技术去裁减金融服务人员时，会存在一个悖论，因为这样做实际上会提高业务对人性化的需求，如果没有了人与人之间的互动，金融机构之间的区分只不过是公司标识。换言之，如果能在金融科技环境中部署人性化因素，就可以获得竞争优势。

因此，希望读者能利用本书，在席卷金融行业的技术创新浪潮中以专业的角度获得更大益处。一些专业人士正在涉足编码领域，而另一些人也正在磨炼他们的"软"技能，想要成为这两个阵营之间红媒，即决策者（客户、高级管理人员等）与"技术人员"之间的纽带。这本书助力这些人去实现这一目标。

目录

第一章　互联网、金融科技银行平台如何实现金融去中心化 — 001

利用各种关系 — 007

开放银行 — 008

基于应用程序编程接口的金融服务业务模型 — 010

平台银行经济学 — 012

银行与金融科技公司合作 — 015

网络化金融服务 — 020

本章总结 — 025

参考文献 — 029

第二章　金融创新与云计算如何催生金融科技革命 — 037

金融脱媒 — 039

金融科技与2007—2009年全球金融危机 — 041

监管是金融科技驱动力吗？ — 044

信息技术基础架构虚拟化 — 046

银行即基础设施 — 048

银行即服务 — 049

金融服务领域的颠覆性创新 — 051

便利即商业模式 — 055

本章总结 － 059

参考文献 － 064

第三章　行为经济学与体验设计如何优化用户参与 － 071

用户体验即竞争优势 － 073

采纳科技作为驱动因素 － 075

用户界面及用户体验设计 － 076

用户界面设计原则 － 077

用户是如何作出决策的 － 081

社区、社会规范及文化 － 084

用分支机构吸引客户 － 087

助推的道德标准 － 090

本章总结 － 094

参考文献 － 098

第四章　金融科技中的人工智能及机器学习 － 107

人工智能定义 － 109

人工智能简史 － 111

大数据与人工智能 － 113

机器学习与人工智能 － 114

决策树与随机森林 － 117

贝叶斯分类器 － 118

邻近算法 － 124

遗传算法与遗传规划 – 125

神经网络与深度学习 – 126

关乎人工智能的实践及伦理问题 – 129

本章总结 – 134

参考文献 – 138

第五章　分布式账本技术在金融中的应用 – 147

比特币起源 – 150

分散货币体系 – 151

比特币交易实践 – 154

验证比特币交易 – 154

比特币网络如何调和差异 – 158

比特币网络如何保持诚信 – 160

替代对账机制 – 161

为什么比特币是很有用的加密货币 – 162

从比特币到区块链 – 164

智能合约 – 165

区块链及加密货币的实践问题 – 168

本章总结 – 175

参考文献 – 178

第六章　数字化价格体制及社交媒体对金融市场的影响 – 185

价格即沟通工具 – 187

平均估计值 — 188

金融市场的流动性 — 189

市场效率与被动资金管理 — 193

基于自然语言处理的情感挖掘 — 196

预测市场 — 204

本章总结 — 210

参考文献 — 214

第七章　金融科技的陷阱及机遇 — 219

技术风险及机遇 — 221

为什么要关心风险管理及金融犯罪 — 223

云系统的安全弱点 — 224

利用机器学习打击网络犯罪 — 227

匿名化及数据安全 — 229

金融科技背景下的风险管理 — 232

前瞻性风险管理 — 234

金融科技公司的风险管理及文化 — 238

本章总结 — 245

参考文献 — 248

第八章　金融科技背景下的金融监管 — 255

监管及全球金融危机 — 257

金融科技商业模式中的监管风险 — 260

金融科技与全球金融危机 – 263

监管科技及沙箱技术 – 266

人工智能背景下的数据保护 – 270

人工智能行为准则 – 275

监管区块链及加密货币 – 277

反洗钱与加密货币 – 278

加密货币、首次币发行及证券监管 – 281

本章总结 – 286

参考文献 – 289

第九章　优化、去中心化及个性化 – 297

优化及整合 – 299

实时支付及无现金社会 – 301

物联网 – 306

身份识别及数字自我 – 308

金融机构去中心化 – 313

人性化：自动化经济的优势 – 314

本章总结 – 317

参考文献 – 320

术语表 – 327

第一章

互联网、金融科技银行平台如何实现金融去中心化

> **学习目标**
>
> 本章将帮助你理解:
>
> - 数字化正在如何改变金融。
> - 金融科技初创企业进军银行业的原因。
> - 可能出现的商业模式。

第一章
互联网、金融科技银行平台如何实现金融去中心化

在英国的许多城市，"交易所"（Exchange）一词频频出现在旧建筑和地名中，比如：伦敦皇家交易所（Royal Exchange）、交易所广场（Exchange Square）、棉花交易所（Cotton Exchange）等。这些名字提醒我们，曾几何时，金融市场面对面交易是一种常态。1870—1929年，英国的十几个城市都有证券交易所。[1]在此期间，伦敦交易的证券比例从约38%增长到约72%。[2]

伴随着这一时期的技术和基础设施的进步，比如铁路扩建、电话及无线电通信的发展，金融服务却出现了集中化现象，这实在令人感到惊讶。毕竟，这些创新所带来的更紧密联系本该大大削弱金融市场的中心化趋势。

这种现象或许可以用"网络效应"来解释，随着网络自身的发展，其对参与者的吸引力也会越来越大，这是因为更大的网络规模提供了优势。[3]这些优势称为"网络外部效应"[4]，也就是人们俗称的"网络效应"。

流动性及较低交易成本形成大型金融市场的网络外部效应（见第六章）。20世纪初，伦敦是世界最大的资本市场。[5]因此，许多公司，尤其是那些寻求国际扩张的公司，被吸引到英国首都[6]——伦敦的规模及国际联系使其获得相对地方性竞争的优势，导致金融服务集中在伦敦区域。

在区域性证券交易所消失之际，英国各地的银行分行也纷纷关门。仅2017年，英国银行就关闭了762家分行，[7]银行分行的数量减少了约8%。这一趋势仍在继续，据报道，2018年，英国银行每月关闭约60家分行。[8]这到底怎么回事？

答案似乎在于金融产业的日益数字化。尽管互联网和金融体系截然不

同，分属两个系统，但它们都依赖于电信号传输。从根本上说，发送电子邮件和进行数字支付的物理过程非常相似。因此，带有金融应用程序的网络连接设备越来越多，金融服务被不断数字化，客户对银行分支机构的需求便有所降低。

这种趋势非常明显，因为现金支付越来越少。据估计，2015年，57%的消费者都没有使用现金支付（使用银行卡、移动支付或在线支付，均属于数字支付）。[9]与此同时，数字支付正在快速增长，2012—2016年，数字支付的年增长率约为10%。[10]

看起来，消费者十分欢迎数字金融。例如，84%的澳大利亚千禧一代（通常定义为1980—2000年出生的人）表示，如果大型科技公司（如谷歌、苹果等）提供这样的服务，他们会更倾向于使用大型科技公司的服务从事金融活动。[11]考虑到千禧一代受到的全球化的影响，我们有理由相信，若对不同国家千禧一代进行调查，这一数字不会有很大不同。

消费者参与基于网络的金融解决方案的意愿从前也没那么强烈。例如，在20世纪90年代末，保险供应商很难在网上获得吸引力，[12]消费者最初不愿意在没有实体用户界面的情况下参与金融解决方案。这是因为人们认为，面对面解决潜在问题比通过互联网解决更容易。[13]此外，还存在品牌认可的问题，在互联网上，消费者更倾向于信任现有的金融品牌。[14]这些因素使得金融初创公司更难取得突破。那么，这其中究竟发生了什么变化呢？

其中一个原因便是现在有很大一部分消费者是数字原住民，他们要么不记得互联网出现之前的那个时代，要么是在成长过程中一开始就接触到了互联网。数字原住民在千禧一代中占很大一部分比例。2019年，[15]千禧一代成为美国最大的成年人群体，因此也会成为美国最大的消费群体。随着越来越多数字原住民成为消费者，越来越多的人愿意使用数字金融解决方案，而且也具备使用数字金融解决方案的能力。尽管如此，之所以出现目前的局面，可能还有一个更深层次原因，那就是，公众对主流金融机构的信心不断下降。

世纪之交，消费者不愿意信任纯粹基于网络的金融服务提供商，因为这些服务商还没有建立起品牌。[16]然而，受2007—2009年全球金融危机的影响，人们对主流金融机构的信任受到了严重的损害。[17]此外，自全球金融危机以来，大银行执行了种种操作，但于事无补。2012—2016年，因各种法律和监管违规行为，全球20家主要银行遭受了约2 640亿英镑的罚款及其他经济处罚。[18]

主流金融机构表现蹩脚，降低了消费者的预期，相对而言，新生的非主流机构似乎信誉更佳。至少，因为顾虑更少，消费者现在更愿意选择其他金融服务提供商。总的来说，由于从事金融服务的时间相对较短，后全球金融危机时代的金融科技初创公司的黑暗历史相对有限。因此，成熟的知名品牌已不再构成进入金融业的重要障碍，再加上数字原住民消费者越来越多，这对金融科技初创公司来说堪称福音。

在此关头，金融科技（fintech）应运而生，它用于描述利用技术来增强或提供金融解决方案。[19]换句话说，就是利用技术使融资更实惠、更快、更易得。此外，有些人把"金融科技"一词理解为金融科技初创公司。

由于互联网有助于"货比三家"，获得更好的产品和服务，金融科技初创公司正在利用互联网的连通性撼动金融产业。这种连通性可能会降低客户对传统金融机构的忠诚度[20]，因为金融科技可以通过这种方式吸引客户远离传统金融机构。

此外，许多金融科技初创公司利用客户的个人数据提供个性化的金融服务。[21] 大型银行的后台流程往往基于纸面，并受到传统信息技术系统的阻碍。[22] 金融科技初创公司与大型银行有所不同，因为前者规模较小，而且倾向于自动化操作，所以后台操作更为简便。因此，它们的分销成本往往低于那些拥有众多分支机构的竞争对手——用户界面（即网站及智能手机应用程序）就是他们的分支。如此一来，省去了物理分支网络的金融科技初创公司获取了成本优势，便可以提供更具竞争力的金融解决方案。

然而，这种连通性带来的增长也可能是一把双刃剑。一方面，它可以让金融科技初创公司从老牌公司那里挖走客户，因为金融科技初创公司承诺提供更方便、更实惠的解决方案；另一方面，金融科技初创公司的提议具有数字化性质，这意味着如果客户想从金融科技初创公司抽身而去，转换的成本也不会很高——让客户参与独家数字业务的企业想保留客户可能会遇到困难。

一项对数字用户界面的研究表明，包含服务人员参与因素的解决方案比自助服务解决方案的客户保留率更高。[23] 因此，人性化的客户互动可以成为建立客户忠诚度的一种方式。C.霍尔公司（C. Hoare & Co.）至今仍然提供人性化客户互动。C.霍尔公司是一家家族经营的私人银行，历史可追溯到1672年。[24] 在英国最大的银行纷纷缩减其分支网络之际，C.霍尔公司于2019年宣布在剑桥开设办事处，这是该公司在伦敦以外的第一家办事处。[25] 开办该办事处是因为这是一家迎合高端客户的私人银行，而高端客户喜欢高水平的服务，也愿意为此买单。一家成立近350年的银行逆产业之势开设新分行，这足以说明人性化客户互动的商业关系的重要性。

利用各种关系

在某种程度上，商业模式可以视为一组关系，公司的成败取决于公司对每种关系的管理成效。要想获取竞争优势，公司必须利用其独特的优势（即公司擅长的方面）去处理与客户、供应商和其他利益相关者的关系。[26]

若想保持领先地位，公司必须不断努力，强化这些关系。要想强化这些关系，公司声誉至关重要，因为良好的声誉有助于公司培养可持续竞争优势。[27]竞争所需的资源（员工、技术等）很容易被竞争对手挖走，但良好的声誉需要长时间建立。[28]稳固的声誉可以成为门槛，阻止潜在竞争对手。

要建立并维护好良好的声誉，企业必须从根本上入手，积极与客户互动。鉴于千禧一代消费者以体验为导向，[29]坚持这样做有助于企业建立品牌认同。在这方面，面向终端用户的公司往往处于最有利的地位，因为它可以使其品牌在客户心目中占据极为重要的地位。从前，零售银行一直保持着这种优势，因为零售银行的分行网络可以让零售银行"坐拥"客户关系，但现在，这种主导地位受到了来自金融科技创新的威胁。[30]

此外，金融科技正在颠覆多个子行业，比如支付、消费者贷款、财务管理、证券和保险行业。[31]其中，鉴于支付是消费者体验的一个组成部分，[32]支付行业在创新及采用新技术方面更具活力，[33]这一现象也许并非偶然。因为，这是一个有吸引力的行业，它为支付提供便利，与客户建立关系，从而为品牌识别度奠定基础。最终，它可以通过提供额外的财务解决方案产生额外的收入。[34]金融科技的投资者明白这一点，在2012—2017年，支付行业的初创公司吸引了超过210亿美元的资金。[35]

因此，金融科技初创公司追求客户关系，它们通过这一最有价值的资产来挑战现有金融机构。这种做法，使得银行被迫升级其数字业务。过去，人们将互联网及手机银行视为分支网络的附加功能，而如今，银行分支机构正在成为更大规模的数字网络的分支。

开放银行

传统上讲，大型分行网络是企业进入银行产业的障碍。这些网络所提供的知名度为现有银行提供了优势。[36]随着时间的推移，该行业变得越来越具寡头垄断色彩，尤其是在英国，五大银行集团开始主导该行业。据报道，2018年，这几大银行控制了英国零售银行市场约80%的份额。[37]

显然，数字银行渠道可以让客户不必再到分行取款。[38]因此，客户可以更换供应商，免去到分支机构办理业务的不便。通过这种方式，数字化发展让金融科技初创公司能够从老牌金融机构中挖走客户。

然而，现有银行在建立大型客户交易数据库方面仍具显著优势。这些数据资产可以成为竞争优势的来源，因为这些数据资产可以用于通知产品开发、交叉销售决策及信用风险管理。[39]

这一点并没有逃过欧盟（包括英国）监管机构的关注——欧盟的《第二次支付服务指令》（PSD2）应运而生，并于2018年成为英国法律的一部分。[40]《第二次支付服务指令》也被称为"开放银行业务"，因为该指令力图增加消费者在银行系统中的选择机会，使银行更具竞争力。[41]开放银行业务允许客户数据转移，也就是说，允许银行客户与其他金融机构共享该客户的交易历史。当然，客户数据转移有几个条件，第三方机构必须获得监管部门的批准，客户必须同意共享其数据，客户可以随时撤回其同意。[42]

此外，银行客户可以授予这些第三方从其账户中发起付款的权力。[43]此举允许客户通过第三方应用程序进行交易，在某种程度上，类似于购物者将他们的银行账户与在线支付处理器连接到一起。然而，开放银行业务向前更进了一步，因为第三方应用程序不持有客户资金，从而需要通过访问该用户的银行账户来代表用户付款。[44]

开放银行业务背后的技术被称为应用程序编程接口。有了应用程序编程接口，金融科技初创公司就能够访问存储在银行系统中的客户数据，进而开发第三方金融应用程序。[45]在英国，开放银行应用程序编程接口由开放银行有限公司（Open Banking Limited）管理，该实体公司由英国竞争与市场管理局（Competition and Markets Authority）创建，旨在支持在英国实施开放银行。[46]

应用程序编程接口（API）

应用程序编程接口是一种软件工具，可以让不同的计算机系统相互通信。[47]就像外交协议规定了不同国家元首的通信方式一样，应用程序编程接口为不同计算机系统之间的信息传输提供了框架。

我们可以把应用程序编程接口比作餐厅服务员，服务员是顾客和厨房工作人员之间的沟通接口。食客和厨师没有直接沟通，而是由服务员在桌边负责记录菜品，然后把订单送到厨房。接到订单后，厨师准备菜品并通过服务员将菜品送到用餐者面前。通过这种方式，服务员帮助完成了食客和厨师之间的间接通信，就像应用程序编程接口充当不同计算机系统之间的信息管道一样。[48]

服务员这个比喻特别合适，因为这个比喻描述了这样一种情况，两个通信方彼此不认识，因为餐厅用餐者通常不会进入厨房。类似的是，通过应用程序编程接口提供数据的计算机系统对其接收者来说也不可知。[49]这样一来，各个组织就可以向任何查询其应用程序编程接口

> 的人提供数据，[50]从而为流程提供自助服务。
>
> 应用程序编程接口就像餐厅菜单一样，是建立发送者和接收者之间的关系框架。提供数据的组织就如同餐厅的老板，可以设定条款。不同的是，没有"菜单以外单独点菜"这样的事情。这样一来，应用程序编程接口实际上就是一个契约，控制发送方和接收方之间的交互。[51]

除了可以促进各个组织之间的数据共享，应用程序编程接口还可以用于组织内部，在不同系统之间传输数据。[52]因此，应用程序编程接口还可用于解决银行遗留下来的系统之间连接的问题。此外，应用程序编程接口还可以让不同组织更容易地集成各自的服务，这样一来，初创公司就可以开发补充服务，这就是开放银行业务的初衷。[53]

例如，外币兑换平台TransferWise①允许金融科技公司通过其应用程序编程接口接入用户（见第二章中的案例研究）。[54]这样，TransferWise平台扩大了其交易量。该平台也因此获益，而接入的金融科技公司则可以为用户提供更全面的客户解决方案，并从中获益。

当然，各个组织不必免费共享数据。各个组织可以通过数据共享收取费用，将其数据资产货币化。这可能会造就一种经济业态，在这种业态下，企业和消费者都可以通过应用程序编程接口实现数据价值的最大化。[55]

基于应用程序编程接口的金融服务业务模型

随着时间的推移，立法变革及技术变革带来了更大的透明度和更激烈

---

① 现已更名为Wise。——译者注

的竞争，它们可能会改变金融业的业务组成模式，进而显著改变金融业。进一步讲，不同的机构可能会以不同的方式去适应这些变化：某些银行可能专注于开发金融产品，并通过第三方中介机构分销这些产品，而其他机构则可能会选择成为这些第三方中介机构，专门通过用户界面分销第三方金融产品。[56]

银行业面临的变化在很大程度上已经发生在保险业。例如，比价网站常被用于分销第三方保险产品。[57]此外，一些保险提供商通常代表第三方保险公司分销产品，并将这些产品标记为自己的产品。这种做法被称为"白色标签"（white-labelling），[58]在保险业很常见。

然而，由于产品供应商不拥有客户关系，供应商的产品面临商品化风险。[59]"白色标签"无法让客户接触到供应商的品牌，这就迫使供应商在价格上大搞竞争。进一步讲，即使产品是原创品牌，分销商也可以随时更换供应商或者从一开始就使用多个供应商。这样一来，供应商往往被迫在价格上进行竞争。因此，追求产品创新战略的银行很可能希望将其产品打造成自己的品牌。此外，这些银行可能会通过多种第三方渠道提供自有品牌和"白色标签"产品的组合来避免商品化风险或依赖任何一家分销商。

基于分销的策略与基于发起的策略恰恰相反。基于分销的策略包括将自身转化为金融服务市场。[60]如果将这一策略发挥到极致，银行将不再拥有自己的产品，转而充当金融服务提供商与其客户之间的数据渠道。[61]为了吸引客户，遵循这一路线的银行将需要以引人注目的用户体验来吸引客户，无论是实体体验、数字体验，还是两者兼而有之，这样才不会被沦为另一个价格比较网站（有关用户界面/体验设计的更多信息，请参阅第三章）。

上述商业模式都有其固有的优势和劣势，所以某些银行可能会采纳混合模式，也可能会强调其中一种模式——这些策略并不相互排斥。[62]无论怎样，大型银行似乎都会追求混合模式，因为就这些银行的业务规模和范围以及这些规模和范围的缓慢变化而言，他们很难做出其他选择。因此，大型银行正在转化为平台，为客户提供银行内部及第三方金融解决方案的整体组合。在应用程序编程接口的帮助下，这些银行可能开始越来越像金融应用程序商店，[63]这种模式有时被称为"银行即平台"（Banking as a Platform，BaaP）。[64]下面，我们将就八哥银行①（Starling Bank）的案例研究进一步探讨"银行即平台"。

平台银行经济学

银行平台处于经济学家所说的双边市场的中心，在这些市场中，中介机构（即平台）有两个不同的"客户"群体，中介机构对其中一个群体所采取的行为会影响到另一个群体。[65]因此，平台必须将双方的需求作为其业务战略的一部分。

传统零售银行业务也是双边市场的一个例子，因为银行既有储户，也有借款人。银行必须衡量向借款人收取的利率（借款人希望利率更低）和向储户支付的利率（储户希望利率更高），这是其业务战略的一部分。这样一来，两个客户群体的利益之间会发生直接冲突。因此，银行对这两方所采取的行动是相互依存的。

尽管如此，零售银行并不是双边市场的完美个例，因为其客户既可以是借款人，也可以是储户，而且其客户通常同时既是借款人也是储户。因此，这两个客户群体之间的区别可能不是很清楚。然而，在"银行即平

---

① 或译为"燕八哥银行"。——译者注

台"范式下，这种区别十分清晰，因为市场的一方是消费者，而另一方是金融解决方案提供商。[66]

银行本身就处于市场的中间位置，作为平台所有者，银行必须思考如何将其中介地位货币化。银行首先要了解这两个群体想要什么。消费者精通数字技术，希望获得一套便捷的个性化金融解决方案，而金融解决方案提供商则希望直接访问该平台的用户群。因此，平台的收入模式取决于双方是否有为访问另一方付费的意愿。

在很大程度上，银行平台货币化的方式将取决于其竞争策略。根据传统理论，企业通常通过以下两种方式之一进行竞争，要么是最便宜，要么最独特，这两种方式分别称为成本领先方式和差异化方式。[67]为了最大限度提高盈利能力，企业可以通过低价吸引大量低利润客户，或者为数量较少的高利润客户提供高质量的服务收取溢价。[68]在实践中，许多企业的策略介于这两极之间。

在金融服务业，基于成本的策略可能会因为商品化而成为逐底竞争①（race to the bottom）。在线价格比较网站就是这样，竞争会对价格施加下行压力。[69]因此，许多金融服务公司转而追求差异化战略。另外，一些公司往往通过专注特定领域来强化自己的主张。例如，总部位于伯明翰的保险提供商卫斯理安保险协会（Wesleyan Assurance Society）主要为医生、牙医、教师和律师提供服务。[70]通过专注于这些利基市场②，卫斯理安能够提供专门的产品，从而收取额外费用。这种做法被称为差异化重点战略。[71]许多银行已经通过专注于某些产品线、客户群或地理区域来追求某种程度的

---

① 或称"竞次"。——译者注
② 利基市场：高度专门化的需求市场。——编者注

专业化。因此，这些专业化似乎有可能被移植到银行的平台上来，以促进其核心市场的差异化，如果没有其他选择，这可以作为留住客户的一种方式。

为了获取交易，平台业务需要吸引市场的交易双方。[72]一方面，银行平台需要策划一套吸引客户群的金融解决方案；另一方面，银行平台需要为金融解决方案提供商提供一个有利可图的用户群——高数量高质量的用户会吸引更多的金融解决方案提供商；反之亦然。因此，平台对市场的一方越有吸引力，对另一方就越有价值。[73]

金融平台往往试图通过向新用户提供慷慨的条件来吸引解决方案提供商，从而获取交易。例如，在国外用借记卡支付或自动取款机（ATM）取款时，八哥银行不会收取客户费用（参见下面的案例研究）。[74]该银行通过这种方式鼓励人们加入其平台，一旦加入平台，客户就有可能使用平台提供的其他有利可图的解决方案，如消费贷款或保险。因此，平台可以使用亏损方案来吸引客户，从而让自身对第三方解决方案提供商更具吸引力。[75]

最终，银行选择何种收入模式要取决于如何平衡用户、解决方案提供商和平台自身的利益。因此，平台的竞争战略显得尤为重要，因为以成本为导向的用户可能不愿意去付费接入，而靠量驱动的解决方案提供商不太可能与平台分享巨大的利润。然而，那些追求差异化战略的平台可能会象征性地收取加入该平台的费用，给更宽裕的客户一种自我选择的方式。要想在这方面取得成功，银行需要构建一套整体金融解决方案，也值得为这些解决方案多付出一些代价。因此，平台收入模式是否成功，在某种程度上取决于能否为用户提供与其需求和预算限制相称的财务解决方案。

无论采用何种收益模式，基于平台的业务都会受到市场各方因为不忠诚而带来的威胁，一方面，解决方案提供商有可能直接为用户提供服务，跳过平台的中介身份；另一方面，提供商可能会为多个平台提供服务，这无疑会降低其服务的独特性。[76]

要想解决这些问题，平台必须激励其用户群及解决方案提供商，提高他们对平台的忠诚度。对用户，平台可以通过提供独特的用户体验（见第三章）和忠诚度激励来实现。例如，在英国，一些银行为长期客户（当然是盈利的）提供更高的储蓄利率。同时，由于平台的成功取决于用户与解决方案提供商之间的联系，[77]银行必须始终置身于这两个群体之间。在实践层面，可以通过对解决方案提供商施加限制性条款来实现，以防止其与用户进行平台外交易。此外，用户评论、争议解决机制等功能也可能留住用户。[78]这些工具一定会行之有效，因为这些工具可以降低平台外交易的可能性。当然，平台也可以进一步巩固自身在客户关系中的地位。第三方解决方案品牌化也可以实现类似的效果。

平台银行业务显然不存在一刀切的模式，混合模式应运而生，它将注重成本和差异化的模式结合在一起。事实上，同一平台可以在不同细分市场部署不同策略，比如面向大众市场消费的低规格、低成本解决方案，以及面向高端市场客户的优质解决方案。由于银行已经在其他业务及个人银行业务中做到了这一点，因此他们可能也会对银行即平台采取多层次的解决方案。

银行与金融科技公司合作

无论银行如何货币化其产品，数字金融平台都有可能更广泛地改变银行业和金融服务。不难想象，一家大型保险公司或资产管理公司之所以会提供类似的银行即平台的解决方案，主要是因为其庞大的客户群，以及与第三方解决方案提供商合作的意愿，这些第三方解决方案提供商有一些就是金融科技初创公司。或许到那时，大型金融机构将不再专注于特定的子部门（如银行、保险或资产管理），而是将专业化服务留给较小的参与者。

这一过程可以称为金融服务解绑（un-bundling），在这一过程中，金融科技初创企业专注于提供特定的解决方案，与老牌参与者竞争。[79]这类竞争通常集中在便利性、客户参与度和/或成本方面，以便将客户从现有的金融机构中挖掘出来。[80]因此，大型金融机构被迫笼络这些金融科技的挑战者，让这些挑战者在一定程度上通过现有平台重新捆绑（re-bundle）他们的创新解决方案。

整个金融行业都会出现类似于银行即平台的解决方案，可能会将现有机构转变为金融服务的一站式商店，而解决方案无法在这种一站式商店内部提供，需要通过外部供应商提供。一般来说，金融科技公司专注提供客户期望的更具新意的解决方案，这类解决方案能够吸引成熟的参与者，让他们与金融科技领域紧密合作。

一般而言，大型金融机构都缺乏金融科技公司那种灵活性及创新文化。[81]反过来，金融科技公司通常从在利基市场提供专业解决方案开始进入市场，[82]这使得金融科技公司很难与面向大众市场的金融机构竞争。因此，为了防止金融科技公司侵占其市场，银行必须找到合适的方法，将最看好的金融科技解决方案纳入其提案。

银行可以为金融科技初创公司提供很多服务。首先，成熟的金融机构拥有庞大的客户群，而许多金融科技初创公司需要接触这些客户，[83]毕竟，如果没有用户，即使是最具创新性的金融解决方案也一文不值。其次，大型金融机构拥有丰厚资本，这种资本是许多金融科技公司所不具备的，[84]尤其是那些尚未盈利甚或实际上没有进账的金融机构。最后，就是监管合规性问题。大型金融机构拥有必要的法律和监管专业知识，能够应对金融服务监管的复杂环境，这是许多金融科技公司所缺乏的。[85]目前看来，尽管监管机构对金融科技公司表现出了一定的宽容（见第八章），但如果没有监管方面的专业知识，尤其是在其规模扩大的情况下，这些金融科技公司将无法长期生存发展下去。因此，一些初创公司可能会与成熟的金融机构合作，以进入资源充足的合规领域。

由于现有金融机构和金融科技公司可以互通有无，银行成为金融科技初创公司的大投资者也就不足为奇了。例如，截至2017年，汇丰银行（HSBC）已向金融科技公司投资两亿美元；而汇丰银行的竞争对手（一系列全球性银行）也不甘落后。[86]投资可以视为银行和金融科技提供商之间建立正式关系的最直接方式。当初创公司的破坏潜力尚不明确时，还可以通过其他方式与初创公司建立关系，相比而言，那些方式更不正式。

大型金融机构还可以赞助孵化器，建立创新中心，供初创公司试验及构建新的技术解决方案；这些做法能够帮助老牌企业识别有前途的初创公司，并与之建立合作关系。[87]由此，赞助商可以首先选择与其商业模式相关的新型金融科技解决方案，从而有效地将创新业务外包出去。利用孵化器培育创新业务，比聘请管理顾问或组建企业创新团队要便宜得多。

案例研究　八哥银行：金融解决方案市场

许多金融科技公司都想通过与大型银行合作来接触客户，而八哥银行却正在构建自己的平台来打乱金融服务构架。八哥银行成立于2014年，是一家基于手机服务的银行，用户可以通过在苹果操作系统（iOS）和安卓

（Android）设备上下载其应用程序来访问该银行。[88]

八哥银行的核心产品是活期账户，其特点是，客户在国外取款和消费不收取任何费用；提供账单拆分工具，帮助客户分担团体支出（如餐厅用餐）成本；提供应用程序内部客户对客户转账服务以及个人预算工具。此外，八哥银行的客户支持中心为该应用程序提供全天候服务。[89]

八哥银行平台托管在亚马逊网络服务平台（Amazon Web Services, AWS）之上，由亚马逊提供支持该应用的基础设施。通过使用亚马逊网络服务平台，八哥银行具备了大型银行的后端规模，能够处理数百万客户交易。[90]

虽然八哥银行看似一家"移动端优先"银行，但该银行并没有全部数字化。2018年，八哥银行宣布与英国邮政服务机构皇家邮政（Royal Mail）达成协议，该协议允许八哥银行客户在皇家邮政的11 500家分支机构存款。[91]鉴于英国只有7 000~8 000家银行分行，[92]这一举措实际上为八哥银行提供了一个比所有其他零售银行加起来都大的分行网络。此外，根据英国皇家邮政的公共服务精神（国有时代的遗风），这些分支机构位于全国各地的边界地带。这意味着，八哥银行的客户可能永远不必为了存款而远途奔波。

对于零售客户来说，现金存款功能不太可能像对企业客户，尤其是小型企业那样重要，因为这些企业往往以现金形式获得大部分收入。因此，与英国皇家邮政的合作使得八哥银行对以现金为基础的客户（如商人、市场交易员和自由职业者）具有吸引力。这样看来，八哥银行在2018年推出小企业账户这一操作就并非偶然了。[93]

这种解决方案最初只适用于只有一名董事（即所有者和唯一董事是同一个人，而且通常也是唯一的员工）的小企业。然而，2019年，八哥银行成为英国第一家向拥有多名董事的企业提供账户服务的移动银行。[94]在该解决方案中，八哥银行还提供与会计软件包的实时数据集成。[95]显然，八哥银行一直都在密切关注行业需求——根据2017年对全球100家大型企业的调查，银行数据与组织管理系统集成是企业财务部门面临的一个重要问题。[96]

八哥银行是一家只有几年历史的小型初创银行，通过向客户提供他们一直渴盼的服务来搅动商业银行市场，这种做法反映了该银行以客户为中心的精神。事实上，八哥银行的创立就是"为了创造一种新的银行，将客户需求放在首位，让银行业更包容"。[97]

显然，八哥银行的目标就是要另辟蹊径。这一点在其道德政策中显而易见，除其他承诺以外，该政策还承诺八哥银行将"致力于和在该银行的道德、环境标准相当的环境下运营的机构合作，这些标准包括公平对待客户、员工及其他利益相关者"。[98]

八哥银行承诺公平，承诺以客户为中心，并正在享受这种方法所产生的回报。2019年，八哥银行在英国银行奖评选中被评为"最佳英国银行"。[99]该奖项由27 000多名客户投票决定，[100]足以看出，八哥银行的做法确实打动了公众。

八哥银行的成功部分归功于其市场模式，该模式为客户提供一套由第三方供应商精心策划的金融解决方案。事实上，该银行似乎正在充分利用应用程序编程接口来增强其平台的吸引力。2018年，八哥银行创始人兼首席执行官（CEO）安妮·博登（Anne Boden）指出，"是该庆祝银行业的新时代——应用程序编程接口的时代了……传统范式已经被分解、被重塑，这反映了技术、文化、需求和实践的进步"。[101]

2019年，八哥银行宣布引入一家保险提供商，并在其平台上提供信用评级以改善服务。[102,103]此举补充了平台上既有的借贷及财富管理解决方案，扩大了创新金融服务的范围。消费者似乎也注意到了这一点。2017年12月之后的一年内该银行的客户数量从40 000多名暴增到350 000多名。[104]

因此，八哥银行的银行整体方案似乎正在取得成效。但是，如果有更大的玩家开始更大规模地模仿这种模式，又会怎样？八哥银行还能保持领先吗？

八哥银行商业模式的优势和劣势是什么？（参考答案见本章结尾）

网络化金融服务

一个企业可以视为一系列关系，也可以视为一个网络。在这种情况下，每个企业都可以视为一个由客户、员工和供应商组成的网络，他们共同聚集在一个共享平台上。因此，企业需要通过加强与其平台相关的网络效应以获得成功。[105]

随着企业发展，企业会为越来越多人所了解。反过来，大众的了解也有助于企业获得新的客户——随着更多用户的加入，更好的口碑会提高企业的声誉，从而向与现有客户有关联的人施压，迫使他们进入圈子，[106]毕竟，如果没有别的圈子可选，那他们就会受到朋友、同事和家人选择的影响（见第三章），并加入亲友的圈子。这种动态可以部分解释为什么智能手机品牌多达几十个，但智能手机市场却仍由少数几大品牌主导。[107]

一旦平台足够庞大，根基稳固，其规模就会吸引一些支持的商品及服务的供应商。[108]例如，为Windows操作系统开发的第三方应用程序比为Linux操作系统开发的要多很多。这是因为使用Windows操作系统的人数众多，这使得Windows操作系统对第三方开发者更有吸引力。反过来，因为有了更多的补充解决方案，该平台对潜在用户的吸引力也会进一步增强。

在金融平台背景下，网络效应有助于建立并维持竞争优势。随着平台用户群的增长，消费者的从众行为与供应商的逐利行为相结合，可以增加平台对市场双方潜在参与者的吸引力。一方面，该平台上的大量既有用户以及大量的创新金融解决方案可以吸引消费者；另一方面，金融科技创业者也会被平台庞大的用户群所吸引，反过来增加产品供应，从而吸引更多的用户。

尽管规模经营的益处越来越明显，但这并不意味着每个企业都应无限增长。虽然网络效应通常带来正面效应，但负面的网络外部效应确实存在，[109]每个网络最终都会经历成长的痛苦。这样一来，网络经济学与微观经济学中的规模经济概念类似：随着企业的发展，企业很可能会从数量折扣中获益，并且更容易获得资金、品牌认可。因此，更大的规模会降低企业每种产品的平均成本，从而提高利润率。[110]然而，如果公司超过一定规模，其成本基础则可能会上升。例如，大型分支机构网络比单个分支机构更难管理，因为高层管理人员会发现执行一线的质量标准更为艰难。这样就会导致额外成本，如审计费用（即监控成本）、资源浪费及不当激励等。这种成本称为规模不经济（diseconomies of scale），[111]它在一定程度上与负面网络外部效应相当。

平台业务可能会受到负面网络外部效应的影响，这一点在大型社交媒体平台上显而易见，大型社交媒体平台深陷滥用行为、隐私泄露和垃圾邮件等问题。在不断发展的过程中，平台会因其更大的规模（即负面网络效应）而吸引更多不良行为者，他们带来的更大的攻击风险给企业造成了额外成本。[112]

除此之外，这类企业可能还会发现，为了保护或增强其平台网络外部效应，他们所采取的干预措施会对参与群体产生不同的影响。在平台的不同参与群体本身就会受到不同网络效应的影响时，这一点尤其明显。[113]因此，每个群体对平台实施的质量保证措施做出的反应会有所不同。

以上属性让金融平台各方之间扮演的中介身份愈发复杂。在用户方面，平台必须设法排除不良行为者，阻止无利可图的客户；在供应商方面，平台必须审查和监督供应商，以确保供应商提供的服务能带来积极的用户体验。因此，平台必须在开放包容与安全盈利之间取得平衡。要解决这一困境，方法不止一种。所以，平台可能会灵活处理，权衡这些情况。至于平台向哪一方倾斜，则在很大程度上取决于平台用户群及竞争战略。

时至今日，我们一直都在关注与金融平台相关的网络效应。但是，金融科技初创公司的情况又如何呢？金融科技初创公司与其规模庞大的竞争对手一样，也会受到正面和负面网络外部效应的影响。而且，还有一个额外的因素让金融科技初创公司的早期扩张更加困难，即当一家公司规模较小时，它会缺乏较大竞争对手所具备的那种网络效应，[114]这就意味着许多依赖规模的初创公司将被迫与更大的机构合作。

与此同时，成长过快的初创企业可能会遭受成长的痛苦。[115]对于金融科技公司，这些痛苦可能是要接受更严格的监管审查和（或）处理更多与客户相关的问题，这将造成难以管理公司。因此，网络的动态属性让独立的金融科技初创公司陷入困境。这种状况会促使许多初创公司选择顺水推舟，与更大的参与者合作。当然，独立平台也可以成功（如上文案例研究所示），但对于许多初创公司而言，考虑到平台经济和网络效应的迫切需求，独立成功或许绝非易事。

案例研究　利用移动网络实现金融包容

当今金融体系的悲剧之一就是有许多人被排斥在金融体系之外。虽然不知道确切的数字，但据估计，约有20亿生活在新兴经济体的人几乎没有或根本没有机会获得正规的金融服务。[116]我们知道，如果融资渠道有限，贫困就会一直持续下去：如果企业家无法获取资本，他们就无法建立企业，创造就业机会。与此同时，如果没有金融机构，个人也无法保护自己的财富——把钱藏在床垫下面很容易被盗，而且随着时间的推移，通货膨胀会让这些钱持续贬值。

一个运转良好的经济体需要一个包容的金融体系，将储户和借款人联系起来，引导资本用到具体的生产。如果将大量人口排除在外，任何制度都会导致不平等和贫困一直持续下去。经济学家穆罕默德·尤努斯（Muhammed Yunus）曾在孟加拉国做过与小额信贷相关的工作并因此而获得2006年诺贝尔和平奖。在他创办的银行的帮助下，小企业家（原本无法获得信贷的小企业家）获得了小额贷款，摆脱了贫困。[117]

尽管世界各地都在效仿这种方法，但它仍有很大改进空间。因为金融基础设施不能满足穷困农村区域的需要，金融排斥现象在发展中国家仍然存在，而新兴经济体的金融服务提供商往往倾向于迎合收入较高的城市居民。[118]

然而，技术正在推动促进更大的金融包容性。移动钱包（M-PESA）或许是这方面最引人注目的例子。移动钱包是沃达丰（Vodafone）运营的基于移动的支付解决方案，2007年首次在肯尼亚推出。[119]一段时间以来，肯尼亚人一直使用移动充值卡（即通话时长形式的电话信用卡）来代替现金。[120]虽然许多地区银行基础设施都很缺乏，但全国各地的小型便利店都可以买到这些电话卡。因为塑料卡片比成捆的现金更容易运输（和隐藏），所以，这种电话卡成为肯尼亚人的储蓄工具。沃达丰在这一基础上进一步拓展业务，允许用户通过其移动网络相互发送电子货币，而这些电子货币可以在注册了移动钱包的便利店兑换成现金。[121]

沃达丰通过这种方式有效地融合了移动网络与全国的小商户网络，为尚欠发达的金融体系提供辅助。这种服务意义深远，因为通过这种方式，城市居民也可以向欠发达的农村地区的朋友和家人汇款，就像发达经济体的移民可以向家乡的朋友和家人汇款那样。

随着时间的推移，这种额外的流动性会催生创业精神，创造就业机会，而这正是小额贷款的初衷之所在。有证据表明，移动钱包正在改变肯尼亚的经济。据一项研究显示，移动钱包业务成功地帮助肯尼亚2%的家庭摆脱了贫困。[122]移动货币解决方案还将在撒哈拉以南非洲地区产生巨大影响，据估计，撒哈拉以南非洲地区67%的成年人没有获得过正规金融服务。[123]但随着手机普及率快速增长（预计到2025年将达到50%），[124]还会有更多人借助移动钱包等解决方案摆脱贫困。

沃达丰自身正在非洲大量复制其移动钱包模式，竞争对手也正在非洲各地纷纷效仿其移动钱包模式。一些撒哈拉以南非洲地区国家的政府会对移动支付征收税费，这种做法可能会对金融包容性的发展构成威胁。[125]幸运的是，由于撒哈拉以南非洲到2016年已经有超过1亿移动货币用户，[126]移动支付带来了巨大变化，任何政府都不希望把移动支付搞砸。

此外，中国和非洲之间的贸易增长也是我们对非洲金融科技持乐观态度的另一个原因。2008年，中非贸易额约为1 000亿美元，到2018年，贸易额已经翻了一番，达到约2 000亿美元。[127]2019年，拥有超10亿用户的支付宝宣布与尼日利亚一家企业对企业的金融科技公司建立合作伙伴关系，[128]以支持支付宝用户和非洲商户之间的支付服务。[129]因此，新兴经济体似乎在某些金融科技创新领域获得了领先地位。到2018年，中国有3/4的千禧一代消费者使用移动支付，相较之下在美国和英国千禧一代中只有约50%的人使用移动支付。[130]

政治、经济、社会及技术因素会如何影响金融包容性？（参考答案见本章末尾）

本章总结

互联网正在重塑企业与消费者之间的关系。数字化进一步加强，节省了购买金融产品的时间，也免去了购买金融产品的种种不便。以上所述优点，再加上金融危机导致公众对金融业失去信心，都对客户对于传统金融机构忠诚度造成了不利影响。

消费者想要新鲜事物，而金融科技初创公司正在回应这一期望，他们利用技术让融资更便宜、更快捷、更方便、更容易。比起许多老牌企业，这些初创公司会尽最大可能自动化运营，且他们的商业模式更为精简。

此外，金融科技初创公司能够通过应用程序编程接口访问客户数据，从而利用客户交易这一现有银行最宝贵的资产来开发个性化的解决方案。幸好大型金融机构在获取资本、规模和监管专业知识方面具有固有优势，若非如此，这种发展将给这些金融机构带来灾难。其结果是，现有金融机构和挑战者发现他们成了一条绳上的蚂蚱。

因此，银行可能会发现自己已经被大众视为金融平台，成为金融科技解决方案的市场，而金融科技公司正对银行构成威胁，或许会取代银行。也就是说，可能会出现不同的运营模式，这在很大程度上取决于每家银行是否准备好去用引人注目的用户界面去吸引客户。事实上，尽管成熟的金融机构有其自身优势，但正如本章对八哥银行案例研究所示，金融科技初创公司也会创建自己的金融平台，没有什么能够阻止这一行动。消费者正在寻求全新解决方案，如果哪家金融机构可以提供最方便、最全面、最个性化的金融解决方案，他们就会蜂拥而至。

终极锦囊

本章最重要的三个观点是:

- 金融科技初创公司正在侵扰银行的领地,利用技术的优势,金融初创公司让金融服务变得更为简单、更为快捷、更为便宜。
- 此举或许会让许多金融机构被迫转型为金融平台。
- 银行和金融科技初创公司都具有各自的竞争优势,因此,对大多数银行和金融科技初创公司而言,发展途径更可能是合作,而不是竞争。

讨论要点参考答案

八哥银行商业模式的优势和劣势是什么?

八哥银行商业模式的优势:

八哥银行坐拥近乎完整的金融服务平台,借贷、商业、保险及财富管理解决方案一应俱全。由于八哥银行集众多解决方案于一身,其便利性有助于吸引新客户,并留住现有客户。此外,就银行即平台模式而言,该行似乎远远领先于许多较大的竞争对手,这一点让八哥银行占据了"先发优势",同时也进一步巩固了其创新银行的声誉。

此外,出于以客户为中心的精神及银行业的道德标准,八哥银行貌似拥有一个强大且"感觉良好"的品牌。这一品牌对那些对主流银行不再抱有幻想的客户极具吸引力,从而提高客户忠诚度。事实上,通过与皇家邮政的合作,八哥银行掌控了一个分支网络,这使该银行在纯数字的金融科技公司类竞争对手中占据了优势,尤其是在商业客户方面优势更大。

八哥银行商业模式的劣势:

八哥银行依靠外部合作伙伴来完成其整套金融解决方案。这样一来,如果某一家供应商出现了问题，就可能会损及八哥银行的声誉。此外，由于某些八哥银行的供应商也在其他平台上提供服务，可能会损害八哥银行的客户忠诚度。虽然从技术层面上而言，八哥银行与每个客户都保持着联系，但如果某些客户在某个竞争平台上看到熟悉的金融供应商，这些客户仍可能会切换到那个竞争平台上去，尤其是当这家供应商停止为八哥银行提供服务时。

此外，银行严格的道德政策可能会导致如果某个合作伙伴未能达到八哥银行的标准，则八哥银行无法与之合作。而如果八哥银行的大部分客户都去使用合作伙伴解决方案，则可能会给一家以价值观为导向的银行带来严重的道德困境。最后，还有一个潜在的金融排斥问题，尽管八哥银行一直声称会认真对待这一价值观，但其平台却只供苹果系统及安卓系统的智能手机用户访问。

政治、经济、社会及技术因素会如何影响金融包容性？

政治因素：

政府干预，无论是过度监管还是税收政策，都可能会阻碍创新，妨碍采纳金融科技解决方案，进而阻碍金融包容性。反过来讲，开放银行等促进竞争的监管制度可以鼓励金融创新，有利于金融包容性。

经济因素：

在短期内，全球经济低迷可能会导致金融机构加大力度规避风险，不利于金融包容，因为金融服务提供商往往认为低收入客户风险更大。然而，从长期来看，在新兴经济体的推动下，全球经济增长可能会吸引更多金融机构进入新兴市场，将更多资本推向边缘，进而增强金融包容。

社会因素：

随着在线信息的自由流动，公众对环境可持续性及不平等的认识不断提高，可能会有更多人对金融包容产生兴趣，这将迫使金融机构提供更包容的服务。与此同时，这种状况也将激励企业家制订有利于金融包容的解决方案。

技术因素：

通过技术创新，金融服务提供商可以通过数字方式接触更多消费者。这种接触有助于提高金融包容。此外，通过使用技术，各个组织可以提供自动化的金融服务，从而降低分销金融产品的单位成本。随着时间的推移，消费者的成本将会降低，以前在财务上被排斥的群体就可以获得低规格的财务解决方案。

参考文献

1,2,5,6 Campbell, G, Rogers, M and Turner, J D (2016) *The rise and decline of the UK's provincial stock markets, 1869–1929*, Queen's University Centre for Economic History, Working Paper 16-03, www.quceh.org.uk/uploads/1/0/5/5/10558478/wp16-03.pdf (archived at https://perma.cc/8EE3-FVU2)

3,4 Katz, M L and Shapiro, C (1985) Network Externalities, Competition, and Compatibility, *American Economic Review*, 75 (3), 424–40 (June)

7,92 White, L and MacAskill, A (2017) British banks set to close record 762 branches this year, *Reuters*, 23 August, uk.reuters.com/article/uk-britain-banks-branches-idUKKCN-1B31AY (archived at https://perma.cc/LW9G-6LG5)

8 Chapman, B (2018) UK bank branch closures reach 'alarming' rate of 60 per month, Which? finds, *The Independent*, 15 June, www.independent.co.uk/news/business/news/uk-bank-branch-closures-which-research-natwest-hsbc-a8399041.html (archived at https://perma.cc/ZDC6-VGU8)

9 Euromonitor, Passport (2015) in Govil, S, Whitelaw, D and Spaeth, P (2016) Accelerating global payment worldwide, Visa Inc, usa.visa.com/visa-everywhere/global-impact/accelerating-electronic-payments-worldwide.html (archived at https://perma.cc/2PTH-3XRG)

10 Gapgemini and BNP Paribas (2018) World Payments Report 2018, worldpaymentsreport.com/wp-content/uploads/sites/5/2018/10/World-Payments-Report-2018.pdf (archived at https://perma.cc/R9QC-YRUT)

11 KPMG (2017) Banking on the future: The roadmap to becoming the banking partner of Gen Y professionals, home.kpmg/content/dam/kpmg/au/pdf/2017/banking-on-the-future-edition-3.pdf (archived at https://perma.cc/LH5Q-83ZH)

12,13,14,16,36 Christiansen, H (2001) Electronic Finance: Economics and Institutional Factors, OECD Financial Affairs Division, www.oecd.org/finance/financial-markets/2676135.pdf

(archived at https://perma.cc/4GV2-5PAQ)

15 Fry, R (2018) Millennials projected to overtake Baby Boomers as America's largest generation, Pew Research Center, 1 March, www.pewresearch.org/fact-tank/2018/03/01/millennials-overtake-baby-boomers/ (archived at https://perma.cc/VPW6-NYAA)

17,19,38 Arner, D W, Barberis, J N and Buckley, R P (2016) The Evolution of Fintech: A New Post-Crisis Paradigm?, University of Hong Kong Faculty of Law Research Paper No. 2015/047, UNSW Law Research Paper No. 2016-62, papers.ssrn.com/sol3/papers.cfm?abstract_id=2676553 (archived at https://perma.cc/2B8N-2Y85)

18 CCP Research Foundation (2017) Conduct Costs Project Report 2017, 16 August, conductcosts.ccpresearchfoundation.com/conduct-costs-results

20,69 Ronayne, D (2019) Price Comparison Websites, Warwick Economics Research Papers, 25 April, warwick.ac.uk/fac/soc/economics/research/workingpapers/2015/twerp_1056b_ronayne.pdf (archived at https://perma.cc/Z68W-8H3M)

21 Gozman, D, Liebenau, J and Mangan, J (2018) The Innovation Mechanisms of Fintech Start-ups: Insights from SWIFT's Innotribe Competition, *Journal of Management Information System*, 35, 145–79

22 Olsen, T, Di Marzo, A, Ganesh, S and Baxter, M (2018) Wolf in Sheep's Clothing: Disruption ahead for transaction banking, Bain & Co, www.bain.com/insights/disruption-ahead-for-transaction-banking/ (archived at https://perma.cc/WMX4-GZ2A)

23 Scherer, A, Wangenheim, F and Wünderlich, N (2015) The value of self-service: long-term effects of technology-based self-service usage on customer retention, *MIS Quarterly*, 39(1), 177–200 (March)

24 C. Hoare & Co. (2019) About us, www.hoaresbank.co.uk/about-us (archived at https://perma.cc/KU38-NF68)

25 C. Hoare & Co. (2019) Cambridge expansion, www.hoaresbank.co.uk/news/c-hoare-co-cambridge-expansion (archived at https://perma.cc/9SSH-NFDM)

26,27,28　Kay, J (1993) The Structure of Strategy, *Business Strategy Review*, 4 (2), 17–37 (June)

29,33,130　Worldpay (2018) Global payments report: The art and science of global payments [report]

30,56,59,60,62,80　Deloitte LLP (2017) Open banking: How to flourish in an uncertain future, www2.deloitte.com/uk/en/pages/financial-services/articles/future-banking-open-banking-psd2-flourish-in-uncertainty.html (archived at https://perma.cc/TU5W-PAGC)

31,32,82　Lee, I and Shin, Y J (2018) Fintech: Ecosystem, business models, investment decisions, and challenges, *Business Horizons*, 61, 35–46

34,39　Badi, M, Dab, S, Drummond, A, Malhotra, S, Muxi, F, Peeters, M, Roongta, P, Strauß, M and Sénant, Y (2018) Global Payments 2018: Reimagining the Customer Experience, The Boston Consulting Group, 18 October, www.bcg.com/publications/2018/global-payments-reimagining-customer-experience.aspx (archived at https://perma.cc/VA6T-8ZJH)

35　PricewaterhouseCoopers and Startupbootcamp (2017) The state of fintech, www.pwc.com/sg/en/publications/assets/fintech-startupbootcamp-state-of-fintech-2017.pdf (archived at https://perma.cc/R2YG-6CRA)

37　Swinton, S and Roma, E (2018) Why Big UK Banks Are Worried about Open Banking, Forbes.com, 15 March, www.bain.com/insights/why-big-uk-banks-are-worried-about-open-banking-forbes/ (archived at https://perma.cc/QEQ9-ZXXB)

40,41,42,45,47,53　Open Banking Limited (2018) Background to Open Banking, www.openbanking.org.uk/wp-content/uploads/What-Is-Open-Banking-Guide.pdf (archived at https://perma.cc/N5FP-LGPH)

43,44,61　KPMG International (2017) PSD2 Strategy: Comply, Compete or Innovate?, assets.kpmg/content/dam/kpmg/nl/pdf/2017/sector/financiele-dienstverlening/psd2-strategy-comply-compete-innovate3.pdf (archived at https://perma.cc/3X3R-XSVV)

46　Open Banking Limited (2019) About us, www.openbanking.org.uk/about-us/ (archived at https://perma.cc/8ZGR-N236)

48 Chopra, A (2017) What is an API?, 9 October, www.quora.com/What-is-an-API-4?share=1 (archived at https://perma.cc/7PXE-YBUG)

49,50,52,55,63 Zachariadis, M and Ozcan, P (2017) The API Economy and Digital Transformation in Financial Services: Open Banking, Swift Institute, 15 June, swiftinstitute. org/research/impact-of-open-apis-in-banking/ (archived at https://perma.cc/73S7-T5YG)

51 Jacobson, D, Brail, G and Woods, D (2011) *APIs: A Strategy Guide*, O'Reilly Media, Sebastopol, CA

54 TransferWise (2019) TransferWise API, api-docs.transferwise.com/#transferwise-api (archived at https://perma.cc/3G2L-QEW9)

57 Brown, J R and Goolsbee, A (2000) Does the Internet Make Markets More Competitive? NBER Working Paper No. 7996, www.nber.org/papers/w7996 (archived at https://perma.cc/9Q9U-MEFB)

58 Tardi, C (2019) White Label Product, Investopedia, 10 April, www.investopedia.com/terms/w/white-label-product.asp (archived at https://perma.cc/2J87-296S)

64,66 Bouvier, P (2016) Exploring Banking as a Platform (BaaP) Model, Finiculture, 19 March, finiculture.com/exploring-banking-as-a-platform-baap-model/ (archived at https://perma.cc/DR64-43YC)

65,75 Rysman, M (2009) The Economics of Two-Sided Markets, *Journal of Economic Perspectives*, 23 (3), 125–43

67,68,71 Porter, M E (1980), *Competitive Strategy: Techniques for Analyzing Industries and Competitors*, Free Press, New York

70 Wesleyan Assurance Society (2019) About us, www.wesleyan.co.uk/about-us/ (archived at https://perma.cc/8T5G-B8GU)

72,77 Bonchek, M and Choudary, S P (2013) Three elements of a successful platform strategy, *Harvard Business Review*, 31 January, hbr.org/2013/01/three-elements-of-a-successful-platform (archived at https://perma.cc/H332-9V4C)

73,76,78,105 Zhu, F and Iansiti, M (2019) Why Some Platforms Thrive and Others Don't, *Harvard Business Review*, 97 (1), 118–25 (January–February)

74,89 Starling Bank Limited (2020) Personal current account, www.starlingbank.com/current-account/ (archived at https://perma.cc/SC9A-98AP)

79 International Organization of Securities Commissions (2017) IOSCO Research Report on Financial Technologies (Fintech), www.iosco.org/library/pubdocs/pdf/IOSCOPD554.pdf (archived at https://perma.cc/N5XH-CB5R)

81,83,84,85,86 MagnaCarta Communications and ACI Worldwide (2017) Innovation, distributed: Mapping the fintech bridge in the open source era, www.aciworldwide.com/-/media/files/collateral/other/aci-magna-carta-fintech-disruptors-report.pdf (archived at https://perma.cc/3PW8-N3S2)

87 CapGemini and LinkedIn (2018) World fintech report 2018, www.capgemini.com/wp-content/uploads/2018/02/world-fintech-report-wftr-2018.pdf (archived at https://perma.cc/4UDU-FNQC)

88 Starling Bank Limited (2019) About us, www.starlingbank.com/media/ (archived at https://perma.cc/D8PM-MCYD)

90 Amazon Web Services (2019) Breaking the Banking Mould: How Starling Bank is disrupting the banking industry, aws.amazon.com/solutions/case-studies/starling/(archived at https://perma.cc/D3AF-QBPE)

91 Starling Bank Limited (2018) Introducing: Cash deposits at the Post Office, 12 November, www.starlingbank.com/blog/post-office-deposits/ (archived at https://perma. cc/JW7W-EEMA)

93 Starling Bank Limited (2018) Starling for business open for sole traders, 4 June, www.starlingbank.com/blog/sole-trader-bank-account/ (archived at https://perma.cc/8K7R-VVL6)

94 Smith, O (2019) Starling beats Tide to offering multi-director business accounts, Altfi, 25 July, www.altfi.com/article/5576_starling-beats-tide-offering-multi-director-business-accounts (archived at https://perma.cc/RNK7-5XXV)

95 Starling Bank Limited (2019) Introducing: Multi-owner mobile business accounts for limited companies, 25 July, www.starlingbank.com/blog/business-account-multiple-people-significant-control/ (archived at https://perma.cc/9JQS-LMQM)

96 Bannister, D (2017) Transaction Banking Survey: Challenges & imperatives of real-time payments & liquidity, Ovum Consulting, ovum.informa.com/resources/product-content/2017-transaction-banking-survey (archived at https://perma.cc/C3X4-MMJS)

97,98 Starling Bank Limited (2019) Our ethics statement, www.starlingbank.com/about/ethics-statement/ (archived at https://perma.cc/5Q66-9ECW)

99,100 Fotis, M (2019) British Bank Awards 2019: Winners, Smart Money People, 8 March, smartmoneypeople.com/news/post/british-bank-awards-2019-winners (archived at https://perma.cc/3KNP-L2NP)

101 Boden, A (2018) Welcome to Banking-as-a-Service, Starling Bank Limited, 10 October, www.starlingbank.com/blog/platformification-of-banking-industry/ (archived at https://perma.cc/ZUM6-K3XK)

102 Starling Bank Limited (2019) Direct Line Group partners with leading digital bank Starling, 24 June, www.starlingbank.com/news/direct-line-group-partnership-churchill-insurance/ (archived at https://perma.cc/9JJB-M45P)

103 Starling Bank Limited (2019) Introducing: CreditLadder, our new Starling Marketplace partner, 12 July, www.starlingbank.com/blog/introducing-creditladder-starling-marketplace/ (archived at https://perma.cc/V43B-9347)

104 Starling Bank Limited (2019) Annual report and consolidated financial statements for the year ended 30 November 2018, www.starlingbank.com/docs/Starling-bank-annual-report-2017-18.pdf (archived at https://perma.cc/JF3K-CV2L)

106 Leibenstein, H (1950) Bandwagon, snob, and Veblen effects in the theory of consumers' demand, *The Quarterly Journal of Economics*, 64 (2), 183–207 (May)

107 Kimovil (2020) All smartphone brands, www.kimovil.com/en/all-smartphone-brands (archived at https://perma.cc/CQ93-7XSU)

108,109 Liebowitz, S J and Margolis, S E (1994) Network Externality: An Uncommon Tragedy, *Journal of Economic Perspectives*, 8 (2), 133–50

110 Smith, A (1776) An Inquiry into the Nature and Causes of the Wealth of Nations, www.gutenberg.org/files/3300/3300-h/3300-h.htm#chap17 (archived at https://perma.cc/P3V7-CVLQ)

111 Cheung, S L (2016) Diseconomies of Scale, *The Palgrave Encyclopedia of Strategic Management*, 25 June, link.springer.com/referenceworkentry/10.1057/978-1-349-94848-2_66-1 (archived at https://perma.cc/4BEM-3NRQ)

112 Acemoglu, D, Malekian, A and Ozdaglar, A (2016) Network Security and Contagion, *Journal of Economic Theory*, 166, 536–85

113 Bakos, Y and Katsamakas, E (2008) Design and Ownership of Two-Sided Networks: Implications for Internet Platforms, *Journal of Management Information Systems*, 25 (2), 171–202

114,115 Weitzel, T, Wendt, O and Westarp, F V (2000) Reconsidering network effect theory, in: European Conference on Information Systems, Vienna: Association for Information Systems, https://aisel.aisnet.org/ecis2000/index.2.html (archived at https://perma.cc/LD4B-JJ7S)

116 Larios-Hernandez, G J (2017) Blockchain entrepreneurship opportunity in the practices of the unbanked, *Business Horizons*, 60 (6), 865–74 (November–December)

117 The Nobel Foundation (2006) Grameen Bank, Facts, www.nobelprize.org/prizes/peace/2006/grameen/facts/ (archived at https://perma.cc/P5Z6-FV2P)

118 Doi, Y (2010) Financial Inclusion, Poverty Reduction and Economic Growth, World Bank Group, 10 November, www.worldbank.org/en/news/opinion/2010/11/10/financial-inclusionpoverty-reduction-economic-growth (archived at https://perma.cc/98YR-Z7F8)

119,120,121 Vodafone (2019) M-PESA, www.vodafone.com/content/index/what/m-pesa.html# (archived at https://perma.cc/KCU6-LMF5)

122 Suri, T and Jack, W (2016) The long-run poverty and gender impacts of mobile money, *Science*, 354, 1288–92 (December)

123 World Bank (2018) The Little Data Book on Financial Inclusion 2018, openknowledge.worldbank.org/handle/10986/29654 (archived at https://perma.cc/9E7F-4RQK)

124 GSM Association (2019) The Mobile Economy: Sub-Saharan Africa, www.gsma.com/r/mobileeconomy/sub-saharan-africa/ (archived at https://perma.cc/AGD6-RCVG)

125 Ndung'u, N (2019) Taxing mobile phone transactions in Africa: Lessons from Kenya, The Brookings Institution, 5 August, www.brookings.edu/research/taxing-mobile-phone-transactions-in-africa-lessons-from-kenya/ (archived at https://perma.cc/GMY6-3A6Q)

126 McKinsey & Company (2017) Mobile financial services in Africa: Winning the battle for the customer, www.mckinsey.com/industries/financial-services/our-insights/mobile-financial-services-in-africa-winning-the-battle-for-the-customer (archived at https://perma.cc/KY5C-KBGM)

127 China–Africa Research Initiative (2019) Data: China–Africa trade, Johns Hopkins School of Advanced International Studies, www.sais-cari.org/data-china-africa-trade (archived at https://perma.cc/AVH2-4KQL)

128 Alipay (2019) About Alipay, intl.alipay.com/ihome/index.htm (archived at https://perma.cc/Z3U9-TFE2)

129 PYMTS (2019) Flutterwave Teams With Alipay To Enable China–Africa Transactions, 30 July, www.pymnts.com/news/mobile-payments/2019/flutterwave-teams-with-alipay-to-enable-china-africa-transactions/ (archived at https://perma.cc/4MUU-GG7Y)

第二章

金融创新与云计算
如何催生金融科技革命

> **学习目标**
>
> 到本章结束时,你将了解:
>
> - 技术如何改变金融中介的角色。
> - 2007—2009年全球金融危机对金融科技的影响。
> - 云计算在促成金融创新中发挥的作用。
> - 新型金融科技解决方案如何颠覆金融服务,原因何在。

拜访中式园林，你很可能会遇到流水的布局。这是因为中国人相信水流旺运。[1]这一比喻非常贴切：水流潺潺能维系生命，金钱滚滚会带来繁荣。如此说来，把企业遇到现金流问题称为遭遇资产流动性问题并非偶然。

金融中介机构明白，获取资金流是创造财富的关键。几个世纪以来，金融中介机构一直活跃在交易双方之间，如银行、保险公司及资产管理公司扮演起金融红媒的角色，以此获利。

然而，网络正在重塑金融中介的角色。正如短信应用和社交媒体改变了人们的沟通方式，基于网络的金融服务正在改变人们的交易方式。连通更便捷，信息更通畅，交易双方联系更紧密——技术降低了交易双方对金融中介的需求，给传统金融机构带来了压力。

金融脱媒

金融中介将资金使用方与资金提供方联系起来。不管这些中介机构是银行、资产管理公司还是保险公司，最终结果都一样，资金从资本过剩者流向资金赤字者。换句话说，就是资金从那些不需要钱的人手里流动到那些需要钱的人手里。一般来讲，资本提供方以投资者（债务、股权或其他形式）和储户（即银行储户）的身份出现，而资本的使用方可能是消费者、企业或者政府。因此，金融体系的许多参与者既是资本的提供方，同时也是资本的消费者。比如，一个银行客户可能一边还着房贷，另一边却在存钱。

金融中介为金融交易双方提供便利，帮助二者互通有无。在这个过程中，金融中介可以帮助解决某些问题，避免妨碍或阻碍交易。例如，银行可以帮助储户和借款人解决流动性偏好不匹配的问题。总的来说，相比借款人而言，储户希望在更短时间内获取资金，而与此同时，借款人则希望在融资方面得到保障——他们不希望出资方要求短期内还款。

银行可以同时提供多种贷款账户和储户基数来解决这一问题。因为客户不会同时要求使用资金，所以没有人会遭遇损失。如此一来，储户可在短期内获取资金，而借款人可以获得较长的融资期限。这就是所谓的期限转换，[2]或者通俗地说是"短存长贷"。

通过类似的方式，保险公司可以帮助客户分摊由于意外现金流出而产生的成本。通过分摊客户风险，保险公司可以向用户提供保障，这保证了客户不必预留大量资金来弥补未来潜在亏空。此时，投保人既是资本的提供方，也是资本的使用方。投保人支付保险费，是资本的提供方，而投保人一旦提出索赔，同时也就成为资本的使用方。

诚然，金融机构并非慈善机构。因此，作为金融媒介，他们会寻求从中获利。其获利的手段通常为收取费用和/或差价，例如银行会接纳存款，再以不同的利率提供贷款。这种盈利的商业模式已经延续几个世纪之久。

然而，技术能够促进资本使用方和提供方之间的信息流动，导致金融脱媒。在某些案例中，技术甚至让传统金融机构成为陈年旧事。如第一章所示，金融科技行业便是一例，在金融科技行业，金融科技初创公司虽然规模较小，却足以提供必要的专业服务，吸引客户放弃现有金融公司的成套解决方案。比如，点对点贷款平台可以在线服务储户和借款人，[3]这些平台省去了运营银行分行网络体系的许多成本。所以，他们能够为借款人和储户提供更高的利率，[4]以从传统银行那里撬走客户。

新的参与者，如八哥银行，通过其数字平台聚合金融科技解决方案，使这种脱媒更加严重（见第一章）。从前人们需要通过分支机构消费金融服务，但现在他们可以从单一的切入点（智能手机）获得整套创新金融解决方案。因此，金融科技和金融脱媒是金融业关注的一个问题。根据2017年全球金融服务公司调查，88%的现任金融机构高管表示，他们担心各自的机构会因为金融科技公司而减少收入。[5]

金融科技与2007—2009年全球金融危机

要想理解金融科技带来的颠覆对金融界意味着什么，有必要研究一下金融颠覆背后的驱动因素。在第一章中，我们谈到了人口统计学的作用。美国最大的消费群体——千禧一代[6]——几乎完全由数字原住民组成，加之网络连接移动设备几乎无处不在，使得消费者更愿意接受数字金融解决方案。[7]

虽然这是金融科技革命的主要驱动力，但金融科技革命还有两个突出的动因，那就是2007—2009年的全球金融危机及云计算的兴起。

尽管技术和人口统计学为更大程度的金融脱媒奠定了基础，但全球金融危机的确是金融科技革命的触发事件。事实上，全球金融危机在塑造金融科技公司方面已发挥且还将继续发挥多方面的作用。它破坏了公众对主流金融机构的信任，[8]让金融科技初创公司与消费者产生接触。除此之外，全球金融危机还通过更具竞争力的人才库、更低的利率和金融监管改革间接刺激了金融创新。

初创公司会面临可用人才的问题。而全球金融危机直接导致许多在金融服务业工作的人失去了工作。一些人转入其他行业，但其他人则加入或创办了金融科技初创公司。这意味着，全球金融危机让金融科技公司更容易接触到具备必要金融服务技能和经验的员工。[9]这些员工中有许多人来自金融体系内部，见识了金融体系的失败。基于这样的经历，他们渴望金融科技行业变革，愿意改变做事的方式，这在无形中推动了金融科技初创企业培养更具创新性质的文化。

此外，金融危机对资本市场产生了深远而又持久的影响。2007年，美国不断上升的住房贷款违约率震惊了银行系统，许多机构开始抵押贷款证券化（MBS），将抵押贷款作为投资出售。[10]这种证券化操作并不透明，由于贷款发起人仍然为底层抵押贷款提供服务，许多证券化抵押贷款投资者都不知道他们面临的风险是谁，也不知道他们面临的风险是什么。

银行知道，这么多的抵押贷款违约，最终必定会有人遭受灾难性损失，尽管没有人知道这些人会是谁。这种不确定性导致银行之间在相互借贷业务上踟蹰不前。[11]因此，信贷市场实际上已经冻结。[12]其结果就是，一些机构陆续倒闭，银行放贷的意愿进一步降低，危机加剧。[13]

为了防止金融体系崩溃，世界各地的央行开始大量购买政府债券，大幅削减基准利率，向金融体系注入了流动性，导致全球利率和债券收益率跌至历史低点。例如，2007年6月底，美国政府的10年期债券收益率约为5%。[14]这意味着投资者可以从2007年6月开始向美国政府贷款10年，从而获得约5%的年回报率，而到了2009年1月，这一比率已然减半。[15]

在金融术语中，"利率"一词通常与收益率同义。这是因为债券收益率是购买债券并持有至债券到期（即当债券支付其名义价值时）所获得的年回报率。就像将现金存入定期储蓄账户一样，可以保证在一段规定的时间内支付利息。这段时间结束时，购买者还将得到退回的初始资本支出。对于债券而言，这就意味着投资者获得的是债券的名义价值，它可能不同于债券的市场价格，而且往往会是这样。

债券收益率与债券价格成反比。这是因为债券实际上是一种借据（IOU），它有固定数额的未来支付，而债券的市场价格则会视供求情况波动。所以，可获得的回报率取决于人们为购买债券而支付的金额，如果债券价格高，那么债券收益率就低；反之亦然。这样一来，债券收益率就可以用来衡量当前市场价格下的预期年回报。

各国央行推高债券价格，导致全球债券收益率跌至创纪录低点。传统金融思维认为，美国国债是无风险资产，因为美国政府"太大而不能倒"。毕竟，如果这个世界上最强大的国家也拖欠债务，那么整个金融体系也就崩溃了。因此，所有金融资产（股票、债券等）的定价均与美国国债相关，所以不管山姆大叔[①]付出多少代价，风险更高的资产，如公司债券，都必须产生更多收益。

这样一来，国债收益率不断下降，将投资者推向了风险更高的资产。如果一家央行购买了你的"避险"（safe-haven）政府债券，你就不太可能用这笔钱从同一个政府购买另一种债券。相反，你要么把钱花在一辆新的特斯拉上，要么把钱投资在预期回报更高的东西上，这类投资风险也就更大。此外，由于银行利率几乎跟不上通货膨胀，寻求保护财富的投资者被迫进入风险更高的资产类别。为确保更高回报，他们只好将资金投入企业债务、股票和风险投资基金。

自全球金融危机以来，利率持续走低，大量资本通过风险资本基金涌入金融科技初创企业。2013年，针对全球金融科技的投资总额达约190亿美元；2018年，这一数字约为1 120亿美元。[16]因此，金融危机导致全球债券

---

① 山姆大叔，指美国。——译者注

收益率暴跌，却间接刺激了金融科技初创企业的融资。许多投资者以"快速失败"（fail fast）的态度投资创新型初创企业，而不是将资金投入银行，而且似乎很是满足这种做法。理论上，这种多样化选择比较精明，因为尽管这种选择存在一定风险，但会有比较优异的长期回报，虽然这种回报并没有任何保证。无论如何，这种投资让金融科技初创公司更容易获得资金。事实上，风险资本（VC）的资金的有效利用与各国金融科技部门的规模之间具有一定关联。[17]

监管是金融科技驱动力吗？

全球金融危机之后，因为在危机前几年对银行的监管不力，监管机构及决策者受到严厉批评。因此，大型金融机构从此以后必须接受更严格的监管审查和资本要求。然而，没有哪个监管机构能够拥有无限的资源，因为这些机构必须雇佣员工来监督他们负责监管的机构。这就意味着监管机构必须优先考虑监管工作，将对其监管目标构成相对较大风险的公司作为监管重点。[18]这些目标因管辖权而异，但从广义上讲，这些目标会涉及保护消费者，同时也会确保金融体系的稳定。因此，监管员工会将更多的时间用于大型机构的监管。由于这些大型公司拥有更多客户，而且往往比金融科技初创公司对监管目标构成更大的潜在威胁。

在某些司法管辖区，这种操作就意味着金融科技初创公司受到的监管审查比大型竞争对手要少，因为这些公司的规模较小。[19]因此，无论是从成本角度，还是从更重要的业务敏捷性角度（即"完成任务"）来讲，没有重大的监管负担都可能会成为小公司的竞争优势。监管审查的减少使得金融科技初创企业在推出创新之前往往不太担心监管机构会怎么想，这一点与其大型竞争对手有所不同。事实上，有经验证据表明，监管制度相对宽松的国家，其金融科技初创企业的形成率高于制度不太灵活的国家。[20]这让监管者和决策者陷入了一个两难境地，一方面，他们必须履行监管职责；而另一方面，他们又不想阻碍金融创新。因此，某些监管机构选择主动与金融科技行业接洽。或许最值得注意的是，英国金融行为监管局（FCA）有一个致力于与金融科技初创企业合作的专门部门。合作的部分初衷就是为了减少创新的监管壁垒，同时保持健全的消费者保护标准。[21]貌似金融行为监管局正在金融科技初创企业中努力实现最佳基本监管。监管更容易参与，可能有助于在金融科技行业培养更强大的合规文化，这正是全球金融危机前夕的许多银行所缺乏的。

此外，一些政策制定者也在努力使立法背景更适合小型企业。这些变化至少在一定程度上是为了解决银行业"太大而不能倒"的问题。许多人认为该问题是全球金融危机的根本原因，为了确保政府的隐性纾困（他们取得了预期效果），股东任由大型银行去承担过重的风险，因为大银行一旦失败，就会危及整个金融系统。这种道德风险让大型银行能够获得比小型竞争对手更廉价的融资，导致大型银行变得更大，使问题更加严重。

为了解决"太大而不能倒"这一问题，某些政策制定者想提高金融体系的竞争力来降低银行业的集中度。例如，在英国，开放银行鼓励创新，[22]这样一来，就会有新机构及运营优良的机构涌现出来，抢夺大型银行的市场份额。理想化的世界里，没有哪个机构会大到不可以倒下，而如果想在现实中实现这种状态却还有很长的路要走。

如此一来，全球金融危机及由于危机而产生的宽松的监管立法有助于减轻小型企业的合规负担。因此，监管不再像过去那样成为进入金融领域的巨大障碍，尤其是对于金融科技初创企业而言，因为这些企业吸引的监管关注相对较少。[23]因此，大型的现有机构无法再依靠其规模来把金融科技企业挑战者挡在门外。

信息技术基础架构虚拟化

接入大规模信息技术基础设施曾一度被视为进入金融部门的一大障碍，就像监管一样。然而，与监管不同的是，技术进步让这一障碍几近不复存在。

这一后台的种种往往被面向消费者的技术发展所掩盖，例如智能手机应用程序。这些技术吸引了公众的想象力，从表面上看，数字原住民赶上了时代，可以尝试创新金融新方式，这个故事更引人关注。

然而，硬件的发展历程同样重要。在过去，各个组织的数字解决方案会托管在内部。实际上，这种做法意味着数据中心在外地运行。以数字化为基础的组织必须适应大量的在线流量，这就意味着要支付高昂的成本，因为解决方案的数字密集度越高，数据中心就越大。然而，现在有越来越多的解决方案正在云端外部托管。[24]八哥银行就是一个很好的例子，它的整个平台都在亚马逊的云解决方案上运行。

云计算解读

如果组织自己运营后台数据中心，就会面临资源分配问题。由于用户活动每天都在实时变化，组织很难优化基础设施支出。因为一方面，必须保证高峰期有足够的计算能力，而另一方面，全天候运行相同的计算机硬件既浪费资源又代价高昂。[25]

事实上，大多数组织并非总在使用后台数据中心。因此，通过云

> 解决方案汇集这些资源合情合理。这些组织可以在云服务提供商的服务器上运行平台，而不是在内部托管平台。最终用户使用的是面向客户的应用程序，他们并不会知道这些数据在哪个平台上运行，因为不管在哪个平台运行数据，软件界面会始终保持如一。这样，云计算就可以与数据中心的分时解决方案相媲美。[26]
>
> 这就为微软、亚马逊和国际商业机器公司（IBM）等科技巨头提供了用武之地。这些公司可以凭借其巨大的规模经济大大降低数据中心的运营成本。[27]为了节约成本，云服务提供商通常在气候较冷的偏远地区建立数据中心，节省租金及电费。
>
> 云服务提供商依靠自动化来管理提供的服务，他们要使用复杂的算法来分配计算资源。[28]此外，云解决方案往往是自助形式。[29]这样一来，云计算就可以像使用电力或水资源那样按需使用，显著降低客户组织的电力成本。据估计，云解决方案节能率可高达80%~90%。[30]

云计算提供了便利，人们可以像使用公用设施一样利用计算基础设施。[31]这种便利能让各个组织更加自由灵活地支配信息技术支出。[32]在组织内部构建一台超级计算机可能会贵得让人望而却步，但同等的计算能力，如果租用几个小时，费用却低得多。这样一来，较小的组织（如金融科技初创公司）可以通过云计算来访问强大的计算资源。因此，建立数据中心这种巨大的前期成本不再构成进入金融等数据密集型行业的障碍。

通过虚拟化物理资源，云计算将计算机硬件变成了可以按需消费的东西。[33]云计算通过这种方式将信息技术基础设施转变为一种服务。这种模式并非计算机硬件的独门绝技，云计算是基础设施即服务（Infrastructure as a Service，IaaS）的一个例子，而奥多比（Adobe）的Photoshop（一款图像处理软件包）则是软件即服务（Software as a Service，SaaS）的一个例子。[34]这个图像处理软件包广受欢迎，而且该软件包已经从许可销售转变为订阅销售，以前你需要购买现成的软件包，而现在你只要为使用该软件包按月支付费用。[35]

因此，Photoshop的订阅模式可以描述为软件即服务，用户事实上没有直接购买软件包，而是从奥多比租赁软件包。作为软件包服务的一部分，用户还可以在奥多比的云解决方案上租用存储空间。[36] Photoshop从产品到服务的转变极为可行，因为软件是无形的，它可以被数字化地消费。由于金融服务同样是无形的，从理论上讲，我们也可以将金融业重新定位为基于服务的交付模式。

银行即基础设施

信息技术基础设施更加便宜、更易访问，正在加速金融脱媒，它与开放的银行业协同作用，将迫使银行重构其运营模式。一些银行将追求平台模式（见第一章），其他银行则可能会转而管理金融系统的后台基础设施，变得更像公用事业公司，例如提供支付处理和反洗钱检查等后台服务。[37]要想成为一家银行公用事业，公司需要调整其收入模式，因为公司的各机构不能再从"短存长贷"中赚取差价，这可能需要定期征收账户管理费、单笔交易费或两者一起收。事实上，不同银行可能会提出不同模式，就像家庭互联网提供商会提供不同模式一样。当然，终端客户可能不必直接承担此类成本，因为这些成本可能会由依赖银行基础设施但面向客户运营的公司来承担。

对一些银行而言，如果成为公用事业公司，其前景可能听起来并没有多大吸引力。即便如此，这种模式还有一些优点的。大型银行具有规模经济，可以最大限度地降低每笔交易的运营成本，尤其是在将面向客户的领域让给其他参与者的情况之下。这样做可以使银行专注于重新设计后台运营，而不是与更具创新性的初创公司大搞竞争。

由于规模有助于降低成本，公用事业银行子部门可能会进行合并。尽管从监管角度来看，进一步集中对银行业而言似乎不太可取，但这不一定会破坏交易。与规模较小的金融科技竞争对手相比，大型机构受到的审查更为严格。因此，将金融部门的实际业务交给几个监管良好的大型机构，可以为客户及整个金融系统带来更大的安全保障。解决"太大而不能倒"的问题的关键，可能不在于解散大型机构，而在于允许其整合到风险较低的领域。

银行即服务

正如云计算让信息技术基础设施成为服务一样，技术也可以让银行服务被按需访问，这种模式被称为银行即服务（Banking as a Service，BaaS）。我们可以将其视为上述基于公用事业的银行业务与银行即平台方法的交叉。

如此一来，银行即服务的范式与云计算颇为相似。云解决方案包含三个基本层面，基础设施、平台及软件。[38]在银行即服务的范式下，大型银行将提供基础设施，支持其自身业务或第三方金融平台的业务。[39]独立的金融科技提供商将在这一基础之上提供服务，银行提供的服务类似于云解决方案中面向客户的应用程序。[40]

应用程序编程接口将在银行即服务解决方案中发挥关键作用。[41]与在云计算服务中一样，自助服务和自动化是银行即服务模型的核心。为此，应用程序编程接口让创新者将其解决方案与金融基础设施联系起来。[42]这样一来，金融科技初创公司几乎就可以像使用云提供商的服务那样，无缝利用大型银行的大规模基础设施及复杂的合规文化。[43]这样一来，金融科技公司就可以利用规模更大、更成熟机构的服务作为基石，创造新的解决方案。[44]

在实践层面，基础设施、平台及解决方案提供商之间的界限并不总是很明确。虽然银行即服务的三层模式因为支持云计算而显得很具吸引力，但在撰写本书时，尚没有任何一家机构从零售银行成功转型为银行公用事业或银行即服务。金融平台情况也是如此，除了一些比价网站外，很少有主流金融机构（如果有的话）只扮演平台业务的角色，而不提供自己的产品。相反，大型金融机构在不同程度上仍然是基础设施、平台及金融解决方案提供商的混合体。

银行即服务如果改为两层模型或许更为可行。金融科技初创公司凭借自身实力成为银行，可能不再需要老牌金融机构提供基础银行设施。基于金融科技的银行则通过其平台与第三方解决方案提供商合并，因此，基础设施和平台层可能会合并为一个层。[45]

这种状况让银行进退两难，一方面，银行发现自己正在遭受专业解决方案提供商来自四面八方的攻击，这些解决方案提供商一个产品接一个产品地瓦解了银行更全面的产品组合，而另一方面，像八哥银行这样的金融科技银行却在它们的自有平台上重新组装了这些专业解决方案。好在银行还有着基础设施提供商这一鲜明的角色，否则，银行只能被单方面赶超了。

金融服务领域的颠覆性创新

到目前为止,我们的大部分讨论都集中在全球变化驱动因素以及这些因素如何重塑金融服务上。然而,为了能够应对金融科技的扰动,银行必须设法了解他们的挑战者意欲何为。为此,银行需要考虑客户的观点,因为客户体验决定了成败。尽管新金融解决方案的发展由监管及技术所决定,但消费者需求也是不可或缺的一个因素。

正如第一章所述,公司通常寻求以最便宜的价格或提供足以获得溢价的独特产品来参与竞争,并可以将方案集中在特定的细分市场来强化这两种方法。[46] 由于老牌银行专注于开发最有利可图的细分市场,市场出现了缺口——这些银行对一些消费者群体要么视而不见,要么不予理睬,因为他们认为无法从这些消费者身上赚取足够利益。这导致许多消费者发现他们所接受的服务要么收费过高,要么服务不足。[47]

在零售银行业中很容易观察到这种现象,随着银行关闭利润较低地区的分行,一些消费者发现和金融系统的联系慢慢疏远,因为他们的城镇、村庄或街区不再有银行分行的服务。这种边缘化现象为潜在竞争者进入银行业留下了市场缺口。许多消费者被数字解决方案所吸引,要么是出于需求,要么是出于对新生事物的渴盼,为金融科技初创公司(如纯移动银行)提供了一个初始的客户细分市场。由于这些消费者很可能对现有金融机构不完全满意,所以他们很容易争取。通过为收费过高和/或服务不足的消费者提供替代方案,金融科技初创公司在该行业找到了立足之地。一旦建立起根基,新来者将继续在获利更为丰厚的领域展开竞争,侵占体量更大、业务更成熟的玩家的地盘。[48] 这一过程被称为颠覆性创新。[49]

这种现象往往发生在价格过高或服务不足的行业。例如,廉价航空公司的出现是因为短途航班价格太高。[50]这些航空公司取消了非必要的附加条款，如"免费"食品及"慷慨"的行李津贴，而许多消费者很乐意放弃这些附加条款，以换取更便宜的航班。一旦这些航空公司占领（并饱和）短途市场，这些航空公司就会想办法将低成本模式应用于长途航线。因此，尽管廉价航空公司曾一度被视为市场边缘，但现今已成为主流，并与大型成熟的长途运营商展开竞争。

此外，结构高度集中的行业往往更容易受到破坏。我们知道，只有少数大公司主导一个行业时，它就会成为寡头并垄断行业。这种状况会降低企业直接竞争的动机，因为大型成熟企业不愿过于激烈地竞争，以免引发价格大战。说来说去，如果大家都在赚钱，那为什么要捣乱呢？

这种缺乏竞争对手的情况对改善客户体验即便有作用，作用也不会太大。因此，对于颠覆者而言，头重脚轻的行业十分诱人。在英国，区区五家机构便将英国零售银行市场80%的份额纳入股掌之中，[51]所以，英国正在掀起扰动浪潮也就不足为奇了。这种破坏的可能性不仅限于英国，因为其他地方也存在类似的集中现象，例如，在澳大利亚，四家机构的零售份额约占国内银行业的3/4，[52]金融服务业的颠覆性创新是一种全球现象。

案例研究　TransferWise：货币市场脱媒

这家公司的起源很好地印证了"需求是发明之母"这一谚语。故事从一个令人不爽的意外开始，2008年，居住在伦敦的爱沙尼亚人克里斯托·卡曼（Kristo Kaarmann）向他在爱沙尼亚的储蓄账户汇了1万英镑。这笔钱到账时，他震惊地发现，这笔交易收取了他约500英镑的费用。[53]

克里斯托在一次采访中回顾了自己的经历，他说："我曾愚蠢地以为我的英国银行会给我依据我在路透社和彭博社看到的汇率提供服务，然而，该行使用的汇率降低了5%。"[54]

为了在以后转账时节省资金，克里斯托与他的朋友爱沙尼亚人塔维特·辛里库斯（Taavet Hinrikus，塔维特·辛里库斯也住在伦敦，但碰巧赚的是欧元）联合起来，利用两人的货币需求互补——克里斯托想要欧元来偿还他在爱沙尼亚的抵押贷款，而塔维特却需要英镑来支付伦敦的账单。为了尽量减少交易成本，这两位朋友同意以中等市场汇率交换货币，从而避免价差。克里斯托每月将英镑转入塔维特的英国银行账户，塔维特则会将等值欧元转入克里斯托的爱沙尼亚账户。[55]

2010年，这两位朋友成立了TransferWise公司，用来帮助其他人实现同样的目的。[56]该公司基于三个核心原则创建，即透明度、低费用及为每个客户提供优质服务。[57]到2019年，TransferWise的客户已达到500万，[58]每月转账40亿美元。[59]根据其网站显示，该公司每天帮助其客户节省的银行手续费及交易费用约400万美元。[60]

TransferWise大规模复制了两个朋友之间的货币交换方案，该公司的服务使得用户可以将钱寄到国外，寄给使用不同货币的朋友或家人，然后TransferWise将货币需求互补的用户组连接起来，以解决交易对手匹配问题，公司将用户的资金与其他用户池的资金进行交易，而不是进行点对点交易。这样，一个人的交易可以与市场另一端的其他几个用户匹配起来。

在此过程中，用户不直接进行交易，匹配过程在后台参考中端市场利率进行。规模越大，流动性就越大，随着TransferWise的增长，其服务可提供更多的货币匹配（如美元-欧元、英镑-澳元等）。因此，TransferWise的用户现在可以使用几十种货币进行交易。

TransferWise对每笔转账征收兑换费,其费用的高低取决于货币对的差异,通常流动性最强的货币对为0.3%左右,流动性较弱的货币对为2.8%左右。[61]该公司委托进行的一项研究显示,这种做法让跨境汇款的成本大幅降低。该研究考察了使用欧洲主流银行向英国、美国、澳大利亚以及欧元区内的本币账户发送250欧元的成本。例如,与德国的银行相比,使用TransferWise可将交易成本降低75%;与爱尔兰银行相比,TransferWise可节省约90%成本。[62]

2018年,TransferWise公司推出了无国界账户(Borderless Account),[63]这是一个多币种银行账户,可以在英国、美国、澳大利亚、新西兰和欧元区注册为本地账户。通过这种操作,用户可以收取用英镑、美元、澳元、新西兰元及欧元所支付的款项,而不会产生兑换费用。此外,该账户允许用户持有数十种货币,并且可以使用该解决方案的借记卡进行消费。这样一来,用户在出国旅行时就可以按照当地条款进行交易,最大限度地降低国外支出的交易成本。[64]

该解决方案并非完全免费,因为用户在通过TransferWise平台获取外币时仍需支付兑换费用,但是与主流银行相比,这一兑换费用相对较低(见上文)。此外,从账户汇款要象征性地收取一笔约65便士的费用,尽管这一费用会因币种而异。也就是说,TransferWise没有账户管理费,用户可以每30天在自动取款机上取款200英镑,不会产生额外费用。[65]

自2016年以来,TransferWise为商业客户也提供了一个方案,这是该公司无国界账户的一个更复杂版本。[66]这类账户对工资处理和批量支付提供帮助。[67]此外,该解决方案还可以与Xero(一款流行的会计软件包)集成,[68]企业可以通过电子表格大量汇款,[69]而交易则直接输入其会计系统。

此外,TransferWise还允许企业通过其应用程序编程接口将企业的系统连接到TansferWise的平台。[70]这样一来，金融机构就能够将其平台与TransferWise集成。如英国的Monzo、德国的N26、法国的BPCE和爱沙尼亚的LHV银行，[71]这些银行的客户可通过银行的平台访问TransferWise。而这些机构通过这种方式有效地将其外汇服务外包给了TransferWise。

TarnsferWise是如何扰动国际支付的？（参考答案见本章末尾）

便利即商业模式

破坏者一旦占据了滩头阵地，就会继续冲击利润更高的细分市场。[72]如上文TransferWise案例研究所示，这需要更复杂的服务方案。因此，金融科技银行通过其平台汇集了一套创新的金融解决方案，他们选择专业合作伙伴，而非事必躬亲，以强化整体方案。与此同时，这些平台专注于建立强大的客户关系和优化用户体验（更多信息，请参阅第三章）。

如果传统金融机构不想成为基础设施提供商，而又想生存下去，就必须努力模仿其金融科技竞争对手。因为如果银行无法在价格上竞争，就必须找到其他方式来区分它们的方案（这一点似乎值得怀疑，因为银行通常会被更具创新性的参与者抢先一步）。银行可以通过提供更便利的服务来实现这一目的，这在实践中意味着什么呢？

要理解"便利"，必须从"不便"这一概念开始。每一次交易中断、延迟或艰难尝试，不管是身体上还是精神上的，都会给客户带来情感上的损失。因此，金融交易也受制于所谓的心理交易成本（mental transaction costs）。[73]人类从来没有像现在一样要处理这么多信息，决策疲劳的风险比以前更高了，所以，消费者需要各种事情都尽可能简单明了。[74]

金融科技银行深知心理交易成本的重要性。他们在平台上整合了一系列完整的金融解决方案，以降低消费者的搜索和比较成本，增加透明度，从而减少不确定性。通过提供金融解决方案的自助选择，金融科技银行缓解了用户对无法获得最佳交易或错过其他机会的担忧——这种不确定性本身就是一种交易成本。[75]因此，降低心理交易成本是许多金融科技商业模式的核心部分，为此，他们会努力提供更便利的服务方案。

为了使服务更加便利，银行必须站在消费者角度来看待问题，即将银行的方案看作消费者问题的潜在解决方案。人们越来越多地通过购买服务，而不是购买产品，来帮助他们解决问题。[76]其中的原因可能是多方面的，比较微妙，难以量化。因此，为了简化问题，银行可以将每个客户的问题理解为需要完成的事务。[77]

为此，银行需要将客户的问题作为一个过程进行分析，并将其细化到其子组件中，这种操作很实用。这样一来，每个"事务"都可以定义为客户需要完成的一系列步骤，公司可以通过寻找方法来帮助客户完成每一步骤来进行创新。银行完全可以通过消除麻烦、降低成本、增加访问权限或更大的灵活性等来实现这一点。[78]

在内部也可以采用类似的创新方法。毕竟，员工和客户一样，也在努力完成一项"事务"。这要经历一个持续的迭代过程，[79]由于世界是动态的，所以银行必须依据外部世界的变化持续改进其流程，无论是外部流程还是内部流程。如果不这样做，银行就有被创新者取代的风险。

因此，以便利为导向的流程优化持续循环，类似于日本的持续改善制造理念（又称Kaizen），即专注在迭代的基础上进行改进。[80]从长远来看，即使是最小的创新也会产生影响。那么，是不是也该对金融服务采取改善的方法呢？

> **案例研究**　财富向导：饱含人情味的机器人顾问

机器人顾问（Robo-adviser）是一款财务规划应用程序，该程序调查用户，衡量客户的风险偏好，并根据每个用户的风险偏好推荐投资组合。[81]表现出更大风险偏好的用户将在程序的引导下转向更高风险的投资，反之亦然。

一般而言，这样做就意味着推荐交易所交易基金（Exchange Traded Fund，ETF）的投资组合，[82]即跟踪知名市场指数的投资工具，这些指数可以像公司股票一样随时交易，以获得各种资产类别的敞口，如股票、债券或黄金。而机器人顾问的想法是推荐一种可以定期（通常每年一到四次）重新平衡的目标资产配置。通过这种方式，投资者可以实现多元化投资，免去对何时、何地以及如何投资的猜测。

许多机器人顾问依赖端到端的自动化。客户所需要的就是做一个风险测试，建立一个账户，把存款存入这个账户，机器人顾问负责投资以及投资组合的定期再平衡。这样一来，消费者就可以"设定好了就置其于不顾"，因为他们知道投资决策会被冷静持重地做出来，最终达成他们的长期财务目标。

机器人咨询正在慢慢赢得消费者的青睐，根据一项调查，58%的美国人预计到2025年将使用机器人顾问。[83]在其他地方，监管干预助推了对机器人顾问的需求。在英国，危机后监管授权财务顾问向客户推荐投资时按时间收费，而不是收取佣金。[84]实施这些规则是为了应对金融产品普遍的不当销售，而这些不当销售被认为是基于佣金的薪酬结构所导致的。[85]因此，许多财务顾问要么离开行业，要么进入高端市场，为那些有能力按小时付费的客户提供服务。此举使得许多中低收入者无法获得足够的财务咨询服务。机器人顾问适时介入，通过自动化处理来大规模提供低成本的财务建议，填补了这一空白。

诚然，机器人顾问并非完美。因为它与人类顾问不同，无法从客户的面部表情和语调中获取线索来确定客户是否真正了解投资风险。的确，人类顾问可以要求客户口头确认他们是否理解了给出的建议，而机器人顾问则无法获取这类信息，客户只能勾选方框，确认他们已经阅读并理解了各种条款，这样可能会导致一些消费者作出他们并未真正理解的财务决策，[86] 说来说去，谁真的会去读这些小字呢？

财富向导公司似乎意识到了机器人咨询模型中的这一缺陷。因此，其名为MyEva的零售解决方案采用了一种混合方法，尽管用户界面是一个移动应用程序，但它本身并不提供财务建议；而是由MyEva聊天机器人向用户询问有关其财务状况的问题，以吸引用户，使他们能够"感觉更能掌控"自己的资金。[87]这种做法有助于确定用户在哪些领域需要财务建议，帮助用户选择咨询专业财务顾问。[88]

财富向导公司成立于2009年。[89]根据该公司营销总监的说法，财富向导公司代表着"财务顾问和数字解决方案的组合……使所有人都能负担得起财务建议，并以一种人性化而非财务的方式提供给所有人，让合适的人在正确的时机参与进来"。[90]该公司的MyEva解决方案可以为用户提供一系列金融服务，包括养老金计划、抵押贷款及保险。[91]相较于机器人顾问，MyEva提供了更全面的解决方案，因为机器人顾问主要专注于投资领域。

据财富向导公司估计，财务顾问每年要花43个工作日来完成本来可以自动化的管理任务。[92]因此，该公司为专业人士提供了一种解决方案，尽量减少财务顾问的行政负担。该公司声称，这款名为Turo的应用程序可以将日常任务数字化，使咨询过程加快50%。[93]财富向导公司认为，因为Turo软件可以将日常任务数字化，这样财务顾问就可以抽身更多地与客户相处，[94]不管是面对面地和客户沟通，还是线上沟通。[95]

这种做法有助于提高客户留存率，与纯粹的自助服务解决方案相比，涉及人性化的数字服务有更高的客户忠诚度。[96]因此，可以说财富向导公司正在利用数字化方式来支持财务顾问，而不是取代财务顾问。

财富向导公司如何使财务咨询更加便捷？（参考答案见本章末尾）

本章总结

尽管区块链及人工智能等新技术前景广阔，但金融服务创新的最大推动者之一可能恰恰在后台的基础设施之中。云计算可能会成为这个故事的重要篇章，正如消费者科技的民主化及更快的连接方式让人们能够更好地接触基于数字的金融服务，云计算促进了创新金融科技解决方案的开发和销售，并且正在推进这一进程。

云计算为小型金融科技初创公司提供了灵活的计算基础设施访问权限，而这些基础设施原本需要大型银行那样雄厚的资金能力。但通过按需使用硬件，金融科技公司可以迅速扩大规模，对消费者需求作出更及时的响应。这样，大型数据中心以及分支网络就不再构成涉足金融服务的障碍。

2007—2009年全球金融危机已经对金融服务业产生了深远影响，这种影响将持续下去。这场危机触发了对大型金融机构更为严格的监管审查，引发了降低金融体系风险的政治意愿，使得规模较小的初创企业目前能够享受到相对更大的监管容忍度，因为监管机构将资源集中在了"太大而不能倒"的机构上。因此，大型金融机构的规模（在处理监管负担时的一个传统优势）不再像过去那样成为优势。

更低的进入壁垒，再加上更低的资本成本，使得新的参与者能够进入该行业。因此，金融科技初创公司正在侵占传统金融机构的地盘。此外，这些新来者正通过应用程序编程接口集成彼此的服务，利用彼此的创新解决方案，以加速金融脱媒。

因此，金融业正面临着一场由技术主导的颠覆浪潮。随着技术不断缩小资本提供者和使用者之间的距离，传统金融中介机构正在面临越来越大的压力。因此，传统金融机构必须预测变化，并不断采取措施去应对变化。否则，传统金融机构就有被这场颠覆浪潮席卷的风险。

创新者专注于被忽视的细分市场，从而进入市场的每个子领域。这通常意味着为这个细分市场提供更好的服务或更低的价格，或者两者兼而有之。要作出相应的回应，现存金融机构就必须重新思考其价值主张，从客户的角度考虑问题。

对于大型金融机构而言，他们需要重新规划其服务，远离基于产品的解决方案，将重点放在解决客户问题上。简而言之，他们需要消除金融中介过程中的摩擦，尽可能提供方便的服务。这将是一个持续不断的迭代过程，如果银行不自我挑战，其他机构就会来挑战。

终极锦囊

本章中最重要的三个教训：

● 2007—2009年全球金融危机降低了金融业的入场壁垒，使监管环境更加适合金融创新，它不仅降低了利率，还扩充了金融科技公司的人才库。

● 金融科技革命在很大程度上是由接入更廉价、更灵活的计算基础设施所推动的，其背后的主要技术是云计算。

● 现有的金融机构必须让自己的方案更加便利，去帮助客户解决问题，而不是努力向客户销售产品。

讨论要点参考答案

TransferWise是如何扰动国际支付的？

TransferWise是颠覆性创新实践的一个很好的例子，它专注于一个金融子领域（国际零售支付）。在这个子领域中，客户发现以往的收费过高。通过推行基于成本的战略，TransferWise得以立足。之后，TransferWise开始在更复杂、更有利的细分市场展开竞争，如国际商业支付市场。我们很难想象如果不采用这种方式，TransferWise能用什么别的方式做到这一点。该平台需要一个庞大的用户群，使其具有足够的流动性。如果没有数百万零售用户，TransferWise将难以为更大规模的业务支付提供便利。

有趣的是，TransferWise的低成本与优质服务相结合的理念彻底颠覆了传统的竞争战略。理论上讲，这本应是一个难以平衡的行为，因为任何基于服务的差异化运作都会增加公司的成本基础，使其无法再提供最低的价格。

如果有另一个竞争平台达到与TransferWise同样的规模，TransferWise会怎样呢？这非常值得思考：客户会选择跳槽还是会因为TransferWise一直善待客户而继续使用他们的服务呢？当然，TransferWise通过网络效应已取得了非常强大的地位，其用户群规模在其平台上产生了更多流动性，使得其解决方案更具成本效益，从而吸引了更多的用户。在这方面，与潜在的竞争对手相比，TransferWise具有显著的优势。

最后，通过与其他金融机构的合作，TransferWise可能会慢慢改变国际支付市场。由于与TransferWise的合作使银行能够提供更廉价的外汇服务，

Transferwise的增长将给整个行业的费用带来下行压力。

财富向导公司如何使财务咨询更加便捷？

便利：

对于许多人而言，决定何时何地以及如何投资不过是一件家务琐事，他们不愿意在这上面耗费过多时间。财富向导公司看中了这一点，并推出可以让消费者足不出户获取数字金融建议的服务，从而使作出投资决策更加方便。此外，该公司的零售解决方案还提供了更多便利，因为这些方案包含了多种金融服务，而不仅仅是投资建议。这样一来，就省去了通过不同客户界面与多个组织打交道的麻烦。

从基于"事务"的角度来看，该公司可以帮助消费者完成"事务"，寻找与其需求相称的财务建议，降低消费者的搜索成本。此外，一些消费者害怕财务规划出错，因为这些错误可能会对他们的长期财务状况产生重大影响，而财富向导公司可以让客户认为他们的财务决策更加安全，从而减少了客户金钱焦虑的心理交易成本。

此外，财富向导公司将许多日常管理任务自动化处理，减轻了财务顾问的管理负担。此举为顾问腾出了更多的时间来接触更多的客户，能够带来更多的收入。在此过程中，管理越少，压力就越小，认知负荷就越低，决策疲劳的可能性就越小，公司就越可能提供更好的服务及获得更好的客户成果。

易用：

有了财富向导公司的产品，人们可以更快、更容易地获取理财建议——该产品改善了理财建议的易用性。此外，通过财富向导公司提供的专业解决方案，财务顾问能够以数字方式与客户互动，更便捷地提供财务建议。理论上讲，这种做法可以降低提供财务建议的成本，因为通过这种方式，财务顾问可以节约时间，以便接触更多客户，从而实现更大的客户规模经济。

此外，财富向导公司将后台文书工作自动化，进一步帮助顾问腾出时间。这样一来，财富向导公司的产品可以帮助处理不令人愉快而又为业务增加相对较少价值的管理任务，简化客户参与过程。从管理上讲，通过减少财务咨询过程的繁重任务，财富向导公司的产品增加了市场上财务顾问的时间供应；从理论上讲，这种做法有助于降低向消费者提供财务建议的成本，从而提高财务建议的易用性。

参考文献

1 Xu, P (1998) Feng-Shui models structured traditional Beijing courtyard houses, *Journal of Architectural and Planning Research*, 15 (4), 271–82

2 Tkac, P and Dybvig, P (2012) Maturity Transformation: An Interview with Phil Dybvig [interview transcript], Federal Reserve Bank of Atlanta, www.frbatlanta.org/news/conferences-and-events/conferences/2012/120409-fmc/media/dybvig-interview/12fmc_dybvig_transcript.aspx (archived at https://perma.cc/BV5E-MCYJ)

3,4,7 Lee, I and Shin, Y J (2018) Fintech: Ecosystem, business models, investment decisions, and challenges, *Business Horizons*, 61, 35–46

5 Pricewaterhouse Coopers LLP (2017) Redrawing the lines: Fintech's growing influence on financial services

6 Fry, R (2018) Millennials projected to overtake Baby Boomers as America's largest generation, Pew Research Center, 1 March, www.pewresearch.org/fact-tank/2018/03/01/millennials-overtake-baby-boomers/ (archived at https://perma.cc/Z5L4-KLKD)

8,9,18,19,23 Arner, D W, Barberis, J N and Buckley, R P (2016) The Evolution of Fintech: A New Post-Crisis Paradigm?, University of Hong Kong Faculty of Law Research Paper No. 2015/047, UNSW Law Research Paper No. 2016-62, papers.ssrn.com/sol3/papers.cfm?abstract_id=2676553 (archived at https://perma.cc/AUX9-B5F5)

10,11 Brunnermeier, M K (2009) Deciphering the Liquidity and Credit Crunch 2007–2008, *Journal of Economic Perspectives*, 23, 77–100

12,13 Mishkin, F S (2011) Over the Cliff: From Subprime to the Global Financial Crisis, *Journal of Economic Perspectives*, 25, 49–70

14,15 Federal Reserve Bank of St. Louis (2020) 10-year Treasury Constant Maturity Rate, 1 May, fred.stlouisfed.org/series/GS10 (archived at https://perma.cc/8CU8-CZD5)

16 KPMG (2019) The Pulse of Fintech – H2' 2018: Bi-annual analysis of global investment trends in the fintech sector, 13 February, home.kpmg/xx/en/home/insights/2019/01/pulse-of-fintech-h2-2018 (archived at https://perma.cc/E97B-6GN5)

17,20 Haddad, C and Hornuf, L (2019) The emergence of the global fintech market: economic and technological determinants, *Small Business Economics*, 53, 81–105

21 Financial Conduct Authority (2018) FCA response to the European Commission's consultation on 'FinTech: A More Competitive and Innovative European Financial Sector', 2 August, www.fca.org.uk/publication/corporate/fca-response-eu-commission-fintech-consultation.pdf (archived at https://perma.cc/VN7S-DMK6)

22 Open Banking Limited (2018) Background to Open Banking, www.openbanking.org.uk/wp-content/uploads/What-Is-Open-Banking-Guide.pdf (archived at https://perma.cc/S5HM-A2B2)

24 Amazon Web Services (2019) Breaking the Banking Mould: How Starling Bank is disrupting the banking industry, aws.amazon.com/solutions/case-studies/starling/(archived at https://perma.cc/M2HN-TP4S)

25,27,28,30,31,32 Armbrust, M, Fox, A, Griffith, R, Joseph, A D, Katz, R, Konwinski, A, Lee, G, Patterson, D, Rabkin, A, Stoica, I and Zaharia, M (2010) A View of Cloud Computing, *Communications of The ACM*, 2010, 53 (4), 50–58 (April)

26,34 Hayes, B (2008) Cloud Computing, *Communications of The ACM*, 51 (7), 9–11 (July)

29 Mell, P and Grance, T (2011) The National Institute of Standards and Technology Definition of Cloud Computing, United States Department of Commerce, Special Publication 800–145

33,38 Lenk, A, Klems, M, Nimis, J, Tai, S and Sandholm, T (2009) What's inside the cloud? An architectural map of the cloud landscape, in Proceedings of the 2009 ICSE Workshop on Software Engineering Challenges of Cloud Computing, Vancouver: Institute of Electrical and Electronics Engineers, 23–31 (May)

35,36 Adobe (2020) Adobe Creative Cloud, www.adobe.com/uk/creativecloud.html (archived at https://perma.cc/2GH4-JWK8)

37 Deloitte LLP (2017) Open Banking: How to flourish in an uncertain future, www2.deloitte.com/uk/en/pages/financial-services/articles/future-banking-open-banking-psd2-flourish-in-uncertainty.html (archived at https://perma.cc/HZ6D-K9ZU)

39,40,43 Life.SREDA Venture Capital and Fintech Ranking (2016) Overview of APIs and Bank-as-a-Service in FINTECH, www.bank-as-a-service.com/BaaS.pdf (archived at https://perma.cc/9XZX-JER8)

41,42,44 Dintrans, P, Anand, A, Ponnuveetil, M, Acharya, A and Chardukian, A (2016) How Banking as a Service Will Keep Banks Digitally Relevant and Growing, Cognizant, www.cognizant.com/whitepapers/how-banking-as-a-service-will-keep-banks-digitally-relevant-and-growing-codex2047.pdf (archived at https://perma.cc/6EAU-8MAB)

45 Scholten, U (2016) Banking-as-a-service: What you need to know, VentureSkies, 20 December, www.ventureskies.com/blog/banking-as-a-service-categorizing-the-services (archived at https://perma.cc/4FMC-FYZD)

46 Porter, M E (1980), *Competitive Strategy: Techniques for Analyzing Industries and Competitors*, Free Press, New York

47,48,49,72 Christensen, C M, Raynor, M and McDonald, R (2015) What is Disruptive Innovation?, *Harvard Business Review*, 44–53 (December)

50 Raynor, M E (2011) Disruptive innovation: The Southwest Airlines case revisited, *Strategy & Leadership*, 39 (4), 31–34

51 Swinton, S and Roma, E (2018) Why Big UK Banks are Worried About Open Banking, Forbes.com, 15 March, www.bain.com/insights/why-big-uk-banks-are-worried-about-open-banking-forbes/ (archived at https://perma.cc/GWT4-SWV8)

52 Commonwealth of Australia (2018) Background paper 1: Some Features of the Australian Banking Industry, Royal Commission into Misconduct in the Banking, Superannuation and Financial Services Industry, 9 February, financialservices. royalcommission.gov.au/publications/Documents/some-features-of-the-australian-banking-industry-background-paper-1.pdf (archived at https://perma.cc/VMD5-67A5)

53,54 Smale, W (2019) The mistake that led to a £1.2bn business, BBC News, 28 January, www.bbc.co.uk/news/business-46985443 (archived at https://perma.cc/P9GE-AKWG)

55,56,59,60 TransferWise (2019) The TransferWise story, transferwise.com/gb/about/our-story (archived at https://perma.cc/J42Q-N8SU)

57 TransferWise (2019) We're building money without borders, for people without borders, transferwise.com/community/mission-and-philosophy (archived at https://perma.cc/T8ZV-UHZP)

58 TransferWise (2019) Annual report and consolidated financial statements for the year ended 31 March 2019, transferwise.com/gb/blog/annualreport2019/ (archived at https://perma.cc/2QKJ-UQNJ)

61,64,65 TransferWise (2019) Borderless account and card pricing, transferwise.com/gb/borderless/pricing#conversion_fees (archived at https://perma.cc/523B-78XS)

62 TransferWise (2019) How does TransferWise compare to leading banks, transferwise.com/gb/blog/how-does-transferwise-compare-to-leading-banks (archived at https://perma.cc/W6GJ-JCDD)

63 TransferWise (2018) TransferWise's next chapter starts today, and it's bright green, 9 January, transferwise.com/gb/blog/transferwise-debit-card-launch (archived at https://perma.cc/CE42-WV9J)

66 TransferWise (2016) We're launching TransferWise for business, 26 May, transferwise.com/gb/blog/a-wiser-way-to-make-international-business-payments (archived at https://perma.cc/3RZG-KFKT)

67,69 TransferWise (2018) Building multi-user access at TransferWise, 23 August, transferwise.com/gb/blog/multi-user-access-transferwise (archived at https://perma.cc/Y823-

BQWK)

68   TransferWise (2019) The new and improved TransferWise for business, transferwise.com/gb/business/#/howitworks (archived at https://perma.cc/6KYE-K2GN)

70,71   TransferWise (2019) TransferWise API, api-docs.transferwise.com/#transferwise-api (archived at https://perma.cc/F466-BW8M)

73,75   Nick Szabo (1999) Micropayments and Mental Transaction Costs, nakamotoinstitute.org/static/docs/micropayments-and-mental-transaction-costs.pdf (archived at https://perma.cc/S66M-GFH6)

74   The Behavioral Insights Team (2010) Mindspace: Influencing behaviour through public policy, UK Cabinet Office, www.bi.team/publications/mindspace/ (archived at https://perma.cc/USU5-77DS)

76,77,78,79   Bettencourt, L and Ulwick, A (2008) The Customer-Centred Innovation Map, *Harvard Business Review*, 86 (5), 109–14 (May)

80   Brunet, A P and New, S (2003) Kaizen in Japan: An empirical study, *International Journal of Operations & Production Management*, 23 (12), 1426–46

81,82   Jung, D, Dorner, V, Glaser, F and Morana, S (2018) Robo-advisory: Digitalization and Automation of Financial Advisory, *Business and Information Systems Engineering*, 60, 81–86 (January)

83   Business Wire (2018) Nearly 60 Percent of Americans Expect to Use Robo Advice by 2025 According to New Schwab Report, 1 November, www.businesswire.com/news/home/20181101005790/en/ (archived at https://perma.cc/2ULP-C56W)

84,85   Financial Conduct Authority (2019) Evaluation of the Retail Distribution Review and the Financial Advice Market Review: Call for input, www.fca.org.uk/publication/call-for-input/call-for-input-evaluation-rdr-famr.pdf (archived at https://perma.cc/MXZ6-YDCY)

86   Fein, M (2015) Robo-Advisors: A Closer Look, Social Science Research Network,

papers.ssrn.com/sol3/papers.cfm?abstract_id=2658701 (archived at https://perma.cc/M8ZL-LD4S)

87,88 Wealth Wizards (2019) About MyEva, myeva.com/about-myeva/ (archived at https://perma.cc/D3XE-6KHJ)

89,92 Wealth Wizards (2019) Is 43 working days a year the cost of slow digital adoption for the advice industry?, 17 June, www.turoadviser.com/blog/is-43-working-days-a-year-the-cost-of-slow-digital-adoption-for-the-advice-industry (archived at https://perma.cc/J9XD-LLBV)

90 Basten, L (2019) We're here to help you take control of your finances, Wealth Wizards

91 Wealth Wizards (2019) Our terms of business, 1 June, myeva.com/app/uploads/2019/06/2019-06-06-MyEva-Terms-of-Business.pdf (archived at https://perma.cc/D52H-54CP)

93,94 Wealth Wizards (2019) Spend more time servicing your customers, www.turoadviser.com/services-for-advisers (archived at https://perma.cc/UWD7-P46F)

95 Wealth Wizards (2019) Reach more customers with a great digital experience, www.turoadviser.com/services-digital (archived at https://perma.cc/43C7-JMA2)

96 Scherer, A, Wangenheim, F and Wünderlich, N (2015) The Value of Self-service: Long-term Effects of Technology-Based Self-Service Usage on Customer Retention, *MIS Quarterly*, 39 (1), 177–200 (March)

第三章

行为经济学与体验设计
如何优化用户参与

> **学习目标**
>
> 读完本章你应该了解：
>
> - 为什么用户会采用某些技术及创新方案而不采用其他技术或创新方案？
> - 用户会如何做出选择，如何来影响这些选择？
> - 用户界面设计的心理学原则。
> - 这些因素会如何在数字银行及分支机构设置中塑造用户体验？

在本章中，我们将把基本界面设计原则与行为经济学结合起来。我们的首要目标是研究如何在数字及分支机构中改进用户体验。也就是说，本章不会成为包罗万象、一劳永逸的指南，相反，本章的目的是帮助读者识别物理及数字用户体验设计中的一些常见陷阱。因此，您可以将本章理解为起步指南，把它当作建立与客户参与金融服务相关的行为及设计干预知识库的第一步。

本章从结构上来讲，是在技术接受模型（Technology Acceptance Model[1]，TAM，一个著名的技术采纳分析框架）以及用户界面设计、基于社区的创新和零售再造的某些方面对行为经济学进行背景分析。因此，本章通过行为经济学的各种观点将不同领域串联在一起。请注意，由于选取的观点具有相关性，本章并不是对行为经济学相关文献的详尽述评。

本章介绍的工具会面临很多道德困境。就像许多技术总要面对不良行为者进行欺骗及误导的风险。不幸的是，这些工具的好坏却只能因人而异，或者说与使用者的道德水准保持一致。此外，工具还有使用者误用的风险。因此，本章还会对应用行为经济学的伦理学问题进行一些讨论。

用户体验即竞争优势

在一个人们的注意力时长有所缩短的世界里，通过数字接口按需提供服务的企业有必要捕捉客户的情绪，而不能单凭想象去理解客户。这一点在金融服务业尤为紧迫，因为整个金融业的模式都有可能因数字化而商品化——说来说去，抵押贷款只不过是屏幕上的几行数字，本质上与人寿保险合同没有太大区别。

此外，亚马逊的一键式订购（1-Click Ordering）服务等以便利为导向的体验培养了消费者，让他们能够在各种交易中获得更大的便利。当然，不只是亚马逊一家在提高标准，优步（Uber）和网飞（Netflix）等公司提供的按需解决方案也提高了消费者对服务便捷性的期望。换句话说，这些技术公司共同降低了消费者愿意承担的心理交易成本。[2]因此，金融机构必须减少客户体验中的摩擦，以便跟上市场预期的脚步。[3]

在所谓的"实时经济"①中，消费者希望他们的需求能够立即得到满足，因此，零售商有责任使其客户的交易无缝进行，以尽可能消除客户在交易中的摩擦，避免细节分散客户对支付的注意力。[4]

然而，只是方便还远远不够。客户期望根据其个人需求定制自动化和集成的旅程。[5]也就是说，将自动化视为灵丹妙药是错误的，因为有证据表明，过度依赖自动化的自助解决方案可能会损害客户忠诚度。[6]从客户体验的角度来看，原因更加清楚，根据渠道扩张理论，用户对界面感知的丰富程度部分取决于用户对界面的独特体验。[7]可以想象，通过个人定制，产生的人机交互体验增强了用户体验的独特性，从而提高了感知质量。

因此，金融机构正面临困境，为了提高效率，金融机构需要将其服务数字化，但又必须保持人性化特色以提高客户留存率。为了克服这一问题，金融机构可以将目光投向消费者科技，在消费者科技领域，产品设计已经从科技导向转变为设计导向，[8]因为科技公司已经认识到，用户体验对

---

① "实时经济"又名"即时经济"，英文为"Now economy"或"real-time economy"。——译者注

成功至关重要。

苹果的iPod（一款便携式多功能数字多媒体播放器）也许是这方面最著名的例子，苹果公司并没有发明MP3播放器，而只是把MP3播放器做得很酷。几年后，苹果在智能手机方面也做了同样的一件事，推出了iPhone手机。经历了多年停滞不前，这些以体验为导向的产品推动苹果成为全球市值最高的公司之一。同样，未来成功的金融机构也很可能是那些提供最佳用户体验的金融机构。

采纳科技作为驱动因素

优化用户参与度不仅仅是在用户旅程中减少摩擦，添加有吸引力的装饰。在软件应用程序和新科技加持的背景下，用户是否参与在很大程度上取决于用户对所提供的解决方案的看法：如果用户认为该科技易于使用，有所益处，那么他们就更有可能使用该科技。[9]

这样一来，以科技为主导的解决方案是否成功要取决于用户对其效用及便利的看法。在技术接受模型中，[10]解决方案的感知效用会受到某些因素的影响，从经验上讲，输出质量、与手头任务的相关性以及结果可证性与感知效用呈正相关。[11]此外，感知便利性也很可能对感知效用有积极影响。[12]

表面上看，技术接受模型与金融科技创新的联系可能并不明显。然而，对其组成部分的驱动因素进行研究，就会发现这种联系变得愈发清晰起来：如果一个人以事务的视角看待创新，即服务提供商要帮助其客户完成事务，[13]那么产出质量与任务的相关性就变得至关重要。此外，运用结果可证性这一概念能节省用户时间、精力和金钱，并让客户注意到这一点。换句话说，就是颠覆性创新。[14]

技术接受模型强调效用、可证结果及便利，表明用户之所以渴望人性化特色，可能是基于实用主义。事实上，人机交互界面可以实现更大的人性化，因为这些界面允许客户详细解释他们遇到的问题；[15]即使问题未必能够更快解决，也会让用户感觉到确实有人在处理他们的问题。因此，界面设计师应该考虑何时在用户旅程中部署人员，以及部署人员的方式。换句话说，界面设计师可以问问自己，客户会在什么地方面临最大的不确定性？

用户界面及用户体验设计

用户界面（UI）和用户体验（UX）这两个术语有时会在同一段上下文中使用，因为两者之间有一定程度的重叠，但它们之间的区别还是值得研究的。UI设计强调用户界面的可用性和美学，而UX设计则更深入，要关注用户从交互中获得的价值和意义。[16]

尽管UI是UX设计不可或缺的一部分，但UI也并非无所不能，因为用户界面可能看起来很好而且可用，但提供的用户体验仍然较差。例如，一个电影评论网站可能会有一个优秀的用户界面，但如果这个网站的内容缺乏广度，就会让用户失望，例如，如果该网站只关注主流发布，就可能会让对独立制片感兴趣的用户失望。[17]

据估计，用户界面的外观及感觉对用户体验的贡献相对小于内容与用户目标的相关性；各自分别占比约为40%和60%。[18]因此，以用户的需求和期望为主要焦点，自下而上设计用户体验是合情合理的。

UX设计与整个客户旅程相关。UX设计不仅是为了满足客户的需求，而且要用一种既简单又优雅的方式来满足这些需求，与此同时，还要让客户感到愉悦。因此，设计一流的用户体验需要综合技能，包括界面设计师的技能、营销人员的技能，还有工程师的技能。[19]

结合以上建议，在客户旅程中，当用户遭遇最大不确定性的时候，采纳阶段性的人工干预可能会比较有用，而这种不确定性往往出现在决策关头。作为额外的补救措施，UX设计师可以使用行为助推。这些设计干预措施以行为经济学为基础，旨在鼓励用户作出某些决策，同时为他们提供某种程度的代理服务。[20]

行为经济学与古典经济学不同，因为行为经济学的支持者不认为个人会理所当然地作出理性决策。相反，他们认为决策与环境相关；[21]个人不会根据所有可用信息作出理性的决定，而是会因自己所处的环境而陷入非理性状态。

由于用户界面可以影响用户的决策，因此根据行为经济学理论考虑基本设计原则很有益处。我们可以从两个角度进行考查，即界面和用户。这种区分或许有点武断，但只是为了给一组迥然不同的想法提供一个框架。另外，下面列出的一些干预措施可能比较简单直观；这可能是因为读者处于这些信息的接收端。

用户界面设计原则

之所以选择在本节提出这些观点，是因为这些观点与金融服务息息相关，而且可以得到经验证据支持。换句话说，因为读者可以在金融科技环境中应用及测试这些观点。关于用户界面设计及行为经济学的文章已然很多，因此，本节并非想要详尽无遗地列出。此外，某些干预措施在实际应用中可能不会产生预期的结果,毕竟,在一种文化背景下起作用的东西在另一种文化背景下未必同样行之有效。因此,设计师有责任衡量及测试不同用户界面是否能够发挥效用。此外,由于世界是动态的,所以设计师必须在定期迭代的基础上进行衡量及测试。

让我们从"少即是多"这一老生常谈开始,"少即是多"实际上是一个基本的设计原则。就像作家在写作时绞尽脑汁以达到字字珠玑的效果一样,良好的用户界面只需要用户付出最少的精力;[22]换言之,最短的用户旅程通常就是最好的用户旅程,它可以最大限度地减少用户的认知负荷,继而降低决策疲劳的可能性。

决策疲劳这种观点与选择过载密切相关[23]——太多选择会导致决策欠佳。例如,一项研究发现,与"理性"投资者可能做出的选择恰恰相反,人们面对广泛的基金投资选择时,往往会选择风险更高、多样化程度更低、成本更高的投资基金。[24]因此,用户界面必须小心设计,不要为用户提供太多的选择,通过减少选择,可以最大限度地降低选择过载所带来的不确定性。

另一种方法也可以降低不确定性,那就是在用户旅程中设置路标,并且确定一个明确的起点及终点。这一旅程必须合乎逻辑,符合用户的期望,具备易于识别的输入及输出模式。这些设置让用户更专注界面,因为它们创造了一种与用户周围的现实有所不同的体验。[25]

设计师可以通过更不易察觉的方式设置路标,比如为用户提供默认设置,如果用户没有做出主动选择,则将默认设置认定为他们的选择。[26]这是一种行之有效的助推策略,因为人们往往会在无意状态下接受默认设置。[27]例如,自动注册养老金计划给员工提供了"离开"选项而非"加入"选项,但结果显示,这个计划的参与率更高。[28]在数字界面背景下,默认设置可以显示为预复选框，[29]它可以在用户浑然不觉的状态下提供指导，从而降低不确定性。

此外，用户界面必须从感官上与用户息息相关，并且与用户的文化一脉相承。[30]基于这种考量，界面需要变得简约，因为用户更有可能适应他们能够轻松理解的事物。[31]在实践中，要给用户界面上的信息贴上有意义的标签。经验表明，当这些信息包含定性标签时，人们能够将更多定量信息集成到决策过程之中。[32]标签可以通过视觉呈现，也可以通过语言呈现。例如，英国的食品标签被设计成彩色，高糖食品标签为红色，而低糖食品标签为绿色。

为了便于信息处理，定量信息呈现的尺度应关联于用户的定性现实。例如，将机动车的能耗重新表述为每100千米多少升，而不是每升多少千米，这种改动有助于消费者更准确地估计该车的能效。[33]由于人们支付的单位是升，而不是千米，重新表述的衡量标准更接近他们的生活经验，因此更容易被处理。

上面的例子间接印证了参考基点何等重要。用户对所提供的信息抱有期望，这种期望反过来又会影响用户的行为，[34]这种效应被称为锚定效应。[35]在信用卡用户中已经观察到锚定效应，例如，一家信用卡提供商修改其声明，删除了一条最低还款率为2%的信息，于是用户平均每月还款从99英镑增加到了175英镑。[36]这告诉我们，用户界面所显示的信息可能会锚定用户的期望，进而在无意中影响用户行为。

与锚定效应密切相关的是启动效应，该效应指的是如果人们事先接触过某些线索，他们的决策就会受到潜意识里线索的影响。[37]这些线索可能是声音，可能是图像，也可能是文字。启动效应可能会非常强大，例如，一项实验发现，在自助咖啡馆中，将印有一双眼睛的图像放在诚实箱[①]上方后，捐款几乎增加了三倍。[38]因此，设计师应明智地使用视觉和听觉元素，在界面的设计中把用户体验放在第一位，而不是把界面本身放在第一位。[39]

正如环境中的线索可以影响用户的决策一样，情绪刺激也可以影响用户的决策。[40]通常，体验积极情绪会使人们处于更容易接受的情绪状态。因此，广告牌上经常会有令人愉悦的人像，这些人像可以激发我们的情绪，进而激起我们的兴趣。如此一来，决策就可能被情绪化所控制，从而降低理性。[41]在一项实验中，一则带有妩媚女性形象的贷款广告增加了男性客户的购买量，与贷款利率降低25%所增加的男性客户购买量相同。[42]

激发情感尤其重要，因为消费者在作出决策时，只会考虑少数现实因素。一项研究显示，人们在作出决策时只会考虑一半他们认为相关的事情。[43]因此，将用户的注意力集中在界面最重要的区域很有意义。设计师可以通过运用凸显原则来实现这一点，凸显原则认为用户会关注看起来简单、新颖、切题的内容。[44]

明亮的颜色、对比度、运动和视觉隐喻等元素都可以实现凸显的效果。所以，重要的文本通常是粗体的，挥舞旗帜表示越位，红灯意思是"停止"，骷髅图像警示毒性。然而，这些干预只是战术性的；从战略角度上讲，简约切题才是关键。[45]

上述强调的设计原则隐含地将用户视为被动参与者。然而，成功的用户界面应鼓励用户输入并向用户提供反馈，让他们感觉自己正在影响界面。[46]这种感觉会让用户打消顾虑，觉得在某种程度上满足了自己的需求。设计师可以采取微妙的形式来实现这一效果，例如当用户将光标悬停在超

---

① 心理学经典实验，"诚实箱"实验。——译者注

链接上时,将超链接高亮显示。

反馈还可以更加明显。实践中,一些界面使用某些游戏的机制来增加用户参与度。[47]这种做法称为"游戏化",其中使用的元素包括进度条、积分或累积徽章,甚至包括用户之间某种程度的竞争。[48]这些工具很强大,因为它们让人们在认知和情感上都能参与进来。[49]

游戏化是一种鼓励用户输入的强大方式,因为它可以建立承诺,通过在界面上投入时间和精力,用户隐式地对其进行承诺。游戏化利用了人们的一种需要当前的行为与之前的行为保持一致的迫切心理,建立了一种参与机制。[50]这样做的理由尽管简单——不履行承诺可能会导致名誉受损及社会排斥,[51]但影响却非常强大,所以区区一纸承诺就可以提高一个人坚持到底的可能性。[52]

用户是如何作出决策的

以上部分探讨了行为经济学背景下的某些设计原则。然而,这种探讨是从界面而不是用户的角度进行的。由于用户的选择也受其内在经济状况的影响,因此有必要从相反的角度,即用户的角度,来审视一下参与度。

让我们从考查用户如何看待自己开始,换句话说,就是用户的自我价值感在说些什么。一般而言,人们往往会高估自己的能力。很少有人乐于承认他们的技能在大多数领域都低于平均水平。例如,在一项针对美国大学生的研究中,93%的受访者都认为自己的驾驶技能优于中等水平驾驶人。[53]根据数学定律,我们可以假定有50%的人会低于平均水平,这个结果就可以表明普通人群中存在着过度自信。这种过度自信也存在于散户投资者中,一项研究发现,富裕的散户投资者往往高估自己的选股技能,而低估更广泛的市场波动对其投资回报的影响。[54]

除了高估自己之外，人们对小概率的关注也不成比例，[55]概率估计值从5%~10%的变化比50%~55%的变化在脑海中更赫然可见。[56]这种效应在某种程度上可以解释为什么以彩票为基础的储蓄产品，如保费债券，[57]或许还有以保险为基础的储蓄产品（比如人寿保险）很有吸引力。

与此密切相关的是损失规避的概念，即损失会比收益产生更大的情感影响。[58]因此，负面激励更有效果。这一想法在英国得到了广泛应用，2015年，英国政府对英国超市的塑料袋征收5便士的附加费；[59]在该做法推行的前6个月，塑料袋的使用量同比下降了约80%。[60]

此外，负面激励在帮助人们减肥方面也证明很有效。在一个实验中，要求参与者将一笔钱存入第三方托管，如果他们达到了减肥目标，托管将会把这笔钱退还给他们，再加上附加奖励。[61]在研究结束时，与对照组相比，这组参与者的减肥效果显著改善。[62]从某种程度上来讲，这种优异表现可以用所谓的禀赋效应来解释，[63]那就是人们更重视他们认为属于自己的东西。因此，与那些只想获得奖励的人相比，存入代管资金的人有更强烈的动机簇来推动他们实现目标，即使最后净资金奖励完全相同。

在上述各种效应中有一个共同的主题，那就是，人们通常并不特别擅长冷静地解释定量信息。成功、进步或成就的量化指标，即会计指标，其内化会影响人们的行为，让人们的行为出乎常理；[64]换句话说，人们赋予财务激励的主观含义可能导致某种行为，而这种行为却无法实现财务收益最大化和/或风险最小化。

例如，一项对纽约市出租车司机的研究发现，设定每日收入目标会导致人们在生意好的时候提前下班，但在生意不好的时候工作更长时间。[65]这种做法与理性行动者的做法正好相反，毕竟，从理性的角度来讲，在生意好的一天工作一个标准的班次，可以获得收入缓冲来应对生意不好的一天，这样就可以减少计划外工作更长时间的需求，同时最大限度地减少不确定性。我们可以从心理会计①的角度对这一现象进行解释：人们往往会孤立地理解财务收益及损失，[66]从而忽视了大局。

这就解释了为什么人们通常会在同一个投资组合中同时表现出保守投资者及赌徒的双重特征。[67]例如，投资者可能持有低风险投资，同时会选择高风险低价股来投机"下一个大热门"。[68]人们通过这种方式在精神上把自己的资产放在不同的桶中，放在那些提供保护免于贫困的桶及那些承诺致富的桶中。[69]当然，这种策略不太可能是最优的，因为它可能会导致投资者将太多资本分配给低风险及高风险资产类别，却忽视了中等风险投资，从而无法实现投资的最佳多元化。

其他行为效应也阻碍了理性的投资组合决策。在信息缺乏的情况下，人们往往会将注意力、资源及资金平均分配到不同的类别。[70]这种做法称为幼稚配置（naive allocation），可用于助推投资者降低风险，将低风险投资基金拆分为单独的子基金，同时合并高风险基金。[71]例如，低风险债券基金可分为公司及主权子基金，而与此同时，高度波动的科技基金可以与新兴市场基金合并，并称为"前沿"基金。考虑到要在这个简单的投资领域中幼稚配置，高风险对比低风险的分配将从2∶1（即技术对比新兴市场与债券）变为1∶2（即公司债券及政府债券对比"前沿"基金）。

抛开界面设计及用户倾向不谈，人们或多或少都会受到短视心理的影响，同时，人们也希望更快地获得积极的结果。[72]毕竟，双鸟在林不如一鸟在手——人们往往会拖延，会一味追求即时满足。出于这个原因，储户

---

① 心理会计是指人们会在心里无意识地把财富划归不同的账户进行管理。——编者注

必须得到回报,因为他们的满足感遭到了推迟,因为他们没有现在把钱花掉。这也是长期投资回报往往高于短期投资的原因之一。

为了克服消费者的短视行为,界面设计师可以为用户提供即时和/或明显的激励,人们需要丰富而有说服力的理由,才能作出有益的长期选择。这就是人们愿意投入时间和精力去学习一门新语言的原因之所在,未来的丰富经验(如提高沟通技巧、体验异域文化等)足以让一些人乐于放弃休闲时间。[73]

社区、社会规范及文化

用户界面必须符合用户的文化规范。[74]这一点在使用隐喻时尤其重要,特别是使用视觉隐喻的时候。因为隐喻能够激活记忆,构建联想,[75]换句话说,隐喻能够启动使用者。因此,金融机构在使用隐喻时必须注意文化敏感性。

要衡量隐喻的文化相关性,必须考虑其社会背景,根据被称为符号互动论的社会学理论,人类不会独立地从对象中获得意义,而是依靠社会互动来赋予这些对象意义。[76]因此,在将符号及隐喻作为用户界面的一部分进行部署之前,了解符号的社会背景及内涵至关重要。

举个例子,试想一下把谷物视为增长及繁荣这一隐喻。对于一些欧洲金融机构,尤其是那些有着农业根基的机构来讲,小麦长期以来一直是人们青睐的象征元素。然而,在亚洲,这个象征却是水稻。毕竟,小麦和水稻分别是欧洲和亚洲的主要主食,每一种作物都通过餐桌固定在公众的想象之中。

文化的作用不仅是重塑用户界面来适应当地的敏感性,还塑造了社会规范及群体内部的期望。依据TAM模型的观点，用户在采纳新科技之前，会考虑他们所敬重的人会如何去感知他们，对他们的声誉有何潜在影响。[77]因此，创新者最好将客户视为群体用户，而不是脱离大众的单个消费者。

此外，UX设计师必须考量用户如何在社交环境中使用这项新的技术。在社交环境不明显或不存在的地方，设计师可以参考其他用户来突出或制造社交环境。在一项研究中，一家酒店将其浴室标志从要求客人重复使用毛巾改为"大多数"客人重复使用毛巾。尽管这是个谎言，但在入住期间重复使用毛巾至少一次的客人的比例从35%上升到了44%。[78]

社会压力及形象问题与网络效应有关，网络规模越大，对其成员的价值就越高。[79]因此，社会影响可以增加网络成员的个人利益。[80]例如，成为乡村俱乐部的一员很有价值，因为这可以成为他的一段积极经历，而且可以建立及维持社会关系。[81]事实上，社会关系对网络参与者行为的影响比经济逻辑所预测的更大。[82]因此，成为一个网络的一分子所带来的社会效益会激励个人"融入"，以最大限度地减少任何被排斥的风险。

这种相互作用可以在某些消费科技的设计及营销中观察到。例如，通过iMessage应用程序[①]在苹果设备之间发送的消息会以不同的颜色（蓝色）显示，而不是以其他程序的颜色（绿色）显示。[83]对于苹果用户而言，这种差异表明他们与非苹果用户有所不同，因此他们属于"局内人"。从理论上讲，这种操作会让他们更不愿意使用非苹果产品，因为他们害怕被疏远。

---

① iMessage是苹果公司推出的即时通信软件，可以发送短信、视频等，安全性好。——译者注

用户的动机不仅仅体现在网络效应上，对股权众筹活动的研究表明，人们为这些活动提供资金不仅是出于财务的考虑，还出于社会及情感因素。[84]这种状况表明用户享受成为社区一分子的感觉，而这也是开源社区背后的驱动力。[85]当然，一些创新者并没有忘记这一点。2019年，贝宝（PayPal）为销售点支付解决方案iZettle[86]发起了一场本地化的广告活动，展示了英国当地店主的图片、姓名和地址。通过这种方式，贝宝利用人们参与当地社区的愿望，同时瞄准了两个用户群体，店主及他们的客户。

以社区为中心的创新算不得新生事物，事实上，开源用户社区早就为我们带来了一种替代操作系统（Linux系统），还有点对点货币（比特币）。这些社区之所以能够兴起是因为用户对现有解决方案越来越不耐烦，[87]这种不耐烦促成了彼此之间的合作，开发出了能更好地满足其需求的解决方案。作为用户，他们对这些需求有着第一手的了解，与市场上的普通用户相比，他们更有能力为自己开发解决方案。[88]

因此，公司可以让用户参与进来，共同创建创新的解决方案，进而将客户群转变为开源社区。[89]例如，2019年，英国金融科技公司Tandem宣布，公司欲将客户意见作为开发抵押贷款方案的一部分。[90]所以，通过向用户寻求创新，Tandem实际上是在将市场研究和产品开发有效地众包出去。

与用户社区接触时，最好从社区领军人物开始，因为其他用户会效仿领头羊的行为。[91]人们往往会去模仿那些他们非常尊重和/或认同的人的行为。例如，一项研究发现，拥有两个吸烟的朋友的青少年的吸烟比率比只有一个吸烟的朋友或根本没有吸烟的朋友的青少年高了1 000%，相比之下，如果父母中的一方吸烟，这一比率的增幅仅为26%。[92]

除了从榜样和同侪群体中获得线索之外，人们还会受到权威标记的影响。这些标记代表了一种可信度，可以让人们在心理上走个捷径。[93]这就是牙膏广告会提及牙医的原因，这种对权威的诉求会让用户将他们的决定外包给"专家"，从而最大限度地降低自己的心理交易成本。

权威标记很可能并不明显，但仍然很有效用。例如，在提供相同的健康建议时，"研究助理"比"训练有素的引导者"和"教师"更能有效地改变人们的行为方式。[94]因此，即使是细微的权威标记也足以影响人们的行为。

用分支机构吸引客户

尽管上述想法可以通过数字方式实现，但纯数字接口未必是最佳选择。人类是社会生物，如果金融机构按照行为原则统一将其用户界面数字化，那么个人用户就无法感觉到独特性。极端地说，这就意味着不同方案之间只剩下机构标识及品牌配色方案是不同的了。

因此，尽管自动化程度不断提高，但许多机构仍可能不会选择纯数字接口——在一定程度的数字化及全自动化之间，存在着人性化空间。自动化释放了员工的时间，那么，多余的资源就可以被重新部署到需要同理心及创造力的任务之中。[95]换言之，就是要为用户提供更多人性化的体验。然而，由于没有任何解决方案能够适用于所有人，每个机构都必须重新设计用户界面，以便在其自身业务模式的背景下支持日益独特的客户体验。由于不存在"速决"方案，机构必须以增量方式部署这些干预措施，而且这一过程也可能会经历迭代。[96]

那么，人们想从与金融机构的交易中寻求什么呢？根据对北美消费者的一项调查，许多人希望个性化服务能帮助他们省钱、省时、省力。[97]客户希望金融机构站在他们一边，例如，财富管理的客户希望获得针对其金融环境的及时全面的建议,[98]而不是向他们"出售"某种产品,这些客户希望顾问能够帮助他们理解为什么某些金融解决方案可能与他们比较契合。这样一来,未来的银行分行可能会有点像医生的办公室,银行工作人员在这里帮助客户诊断问题并提供解决方案。

正如寻求金钱回报一样,客户也希望得到时间回报。与去银行分行和其他店内接受零售服务体验一样,是客户的一种时间投资。如此说来,银行和其他零售商一样,都可以为客户提供有形的体验,这是数字服务所无法实现的,[99]换言之,这种有形体验可以让客户产生来参与该分支机构提供的服务的强烈动机。

这就意味着银行要重新设计分支机构,使其成为一个更舒适的空间,从而将无法避免的等待之苦降到最低,另外,需要让分支机构凸显地方特色,让客户将其视为社区不可或缺的一部分。此外,由于没有任何零售概念可以一劳永逸,[100]所以银行必须定期更新其分支机构,通过这种方式满足客户对新奇的渴望。最后,通过整合店内和在线渠道,零售方案得以成功。[101]通过此种方式,银行分行为其在线及移动服务进行补充。

案例分析　劳埃德银行（Lloyds Bank）的新分行

劳埃德银行集团（LBG）拥有3 000多万客户,[102]是英国最大的银行之一。其主要品牌包括劳埃德银行、苏格兰银行（Bank of Scotland）和哈里法克斯银行（Halifax）；这些银行总共约占英国银行分行的20%。[103]如此说来,劳埃德银行集团宣称其目标是"助力不列颠繁荣",也许就不足为奇了。[104]劳埃德银行集团的一个子目标是通过提供个性化及数字化的客户解决方案来提供"领先的客户体验",这也是"助力不列颠繁荣"目标的一部分。[105]

2017年，LBG在曼彻斯特市中心开设了一家新型分支机构，旨在将"面对面的专业知识与新技术相结合"。劳埃德银行董事总经理罗宾·布洛赫（Robin Bulloch）在谈到此举措时表示："虽然数字服务对我们的客户越来越重要，但我们仍然认识到人机交互的重要价值——人们希望在重要的时候与人打交道。"[106]

这家分店大大的透明玻璃窗从天花板一直延伸到地板，其外部特征与街边的零售店相差无几。在外面的步行街上，立着一块黑板，上面写着烘焙食品的广告。进入店内，首先映入眼帘的是咖啡馆，里面有位咖啡师，咖啡师还会为你提供当地烘焙店的手工咖啡。

该分行每周7天营业，但周末营业时间较短。[107]该分行的收银员窗口位于分行后面，自助服务亭则靠近入口。员工除了穿着无可挑剔外，举止也优雅得体。

楼上有一家商业中心。空气中弥漫着欢快的音乐。在这里，扶手椅漆成劳埃德银行的标志性色彩，干净舒适。墙上装饰着骏马图，图案的灵感来自劳埃德银行集团的标志，标志特征是骏马扬起前蹄。

这个商业中心看起来是个综合体，有个企业家共创空间，还有一家小型商业银行。这里提供免费的无线网络还有办公桌，可供商务人士会面及工作。此外，这里还提供专家支持，如果需要，该行可以帮助初创企业与当地咨询公司之间建立联系。[108]这样一来，分支机构的功能就类似于某种初创孵化器。

该分行还会定期主办网络活动及专家演讲。[109]不仅如此，该分行还与当地慈善机构合作，帮助无家可归者获得基本的金融服务。这是帮助他们重新融入社会的重要一步，因为没有银行账户的人无法找到工作，也无法领取国家福利。[110]

继在曼彻斯特取得成功后，劳埃德银行集团在伦敦和格拉斯哥分别推出了哈利法克斯银行和苏格兰银行品牌的类似分行形式。[111]这种新形式并非劳埃德银行集团唯一以分支机构为中心的创新，2018年，该银行集团推出了41家"微型分支机构"。[112]在这些分支机构中，有两名工作人员值班，客户可通过平板电脑自助服务，其中一名工作人员可以随时提供帮助。[113]此外，客户还可以通过视频链接获取专业抵押贷款建议。[114]在谈到这个概念时，劳埃德零售业首席运营官雅各布·普费德勒（Jakob Pfaudler）说"要把店面当成苹果商店，而不是银行分行。"[115]

劳埃德银行集团是如何通过其新的分支银行业务吸引客户的？（参考答案见本章末尾）

助推的道德标准

理查德·塞勒（Richard Thaler）和卡斯·桑斯坦（Cass Sunstein）两位学者于2008年出版了《助推》（Nudge）一书，让"助推"一词进入主流。[116]行为经济学可以用来引导人们，而不是强迫人们做出更好的选择，这一想法引起了新自由主义机构的共鸣：塞勒随后被任命为奥巴马政府特别顾问。[117]

尽管塞勒和桑斯坦的意图可能非常良好，但他们在书中提出的想法（事实上更应属于行为经济学）却有可能被恶意应用。换句话说，他们提出的想法是为了说服用户作出根本不符合自身利益的决策。此外，行为经济学可能被人以不道德的方式运用，即使这种运用并不是界面设计者的初衷。事实上，要想判断一种干预是不是不道德，要比判断这种干预是否出于恶意要困难得多，后者需要主观恶意，而前者可能纯属偶然。

应用"助推"时，设计者一方面不得违反用户的利益，另一方面也不得干扰用户行使自由意志的能力，如果有哪些干预欺骗了用户，那么这些干预就违反了这一原则。[118]因此，在客户旅程中放松用户与操纵用户之间的界限在于某个节点，而用户却又无法在这一节点提供知情同意。

这个界限被模糊化了，而且监管机构也知道这一点。因此，许多司法管辖区都有法律规定，在商店及网上购买的产品都有退货权，含蓄地承认了在这些环境会有一定程度的操纵现象，而冷静期则可以让客户在不同的心理状态，更理性地重新评估他们的购买行为。[119]

用户不希望被操纵。因此如果操纵过于明显，就不再发挥效力，用户参与度就会下降。许多博客类型的网站上"点击阅读更多内容"的按钮就是一个很好的例子，在阅读一篇文章时，用户如果点击这个按钮，广告空间就会得到拓展。随着时间的推移，这一工具促进用户参与的效果越来越差。毕竟，一旦用户遭到愚弄，就会从失望的经历中吸取教训，并且将这些明显的操纵企图视为质量低劣的标志。

因此，各个组织在部署"助推"时都需要谨慎行事。作为一种初步补救措施，设计者可以毫不含糊地披露信息，让用户了解各种选择的潜在后果。事实上，出于合规原因，在投资管理等领域也可以看到此类披露信息（例如"你的资金有风险"）。因此，金融机构自愿向用户披露其选择的最重要的影响，将使用户觉得这是一种令人耳目一新的最佳做法，而不是出于监管的需要。对于初次尝试使用的组织而言，这种做法有助于管理客户期望，并可能（或许很令人惊讶）促进更高的用户参与度。这主要是因为，表面上摆出貌似与自身利益背道而驰的信息是建立客户信任的一种行之有效的方法。[120]

然而，并非所有用户都同样精于世故，因此，某些群体比其他群体更容易受到影响。事实上，有证据表明，社会经济地位较低群体的人更容易受到某些行为的助推。[121]因此，采取基于信息披露的"买方注意"方法可能还不足以实现目标，因为这种方法可能会对消费者造成损害。要想知道这样做会对底线产生怎样的影响，您只需想想英国金融机构因为销售不当的保险产品而赔付的370多亿英镑就会明白了。[122]

此外，从用户的角度考虑问题也很合适，如果无法证明行为干预符合用户的利益，那么这种行为干预还是否应该存在呢？这就引出了一个问题，人们如何才能知道这些利益是什么呢？因此，"助推"应该以了解用户以及用户需求为出发点。这样一来，用户就可以确定各自方案的适用性，而这种适用性是任何助推都无法改变的。也就是说，用户不是一个单一群体，适合某一类型用户的内容可能并不适合所有用户。[123]

案例研究　应用助推

假设有这样一款移动应用程序，它通过使用本章中描述的一些助推来寻求用户参与度最大化。这个应用程序是一个预算工具，用来帮助用户储蓄及投资。然而，这款程序的开发人员却忽视了该程序潜在的伦理及实践后果，并在无意中将这些问题推给了用户。

当用户第一次打开这个应用程序时，他们会被问及一系列关于收入、消费习惯、年龄及对风险所持态度等问题。最后一个问题是，你认为自己是一个在财务上有责任感的人吗？无论这个问题答案是什么，下一屏都会显示该应用程序的平均用户每月储蓄的月收入比例。这个界面与预先的勾选框相结合，用于选择将月收入的较高比例用来储蓄，而这一选项标记着一张笑脸。只有一个其他选项，是一个可以自由输入的"其他"选框。

注册过程结束时，将在最后一刻推出一个限时"特价"的手机保险。这个特价保险附带一张照片，照片中有一位女士，看起来心烦意乱，因为一个长相有几分龌龊的男士抢走了她的坤包。此次追加销售有一个倒计时。之所以安排倒计时，是因为研究表明，对机会附加限定时间窗口会激励用户采取积极行动，[124]换言之，就是在向用户灌输"恐怕错过"的想法。

每位用户将获得50欧元的注册奖金。然而，有一个条件，就是用户要在第一年达到储蓄目标。而在这段储蓄期满时，用户还可以通过实现接下来6个月的储蓄目标，将奖金翻一番。此外，用户储蓄时，会根据自己在实现年度储蓄目标上取得的进展获得"储蓄积分"，而这些积分可在第一年年底兑换注册奖金。

用户可以选择提名另一个用户作为他们的"储蓄伙伴"。每个用户都会录制一条音频或视频消息，发送给对方，说明自己的储蓄目标，同时祝对方好运，以上做法是这个活动的一个部分。不仅如此，每个用户好友的姓名以及总储蓄积分数都会显示在主屏幕上。

在使用一周后，应用还会要求用户上传一张图像，表明他们储蓄的目标。这个图像可以是表示用户存钱的目标，比如房屋、汽车或者度假。如果用户上传的照片满足这一要求，就可以获得少量积分。然后，这个照片将成为用户主屏幕上的标题图像。如果用户忽视了这一要求，则会连续三周每周通过文本或电子邮件提醒用户，之后的每月也都是如此，循环往复。

该应用程序将用户的储蓄根据短期、中期或长期时间范围进行投资。每种设置都包含同一篮子投资基金的不同组合，包括股票、房地产、政府债券及现金存款。这样一来，短期储户相对而言比长期储户拥有更多的政府债券及现金存款敞口。用户不能更改其投资设置，除非他们选择更改其储蓄计划的规定时间范围。

主屏幕将在每个用户的积分总数旁边显示其账户余额。下面有一个图表，显示用户账户价值的演变。由于每月自动投资固定金额，图中折线通常一路走高。要想查看以百分比表示的实际投资收益（或损失），用户必须单击图表以查看详细信息。在图表上，投资收益用绿色表示，而投资损失用蓝色表示，因为蓝色比红色更为冷静，以避免产生不必要的压力。

你认为此应用程序使用的"助推"手段有哪些潜在问题？（参考答案见本章末尾）

本章总结

我们应该清楚，将行为经济学作为用户体验的一部分并非万能良药，因为在战术层面上有意义的干预在战略层面上可能并不合适。说来说去，消费者都是大活人，当然希望能够得到人性化的服务。因此，竞争优势将属于那些成功弥合自助服务及真实性之间差距的金融机构，也就是说，金融机构一方面要充分利用自动化优势，另一方面也要在体验中保持人性化的风格。没有任何两种商业模式会一模一样，这一点会在不同的子领域及不同的商业模式中以不同的方式表现出来。

终极锦囊

本章最重要的观点是：

- 用户体验不仅仅取决于品牌及用户界面设计的表象。

- 尽管用户作出的选择并非总是很理性，但在简洁方面取胜通常不失为设计良策。

● 本章介绍的助推工具比大多数人想象的更强大，因此在应用这些工具时必须始终考虑到用户的最佳利益。

讨论要点参考答案

劳埃德银行集团是如何通过其新的分支银行业务吸引客户的？

劳埃德银行集团分行的所有布置都在发出一个信号："欢迎光临"。大窗户从天花板一路垂到地板，黑板上烘焙食品广告琳琅满目，入口处咖啡馆一目了然。凡此种种，会让客户萌生积极的心态，收银员的窗口之所以放在分行的背面，是因为这些窗口可能会让某些客户回忆起排队等候的情景及沮丧的情绪。

音乐宜人，各种陈设一尘不染，所有员工优雅得体，这一切将让分行内的体验与门外商业街的繁忙喧嚣泾渭分明；员工着装正式，权威专业，有助于建立客户的信任；骏马驰骋大自然的形象会让自由、理想及积极行动的感觉在顾客心中油然而生。

提供协作空间，举办网络活动，可以让分行融入周围的社区，尽管这已经超出了该行的业务范围。这既体现了劳埃德银行集团"助力不列颠繁荣"的口号，又让客户感觉自己成为社区的一分子，而且也会以成为该行的客户为荣。

此外，引入微型分行这一举动表明，劳埃德银行集团关注不同类型客户的不同需求。劳埃德银行集团在微型分行打造类似苹果商店的体验，为许多客户提供平易近人的服务，再加上远程抵押贷款顾问服务（据推测，这一服务可以减少多次预约的需求），可以最大限度降低客户的心理交易成本。

你认为此应用程序使用的"助推"手段有哪些潜在问题？

第一，尽管"助推"用户将收入的更大一部分储蓄起来可能是出于好意，但"助推"所有用户将收入的更大一部分储蓄起来可能就是次优的选择了，因为不同的用户有不同的支出灵活度。例如，一些用户在租金（固定成本）上投入的收入比例比其他用户更高，因此他们能够用于储蓄的部分可能就更小。此外，如果强制用户自由输入金额，就可能出现用户差错。应用程序的运营方可能要为这种差错付出高昂的代价，包括纠错成本、声誉损失以及给用户带来的不便。

第二，利用限时压力追加手机保险业务可能并不完全合乎道德。

第三，注册过程中的最后一个障碍可能会导致一些客户放弃注册。

第四，被抢女性的情绪化形象可能会先入为主，给客户留下负面印象，进而影响用户体验。

第五，虽然积分计划貌似是一个可以让客户不偏离正轨的好方法，但仍然存在一些问题，比如在客户获取最大额度奖金之后，他们的积分该如何处理。为了让客户参与进来，可以给他们颁发累积积分的徽章，或者还有更好一点的做法，比如给客户发放一些代金券。此外，每月储蓄的收入比例需要达到一定的最低数额，否则，客户就会在这个系统上投机取巧，比如只存入收入的微量份额（比如1%）来获取注册奖金。

第六，要求用户上传图像可能会涉及隐私问题，而如果是从互联网上获得的，则可能会产生版权问题。由于潜在的隐私/数据保护问题，应用程序必须审慎地处理用户之间共享的信息，比如只分享各个客户总积分，而不分享各自收入（或收入的百分比）。此外，"助推"用户上传图像几次就可以，过多"助推"可能会让客户深感恼火。UX设计师需要在这方面谨慎行事。

第七，由于三个时间范围（短期、中期、长期）之间的区别似乎不太明显，因此每个储蓄选项的契合度都会存在问题。事实上，不同类型的储户有不同的风险偏好，也有不同的时间范围。因此，一些中期储户最终可能会面临风险过高的投资环境，而一些长期储户可能会发现自己没有充分理解投资的风险。因此，设计师还需要做更多的工作，让投资设置更符合每个用户的风险偏好。

参考文献

1,9,10 Davis, F D. Perceived usefulness, perceived ease of use, and user acceptance of information technology, *MIS Quarterly*, 1989, 13 (3), 319–40 (September)

2 Szabo, N (1999) Micropayments and Mental Transaction Costs, www.fon.hum.uva.nl/rob/Courses/InformationInSpeech/CDROM/Literature/LOTwinterschool2006/szabo.best.vwh.net/berlinmentalmicro.pdf (archived at https://perma.cc/ARY5-EF88)

3,5, Badi, M, Dab, S, Drummond, A, Malhotra, S, Muxi, F, Peeters, M, Roongta, P, Strauß, M and Sénant, Y (2018) Global payments 2018: Reimagining the Customer Experience, The Boston Consulting Group, 18 October, www.bcg.com/publications/2018/global-payments-reimagining-customer-experience.aspx (archived at https://perma.cc/K3RD-GP8Z)

4 Worldpay (2018) Global payments report: The art and science of global payments

6,15 Scherer, A, Wangenheim, F and Wünderlich, N. The Value of Self-Service: Long-Term Effects of Technology-Based Self-Service Usage on Customer Retention, *MIS Quarterly*, 2015, 39 (1), 177–200 (March)

7 Carlson, J R and Zmud, R W. Channel Expansion Theory and the experiential nature of media richness perceptions, *Academy of Management Journal*, 1999, 42 (2), 153–70

8 Maeda, J (2017) Design in Tech Report 2017, designintech.report/2017/03/11/design-in-tech-report-2017/ (archived at https://perma.cc/77LM-BY98)

11,12,77 Davis, F D and Venkatesh, V. A Theoretical Extension of the Technology Acceptance Model: Four Longitudinal Field Studies, *Management Science*, 2000, 46 (2), 186–204 (February)

13 Bettencourt, L and Ulwick, A. The Customer-Centred Innovation Map, *Harvard Business Review*, 2008, 86 (5), 109–14 (May)

14 Christensen, C M, Raynor, M E and McDonald, R. What is Disruptive Innovation?,

Harvard Business Review, 2015, 93 (12), 44–53 (December)

16 Law, E L C, Roto, V, Hassenzahl, M, Vermeeren, A and Kort, J (2009) Understanding, scoping, and defining User eXperience: A survey approach [conference proceedings], in: CHI 2009 – User Experience, Boston, MA, 7 April

17,19 Nielsen, J and Norman, D (n.d.) The Definition of User Experience (UX), www.nngroup.com/articles/definition-user-experience/ (archived at https://perma.cc/2C8W-YBTG)

18 Berry, D (2000) The user experience: The iceberg analogy of user experience, IBM, 1 October, www.ibm.com/developerworks/library/w-berry/index.html (archived at https://perma.cc/T3CU-ANHG)

20 Sunstein, C R. Nudging: A very short guide, *Journal of Consumer Policy*, 2014, 37, 583–88

21,34 Kahneman, D. Maps of Bounded Rationality: Psychology for Behavioral Economics, *The American Economic Review*, 2003, 93 (5), 1449–75

22 Dünser, A, Grasset, R, Seichter, H and Billinghurst, M (2007) Applying HCI principles to AR systems design, HIT Lab NZ, www.researchgate.net/publication/216867606_Applying_HCI_principles_to_AR_systems_design (archived at https://perma.cc/6B9E-Z4EV)

23 Iyengar, S S and Lepper, M R. When Choice is Demotivating: Can One Desire Too Much of a Good Thing?, *Journal of Personality and Social Psychology*, 2000, 79 (6), 995–1006

24 Cronqvist, H and Thaler, R H. Design Choices in Privatized Social-Security Systems: Learning from the Swedish Experience, *American Economic Review*, 2004, 94 (2), 424–28

25,30,39,46,74,75 Blair-Early, A and Zender, M. User interface Design Principles for Interaction Design, *MIT Design Issues*, 2008, 24 (1), 85–107

26,27,31,56 Dolan, P, Hallsworth, M, Halpern, D, King, D, Metcalfe, R and Vlaev, I. Influencing behaviour: The mindspace way, *Journal of Economic Psychology*, 2012, 33, 264–77

28 Madrian, B and Shea, D F. The Power of Suggestion: Inertia in 401(k) Participation and

Savings Behaviour, *Quarterly Journal of Economics*, 2001, 116, 1149–87

29,119,123 Johnson, E J, Bellman, S and Lohse, G L. Defaults, Framing and Privacy: Why Opting In-Opting Out, *Marketing Letters*, 2002, 13, 5–15

32 Peters, E, Dieckmann, N F, Västfjäll, D, Mertz, C K, Slovic, P and Hibbard, J H. Bringing meaning to numbers: The impact of evaluative categories on decisions, *Journal of Experimental Psychology*: Applied, 2009, 15 (3), 213–27

33 Larrick, R P and Soll, J B. The MPG Illusion, *Science*, 2008, 320, 1593–94

35 Tversky, A and Kahneman, D. Judgment under Uncertainty: Heuristics and biases, *Science*, 1974, 185 (4157), 1124–31 (September)

36 Stewart, N. The cost of anchoring on credit card minimum payments, *Psychological Science*, 2009, 20, 39–41

37,40,41,44,45 The Behavioral Insights Team (2010) Mindspace: Influencing behaviour through public policy, UK Cabinet Office, www.bi.team/publications/mindspace/ (archived at https://perma.cc/5S49-5YLP)

38 Bateson, M, Nettle, D and Roberts, G. Cues of Being Watched Enhance Cooperation in a Real-World Setting, *Biology Letters*, 2006, 2 (3), 412–16

42 Karlan D, Bertrand M, Mullainathan, S, Shafir, E and Zinman, J. What's Advertising Content Worth? Evidence from a Consumer Credit Marketing Field Experiment, *Quarterly Journal of Economics*, 2010, 125, 263–306

43 Bond, S D, Carlson, K A and Keeney, R L. Generating Objectives: Can Decision Makers Articulate What They Want?, *Management Science*, 2008, 54, 56–70 (January)

47 Terrill, B (2008) My Coverage of Lobby of the Social Gaming Summit [blog], 16 June, www.bretterrill.com/2008/06/my-coverage-of-lobby-of-social-gaming.html (archived at https://perma.cc/G4L8-3EP6)

48 Huotari, K and Hamari, J (2012) Defining gamification – A service marketing perspective, in Proceedings of the 16th International Academic MindTrek Conference, 3–5 October, Tampere, Finland, ACM, 17–22

49 Mullins, J K and Sabherwal, R. Gamification: A cognitiv–emotional view, *Journal of Business Research*, 2020, 106, 304–14 (January)

50,52,93,120 Cialdini, R B (2007) *Influence: The Psychology of Persuasion*, HarperBusiness, New York, revised edition

51 Bicchieri, C (2006) *The Grammar of Society: The Nature and Dynamics of Social Norms*, Cambridge University Press, New York

53 Svenson, O. Are we all less risky and more skillful than our fellow drivers?, *Acta Psychologica*, 1981, 47, 143–48

54 De Bondt, W F M. A portrait of the individual investor, *European Economic Review*, 1998, 42, 831–44 (May)

55,58 Kahneman, D and Tversky, A. Prospect Theory: An Analysis of Decision Under Risk, *Econometrica*, 1979, 47, 263–91

57 Tufano, P. Saving whilst Gambling: An Empirical Analysis of UK Premium Bonds, *American Economic Review*, 2008, 98, 321–26

59,60 HM Government, Department for Environment, Food & Rural Affairs (2019) Single-use plastic carrier bags charge: data in England for 2015 to 2016, 31 July, https://www.gov.uk/government/publications/carrier-bag-charge-summary-of-data-in-england/single-use-plastic-carrier-bags-charge-data-in-england-for-2015-to-2016 (archived at https://perma.cc/WQH9-RLVP)

61,62 Volpp, K G, John, L K, Troxel, A B, Norton, L, Fassbender, J and Loewenstein, G. Financial Incentive-Based Approaches for Weight Loss: A Randomized Trial, *JAMA*, 2008, 300 (22), 2631–37

63 Kahneman, D, Knetsch, J L and Thaler, R H. Experimental Tests of the Endowment Effect and the Coase Theorem, *Journal of Political Economy*, 1990, 98 (6), 1325–48.

64,66 Thaler, R. Mental accounting matters, *Journal of Behavioral Decision Making*, 1999, 12, 183–206

65 Camerer, C, Babcock, L, Loewenstein, G and Thaler, R H. Labor Supply of New York City Cabdrivers: One day at a Time, *Quarterly Journal of Economics*, 1997, 112, 407–41 (May)

67,68 Utkus, S P and Byrne, A (2013) *Understanding how the mind can help or hinder investment success,* Vanguard Asset Management

69 Shefrin, H and Statman, M. Behavioral Portfolio Theory, *The Journal of Financial and Quantitative Analysis*, 2000, 35 (2), 127–51 (June)

70 Johnson, E J, Shu, S B, Dellaert, B G C, Fox, C, Goldstein, D G, Häubl, G, Larrick, R P, Payne, J W, Peters, E, Schkade, D, Wansink, B and Weber, E U. Beyond nudges: Tools of a choice architecture, *Marketing Letters*, 2012, 23, 487–504 (June)

71 Benartzi, R and Thaler, R H. Naive Diversification Strategies in Retirement Savings Plans, *American Economic Review*, 2001, 91, 79–98 (March)

72 Loewenstein, G F and Elster, J (1992) *Choice Over Time*, Sage, New York

73 Soman, D, Ainslie, G, Frederick, S, Li, X, Lynch, J, Moreau, P, Mitchell, A, Read, D, Sawyer, A, Trope, Y, Wertenbroch, K and Zauberman, G. The Psychology of Intertemporal Discounting: Why are Distant Events Valued Differently from Proximal Ones? *Marketing Letters*, 2005, 16, 347–60

76 Aksan, N, Kisac, B, Aydin, M and Demirbuken, S (2009) Symbolic interaction theory, in: World Conference on Educational Sciences 2009, Procedia – Social and Behavioral Sciences, 1, 902–04

78 Goldstein, N J, Cialdini, R B and Griskevicius, V. A Room with a Viewpoint: Using social norms to motivate environmental conservation in hotels, *Journal of Consumer Research*, 2008, 35 (3), 472–82

79 Katz, M L and Shapiro, C. Network Externalities, Competition, and Compatibility,

American Economic Review, 1985, 75 (3), 424–40 (June)

80,81 Liebowitz, S J and Margolis, S E. Network Externality: An Uncommon Tragedy, *Journal of Economic Perspectives*, 1994, 8 (2), 133–50

82 Uzzi, B. The Sources and Consequences of Embeddedness for the Economic Performance of Organizations: The Network Effect, *American Sociological Review*, 1996, 61 (4), 674–98 (August)

83 Apple Inc (2019) About iMessage and SMS/MMS, 19 September, support.apple.com/en-us/HT207006 (archived at https://perma.cc/U6RR-SDHY)

84 Lukkarinen, A, Teich, J E, Wallenius, H and Wallenius, J. Success drivers of online equity crowdfunding campaigns, *Decision Support Systems*, 2016, 87, 26–38

85,89 Lakhani, K R and Panetta, J A. The Principles of Distributed Innovation, *Innovations*, 2007, 97–112

86 iZettle AB (2019) About us, www.izettle.com/gb/about-us (archived at https://perma.cc/EUC6-5S6C)

87,88 Von Hippel, E (2005) *Democratizing Innovation*, The MIT Press, Cambridge, MA

90 Tandem Money Limited (2019) Tandem customers to design mortgage, 7 August, www.tandem.co.uk/blog/tandem-customers-to-design-mortgage (archived at https://perma.cc/LQM3-SEVC)

91 Von Hippel, E. Democratizing Innovation: The evolving phenomenon of user innovation, *Journal für Betriebswirtschaft*, 2005, 55 (1), 63–78

92 Duncan, O D, Haller, A O and Portes, A. Peer influences on aspirations: A reinterpretation, *American Journal of Sociology*, 1968, 74 (2), 119–37

94 Webb, T L and Sheeran, P. Does changing behavioural intentions engender behaviour change? A meta-analysis of the experimental evidence, *Psychological Bulletin*, 2006, 132 (2), 249–68

95 Martinho-Truswell, E. How AI Could Help the Public Sector, *Harvard Business Review*, 2018, 53–5 (January–February)

96,97 Accenture Consulting (2016) Banking on Value: Rewards, Robo-Advice and Relevance, North America Consumer Digital Banking Survey, www.accenture.com/t20160609t222453__w__/us-en/_acnmedia/pdf-22/accenture-2016-north-america-consumer-digital-banking-survey.pdf (archived at https://perma.cc/CF2E-76Q4)

98 Nanayakkara, N C and Hennessey, P (2019) Global Wealth Management Research Report: How do you build value when clients want more than wealth? EYGM Limited, www.ey.com/en_gl/wealth-asset-management/how-do-you-build-value-when-clients-want-more-than-wealth (archived at https://perma.cc/5JY5-XWG5)

99,101 Burggraaff, P, Schuuring, M and Urda, B (2015) Four Digital Enablers: Bringing Technology into the Retail Store, The Boston Consulting Group, www.bcg.com/publications/2015/technology-strategy-four-digital-enablers-bringing-technology-into-retail-store.aspx (archived at https://perma.cc/WJC3-YG5Z)

100 Aubry, F and Souza, R (2011) The Art and Science of Retail Reinvention, The Boston Consulting Group, www.bcg.com/publications/2011/retail-consumer-products-art-science-retail-reinvention.aspx (archived at https://perma.cc/G6VL-SWNZ)

102 Lloyds Banking Group (2019) Fast facts about Lloyds Banking Group, www.lloydsbankinggroup.com/Media/media-kit/faqs/lloyds-banking-group-fast-facts/(archived at https://perma.cc/HJS2-SXWB)

103,105,112 Lloyds Banking Group (2019) Annual Report and Accounts 2018, www.lloydsbankinggroup.com/globalassets/documents/investors/2018/2018_lbg_annual_report_v2.pdf (archived at https://perma.cc/B4G7-T3W8)

104 Lloyds Banking Group (2020) Helping Britain prosper, www.lloydsbankinggroup.com/our-purpose/ (archived at https://perma.cc/54QB-ZJ3B)

106,108,109 Lloyds Banking Group (2017) Lloyd's Bank opens state-of-the-art branch offering new banking experience, 25 September, www.lloydsbankinggroup.com/Media/Press-Releases/press-releases-2017/lloyds-bank/lloyds-bank-opens-state-of-the-art-branch-offering-new-banking-experience/ (archived at https://perma.cc/8W9Q-462Q)

107 Lloyds Banking Group (2020) Welcome to our Market Street, Manchester branch, www.lloydsbank.com/branch-locator/market-street-manchester.html (archived at https://perma.cc/EVE6-VTCQ)

110 Lloyds Banking Group (2019) Banking for homeless people, www.lloydsbankinggroup.com/our-purpose/helping-people/making-banking-easier-for-homeless-people/ (archived at https://perma.cc/54QB-ZJ3B)

111 Lloyds Banking Group (2019) Bank of Scotland opens state-of-the-art Argyle Street branch following multi-million pound refit, 16 December, www.lloydsbankinggroup.com/Media/Press-Releases/2019-press-releases/bank-of-scotland/bank-of-scotland-opens-state-of-the-art-argyle-street-branch-following-multi-million-pound-refit/ (archived at https://perma.cc/P6ME-5AL7)

113,114,115 Milligan, B (2017) Lloyds Bank to shrink hundreds of branches in size, BBC News, 3 April, www.bbc.co.uk/news/business-39457961 (archived at https://perma.cc/K8KM-U2HZ)

116 Thaler, R H and Sunstein, C R (2008) *Nudge: Improving Decisions about Health, Wealth and Happiness*, New Haven, CT: Yale University Press

117,118 Hausman, D M and Welch, B. Debate: To Nudge or Not to Nudge, *The Journal of Political Philosophy*, 2010, 18, 123–36

121 Durantini, M R, Albarracín, D, Mitchell, A L, Earl, A N and Gillette, J C. Conceptualizing the Influence of Social Agents of Behavior Change: A meta-analysis of the effectiveness of HIV-prevention interventionists for different groups, *Psychological Bulletin*, 2006, 132 (2), 212–48

122 Financial Conduct Authority (2020) Monthly PPI refunds and compensation, 3 March, www.fca.org.uk/data/monthly-ppi-refunds-and-compensation (archived at https://perma.cc/CYJ6-6ZQ2)

124 Shu, S B and Gneezy, A. Procrastination of enjoyable experiences, Journal of Marketing Research, 2010, 47 (5), 933–44

第四章

金融科技中的人工智能及机器学习

> **学习目标**
>
> 本章将帮助你理解：
>
> - 人工智能的含义及历史。
>
> - 机器学习的基本方法。
>
> - 金融领域使用人工智能时的实践考量。
>
> - 与人工智能广泛应用有关的伦理陷阱。

人工智能一词经常被宽泛地使用，尤其是在媒体评论员之类的人中间，这些人通常对人工智能含义有着比较粗浅的理解。这种状况非常不幸，因为他们过分简化了关于人工智能及其在商业、社会和金融中的作用。

作者期望通过本章提升读者对人工智能的理解。所以，读至本章结束，读者将会在人工智能方面打下坚实的基础，对什么是人工智能，人工智能如何工作，以及对广泛的人工智能应用将如何影响金融部门乃至整个社会有一个深入理解。

这一新兴领域的发展让一些人倍感兴奋，但也对其他人构成了威胁。因此，作者希望读者将本章作为深入理解人工智能的跳板，帮助您为即将到来的变化做好准备，从而让自己能够抓住人工智能在金融领域的广泛应用所带来的机遇。

人工智能定义

作为一个学术领域，人工智能可以追溯到1950年，当时艾伦·图灵发表了开创性论文《计算机器与智能》（*Computing Machinery and Intelligence*）。[1]在该论文中，图灵提出了一个评估机器是否表现出智能行为的框架，即如果机器的行为与人类的智能行为无法区分，那么机器就可以被视为具有智能。[2]这个框架被称为图灵测试，也可视为人工智能的定义。

图灵测试对人工智能的看法有些局限，因为虽然计算机可以编程自动进行货币交易，这一点可能满足图灵测试的要求，但计算机无法一边进行货币交易一边开车，或者一边进行货币交易一边泡咖啡。为什么会这样？

我们知道，计算机是在世界经历了一段快速工业化时期之后发展起来的，这段时期世界见证了科学、医学及数学的革命。在20世纪初，也就是这一时期的巅峰时期，科学管理的概念成为时代精神的一部分。科学管理是一种理念，这种理念认为制造可以简化为一个个子任务，因此可以像机器一样进行优化；[3]传送带的发明也许是这种思想最清晰的体现。

由于20世纪50年代的社会仍然高度工业化，所以早期人们认为人工智能可以简化为个人任务的执行。毕竟，伟大的实业家对人类劳动也持类似的机械论观点，并因此取得成功。他们通过将劳动依据组成部分分解为子任务，让工人能够专门从事生产链的不同部分的劳动，进而优化制造过程。

因此，在这个一切皆可测量、解构及优化的世界里，图灵测试完全可以驾轻就熟。如此一来，只要这些任务（尽管可能很简单）需要一点点人力方可执行，那么执行与人类相同的超专业任务的机器就可以视为智能机器。因此，图灵测试认为机构是智力的先决条件，换句话说，必须作出某种决定，无论这个决定是由人还是由机器做出。

图灵测试可以用来区分自动操作装置和机器智能。尽管自动装置促进了人类劳动，但并不能取代人类决策。例如，带滤筒咖啡机是一种自动装置，与更为传统的方法相比，前者可以大大加快煮咖啡的速度，但如果没有人的输入行为（即装入滤筒、重新加水和按下按钮），它就无法运行。相比之下，自动售货机在图灵测试下将表现出更高智能，因为自动售货机可以接受付款，可以为客户提供服务。

的确，自动售货机可能不是人工智能的最好例子。即便如此，它却比咖啡机有更高的自主权，因为它不需要主人的监督或输入行为。此外，自动售货机可以独立执行更多任务，这一点很容易想象。例如，我们可以给自动售货机安装面部识别技术来识别老客户，并用客户的名字来称呼这些客户。这就引出了两个重要的观点：①人工智能可以在谱系上进行分级；②人工智能的智能程度会随着自主程度的增加而增加。

这两个观点会将我们引向一个重要的区别，即狭义人工智能与（更）广义人工智能的区别，人工智能在执行单个任务时属于狭义人工智能。[4]例如，交易货币的算法就是狭义人工智能的一个例子，因为该算法只做一件事情。而人工智能的范围越广，自主执行的任务就越多，而且关键的是，所涉及的领域也就越多。

因此，可以面部特征识别的自动售货机与无法识别客户的自动售货机相比，是一种更广泛的人工智能。类似的，无人驾驶汽车除了执行大量其他任务外，还必须选择加速、制动还是减速，这正是一种更广泛的人工智能。

如果这辆车的音响系统能根据风景、天气或时间为用户选择各种音乐，那么它的智能的范围就会更广。然而，就本质而言，它仍不属于广义人工智能。因为广义人工智能这一术语要保留给在所有领域都能发挥效力的人工智能，它也可被称作通用人工智能。[5]在撰写本文时，尚不存在此类通用人工智能，并且在接下来的很长一段时间里，也不会存在。

人工智能简史

从20世纪50年代末到70年代初，人工智能领域稳步发展，[6]全世界对人工智能及其对人类的贡献寄予厚望。最初几年人们抱有巨大期望，然而，随之而来的却是多年的失望和公众利益的丧失。因此，第一个人工智能——泡沫式的繁荣——萧条周期开始了。这个周期始于称为"人工智能之春"的技术进步及人们巨大的希望，之后便是被称为"人工智能之冬"的停滞时期。[7]

这个世界上已经出现过几次这样的周期。20世纪70年代初，由于缺乏计算能力，人工智能的发展遭遇了一个绊脚石。然后，在20世纪80年代的几年里，深度学习的发明（见下文）又重新激发了人们对人工智能的兴趣。然而，技术进步很快放缓，导致又一个冬天，这一冬天一直持续到20世纪90年代中后期。[8]

从那时起，世界又进入了为期几十年的人工智能之春。[9]20世纪90年代末，人工智能在互联网领域乘风破浪。然而，当时的人工智能之春已然超越了互联网热潮。2016年，谷歌的人工智能阿尔法围棋（AlphaGo）①以4∶1的比分击败了围棋世界冠军李世石；[10]2017年，其后继机器阿尔法围棋Zero（AlphaGo Zero）以100∶1的比分击败了阿尔法围棋。[11]然而，与阿尔法围棋不同，阿尔法围棋Zero的开发除了围棋游戏规则之外，没有人工指导或输入。[12]如此说来，阿尔法围棋Zero比其前身阿尔法围棋更接近于自编程人工智能。

芯片技术的改进（降低了处理能力的成本）及云计算（扩大了对强大计算资源的访问范围）促进了当前的人工智能之春的产生。[13]这样看来，当前人工智能之春的故事讲的更多的是计算机硬件的改进，而不是数学革命——硬件变得更便宜，其功能更强大，有助于收集及处理数据，促进了人工智能的创新。这种发展给更多的人工智能实验提供了可能性，从而拓

---

① 或音译为"阿尔法狗"。——译者注

宽了人工智能应用范围。而恰恰是这种更大的应用范围吸引了公众的想象力。随着越来越多的企业尝试使用人工智能，关于人工智能潜在用途的新闻源源不断地抢占媒体头条。而这种报道反过来又可以吸引公众关注这一领域，让热度持续不减。

大数据与人工智能

"大数据"这个术语在近期风靡。与人工智能一样，大数据也用来描述任何事物，只要这一事物涉及以计算机为基础的定量分析。虽然在流行术语中，大数据似乎已经让位给人工智能，但理解人工智能是什么以及人工智能不是什么，我们还是需要来考查一下这个术语。

虽然起源颇有争议，但作为一个术语，大数据一词在20世纪90年代就开始受到关注。[15]它的核心思想是，基于计算机的分析工具让我们具备收集、处理及分析数据（这些数据数量巨大，且与日俱增）的能力。[16]虽然你的笔记本电脑可能只拥有数百GB（兆字节）的硬盘空间，但用于大数据分析的数据集的大小即便不是以百万GB（PB，拍字节）计，通常也要以千GB（TB，太字节）计。这就是大数据之所以"大"的原因之所在。

如此海量数据使企业能够更快、更好地作出决策。[17]传统的统计方法处理的数据集要小得多，有时样本量只有几百个，而大数据则允许及时处理数据集的数量是这一数字的许多倍。规模的增加使大数据分析引人注目，因为，如果有足够的数据，我们可以在定量信息的基础上作出更好的决策。

尽管如此，大数据并不妨碍我使用传统的统计方法。[18]然而，需要处理的数据集往往太大，需要复杂的数据管理系统。[19]因此，周边基础设施及数据集的体量往往将大数据与其他分析方法区分开来。

此外，大数据方法有时会使用机器学习算法。[20]这种技术属于人工智能，[21]因此大数据与人工智能之间存在一些重叠。事实上，这些术语有时可以互换使用。那么，它们之间有什么区别呢？

与大数据分析不同的是，人工智能可以参与图灵测试。人工智能更具自主性，而非自动化的数据驱动决策仍然需要人工输入，因此不能视为人工智能。例如，投资基金可以使用机器学习算法来分析股市数据，生成交易信号，而这些交易最终由人来执行，这就是一个大数据分析的例子。然而，如果计算机在没有人工输入的情况下就能进行这些交易，那么这就是人工智能。

机器学习与人工智能

早期人工智能研究人员对智能持机械论的观点。他们认为，如果能够定义支持人类智能决策的规则，那么就应该可以设计人类智能。因此，依据人们最初的构想，人工智能是基于规则的专家系统，可以对其进行编程来模拟专家决策。[22]

基于规则的方法在20世纪80年代开始搁浅，因为很明显，为每一项决策单独制定一条规则的任务过于繁重。[23]虽然在理论上人们很容易将一些决策分成一系列步骤，以便得出"正确"的答案，但其他决策的差别则更为细微，更容易受到信息不确定性的影响。此外，随着时间的推移，规则往往会随着新的复杂性而降级。[24]

随着专家系统的衰落，机器学习算法成为人工智能故事的核心部分。[25]机器学习是一种概率决策方法，它使用大量数据来熟悉决策算法的规则。[26]在今天,"机器学习"这一术语甚至有时与人工智能互换使用。[27]尽管这种换用比将人工智能与大数据混为一谈舛误更轻,但从技术上来讲,这种换用仍不正确,因为机器学习算法只是为人工智能系统的实现提供了可能性,[28]而机器学习算法并不是人工智能系统本身。然而,就我们当下的讨论而言,人工智能应被视为促进自动决策的机器学习算法。

机器学习释义

如图4.1所示,机器学习算法使用数据构建决策规则。[29]这种算法根据数据特征对数据集合中的已知结果进行分类,进而构建决策规则。换句话说,就是通过侦测模式来实现目标。[30]这样一来,算法就能够根据新样本的特征以及这些特征与已知结果的相似程度,对样本结果做预测。[31]例如,如果算法将患者数据中的吸烟及肥胖与心脏病特征联系在一起,那么算法可能会预测吸烟及肥胖的人患心脏病的风险更大。

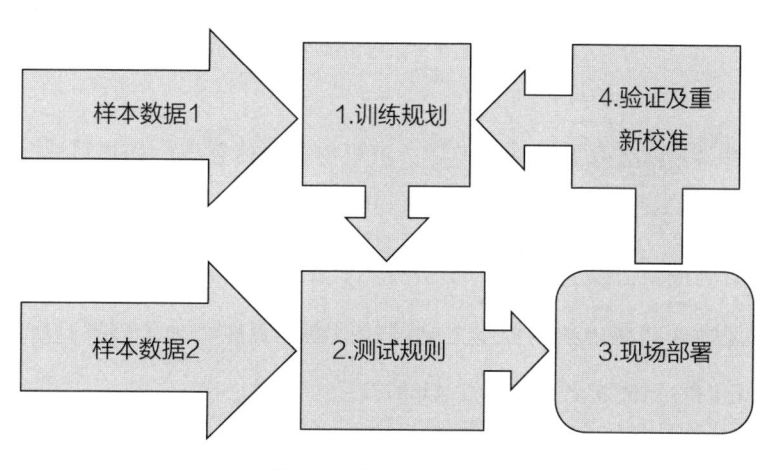

图4.1 机器学习概览

机器学习算法是经过"训练"及测试的独立数据模型。[32]通过这种

> 方式，人们可以很容易地确定机器学习算法的预测准确性。得益于训练样本结果的后见之明，机器学习算法应该能够预测存在类似特征的测试样本的结果。[33]一旦预测的准确性达到预期，就可以部署机器学习算法来预测未知的数据集的结果，从而实现预测性决策。基于这个工作周期，机器学习算法需要大量数据来学习其决策规则。
>
> 尽管机器学习方法有不同种类，但每种算法的校准都遵循相同的基本过程：①在样本数据上训练算法的决策规则；②在独立样本上测试算法的准确性；③通过对结果未知的案例进行分类，预测性地部署该算法；④定期验证算法的准确性，并相应地重新校准算法规则。

随着技术的进步，人类产生的数据量不断增长。[34]笔记本电脑、智能语音助理及智能手机等网络连接设备不断增多，有助于人们通过短信、视频及音频记录收集数据。通过这种方式，为机器学习算法编写规则这一任务已经被众包出去。这一任务不再依赖专家，而是通过互联网外包给数百万大脑。用户生成的数据越多越好，这就是搜索引擎及文本更正功能会随着时间的推移而改进的原因所在。

机器学习算法有五种基本类型：决策树、遗传算法、邻近算法[①]、贝叶斯分类器及神经网络。[35]尽管这些方法各不相同，但它们都需要根据已知案例对新案例进行分类，这必然涉及两个步骤：使用过去的数据来学习算法的决策规则，并在单独的样本上测试其预测准确性。为了理解这些算法的区别，我们必须依次考查每种类型的算法。

---

① 或译为"最近邻"。——译者注

决策树与随机森林

这些算法采用树形基本结构，根据简单规则按顺序做出决策。[36]这种操作允许一种算法根据用户的输入引导用户到下部分支。通过这种方式，算法可以根据其显示的变量对样本进行分类。[37]

例如，一些聊天机器人依赖决策树算法运作。为了邀请用户输入，该机器人会提出一个问题，例如，我今天可以为您提供什么帮助？然后，根据输入的关键词或短语，如"抵押"或"信用卡丢失"等关键词或短语，机器人会引导用户找到合适的人力顾问。如果用户的输入不明确或不够具体，机器人可以通过邀请客户进一步输入关键词或短语来澄清问题。

在每个节点，决策树算法根据概率将样本分成两组，[38]换句话说，决策树算法会基于与已知样本的相似性将样本分成两组，并逐步分成更小的组。[39]就像上文的聊天机器人示例一样，这种做法可以让算法引导用户获得针对越来越具体的情况的解决方案。将样本逐步分为更小的组，最终会在决策树的底部对样本进行分组，这些分组中包含具有许多共同变量的组成样本。这样一来，就能够根据新样本的变量对其进行预测性分类，其准确性可以在已知样本上进行测试。[40]

决策树算法不必单独部署；事实上，可以通过使用多种树（称为森林）来提高预测的准确度，[41]这些森林中的树木可以多达数十万棵。[42]森林模型有许多种，其中随机森林的使用最为广泛。[43]因为森林中每棵树都是随机选择的变量，所以这是一片"随机"的森林。[44]这样一来，因为各个树处理数据集的不同方面，不同的树可能会得出不同的结论。由于最终决定是通过投票集体决定的，[45]随机森林可能会受益于群体智慧效应（见第六章）。

图4.2为用于评估信用风险的简化决策树示意图。根据贷款收入比、可支配收入、还款历史和当前地址的居住时间这四个变量的组合，贷款人可以将潜在借款人分类为可能违约或不可能违约的客户，从而做出贷款决定（即接受或拒绝）。有关树分类器及信用风险的更多背景，请参阅本章末尾的Zopa案例研究。

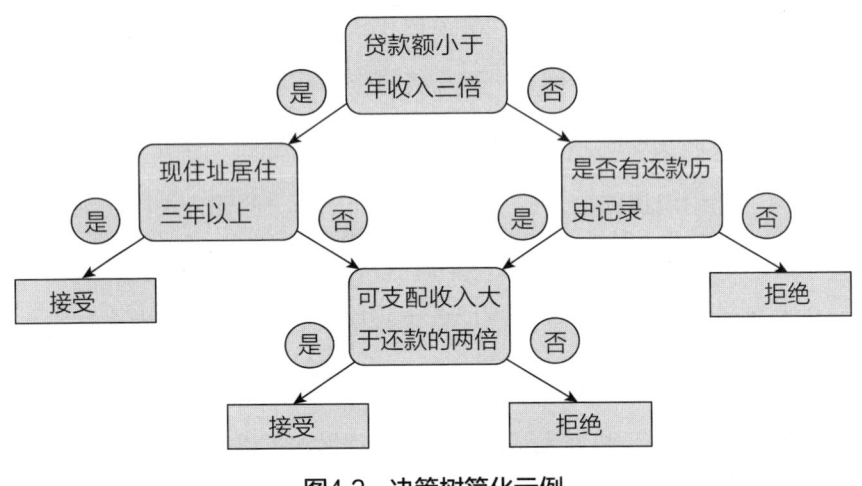

图4.2 决策树简化示例

贝叶斯分类器

贝叶斯分类器得名于18世纪英国牧师托马斯·贝叶斯，[46]他提出了一种方法，这种方法将现有信仰更新，来获取新证据。[47]贝叶斯去世后，法国数学家皮埃尔-西蒙·拉普拉斯在其工作的基础上总结了贝叶斯定理。[48]我们定义$P(x)$为事件x发生的概率，$p(y)$为事件y发生的概率，$p(x|y)$为在事件y发生的情况下事件x的发生概率，同理，$p(y|x)$为在事件x发生的情况下事件y发生的概率。$p(x\cap y)$为事件x和事件y同时发生的概率。由此，我们有$p(x\cap y)=p(x)*p(x|y)=p(x|y)*p(y)$，进而可推导出

贝叶斯定理的表述：

$$p(x|y) = p(y|x)p(x)/p(y)$$

根据上面的表达式，在事件 y 发生的情况下，事件 x 发生的概率为在事件 x 发生的条件下发生事件 y 的概率与事件 x 发生的概率的乘积，除以事件 y 发生的概率。这个定理告诉我们：不要忘记考虑全局概率。

贝叶斯定理可以在诊断疾病的背景下理解。[49]假设你被随机筛选，以确定是否感染某种传染病。你没有任何症状，但检测结果呈阳性。根据贝叶斯定理，即使测试准确率为90%，这也不代表你真正患病的概率是90%。毕竟，我们还得考虑该疾病在普通人群中的流行情况以及检测结果为假阳性的可能性。[50]换言之，不能忽视全局概率。

假设20%的人都患有这种疾病，鉴于该测试的准确率为90%，这就意味着每100名受试者中，就有18（20%×90%×100）名为真阳性。同理，在健康人群中，该测试将产生8（80%×10%×100）个假阳性。因此，你在被检测出阳性后真正患该病的概率为：

$$p(x|y)=18/(18+8)≈69\%$$

诚然，你仍然有可能患上这种疾病，但这比测试的所谓高准确率所暗示的概率要小得多。由于没有其他症状，该诊断测试只能作为一个证据。由于你是普通人群中的一员，你暴露在许多其他因素下，这些因素可能会导致你患上这种疾病，也可能不会。因此，在计算时还必须考虑假阳性的可能性。

那么，如果没有该测试结果，你的最佳估测的可能性是什么样呢？换句话说，你患病的可能性是多大？答案是20%。为什么呢？因为我们知道20%的人患有这种疾病，而在没有任何数据（如诊断测试结果）的情况下，人口平均数就是最好的估测起点。如此说来，感染疾病因而检测结果呈阳性的69%的概率仅仅是为一个额外变量（即阳性检测结果）向上调整的总体平均数。

贝叶斯定理可以让我们在预测中加入多个变量。在上面的例子中，阳性检测结果是一个加重因素，因为这个结果让患病的可能性高于人群平均水平。从轻因素已是存在的，如锻炼习惯及饮食习惯。

因此，贝叶斯定理可以重新表述为：结果的后验概率与该结果参照数据可能性调整后的先验概率成正比。[51]简单地说，从人口平均数（即先验概率）开始，根据存在的每个变量进行调整，以得出解释所有可用数据（即后验概率）的估计概率。随着可用数据越来越多，我们的概率估计会变得越来越具体。这样一来，我们就可以用贝叶斯定理计算给定样本特定变量的结果概率，然后通过判断结果概率是否比总体平均值更高或更低来使用多变量估算进行预测。因此，贝叶斯分类器其实是贝叶斯定理在多变量情况下的应用，在实践中，它还要依赖于复杂的数学运算，但在下面的案例研究中，我们可以用比率乘法来简化说明。

案例研究　贝叶斯分类器与汽车保险

2016年，英国保险公司Admiral公司宣布将使用驾驶者的脸书数据来给汽车保险费定价，此举一度占领新闻头条。[52]从理论上讲，客户的社交媒体数据的确可以帮助保险公司评估客户索赔的可能性。例如，经常出行并到访该国事故多发地区的客户可能比不经常出行的客户发生事故的风险更高。因此，社交媒体数据可以让保险公司向客户收取更符合其个人风险状况的保险费。

尽管Admiral公司的数据新方案因隐私问题被脸书阻止，[53]但并没有削弱该公司收集用户特定数据来促进更精细定价决策的意愿。为此，Admiral公司使用了远程信息处理技术，[54]该技术在客户的车上安装一个小盒子，跟踪客户驾驶的各个方面信息，例如客户的驾驶速度、加速率及急刹车的频率，[55]从而更详细、更个性化地了解每个客户的风险状况。

传统上，汽车保险费是根据驾驶员年龄、车辆类型、位置及年里程等群体因素来计算的。[56]这种方法可以让驾驶员有效地将他们的风险与那些表现出类似风险因素的人进行分摊，[57]可是该定价模型忽略了个人驾驶习惯。这种模式对年轻驾驶人员不利，[58]因为年轻驾驶人员还没有机会通过多年的无事故驾驶证明自己是安全谨慎的驾驶人员。

上述技术是通过减少驾驶员和保险人之间的信息不对称来解决这个问题的。[59]如果大多数人都诚实，那么他们就可以告诉你他们是不是谨慎的司机。不幸的是，保险公司无法从定价模型使用的基于群体的风险因素中确定这一点。远程信息处理则可以提供更精细的信息，帮助保险公司根据客户的实际驾驶方式确定客户是否确实是个好司机，从而解决这一问题。[60]

因此，远程信息处理汽车保险可能会激励客户更加小心驾驶，因为小心驾驶有助于降低保费。例如，在其他条件相同的情况下，经常超速驾驶的驾驶员将比不超速驾驶的驾驶员承担更高的保费。这样，来自"风险"群体的司机，如年轻司机，就可以谨慎驾驶，以证明他们的索赔风险低于同龄人。双赢因此出现，谨慎的司机支付较低的保险费，而保险公司也可以避免遭遇糟糕的司机，或者至少对这样的司机收取相应的保险费用。

可以想见，贝叶斯分类器可以用来估计客户发生事故的风险，进而确定客户的保险费价格。为了简化讨论，我们假设保险单仅涵盖汽车事故，而不包括盗窃、故意破坏或环境破坏等事件。此外，我们将假设保险公司的风险偏好是，只为发生事故的风险低于平均水平的驾驶员投保。因此，分类决策问题可简化为投保或不投保。换言之，如果客户的风险低于平均水平，则回答"是"；如果风险为平均水平或高于平均水平，则回答"否"。

首先，我们估计先验概率，也就是说，在没有提供有关个案的其他信息的情况下的人口平均状况。考虑到英国[61]年平均汽车行驶7 134英里（1英里≈1.6093千米），每10亿英里的事故为4 845起，[62]我们可以估算出每年发生事故的平均概率，如下所示：

$$7\ 134 \text{英里} \times (4\ 845 \text{起事故}/10 \text{亿英里}) \approx 0.35\%$$

这一估算是一种简化操作，因为它隐含着道路事故等于伤亡这一条件，但并非所有事故都会导致伤亡。现在，我们可以根据附加信息调整先验概率，得出后验概率。假设司机住在伦敦，据Admiral公司称，根据远程信息处理跟踪数据，伦敦司机是英国最安全的司机。[63]假设这一状况使得伦敦司机发生事故的可能性是全国司机平均水平的一半。使用比率乘法，伦敦驾驶员的平均调整概率可估计如下：

$$p(\text{事故}) = (0.35\%) \times (1/2)$$

$$= 0.175\%$$

如上所见，伦敦司机发生事故的概率是通过降低英国平均值来估计的。虽然此计算简化了算法背后的数学运算，但这一操作可以有力地说明贝叶斯分类器的工作原理：根据存在的变量调整总体平均数（即先验概率）。[64]

上述概率估计基于一个单一数据点，即司机住在伦敦这一事实。要想更清楚地了解驾驶员发生事故的风险，则必须考虑更多的变量。例如，如果一名伦敦司机经常超速行驶，这样事故风险就会增加33%。结合此人居

住在伦敦的其他事实后,其后验概率修改如下:

$$p(事故) = (0.35\%) \times (1/2) \times (1+33\%)$$
$$\approx 0.23\%$$

可以看出,事故风险有所增加,但仍低于全国平均水平。因此,该驾驶人员为事故风险低于平均水平的驾驶人员,保险公司将根据其投保的政策,同意为该驾驶人员承保。当然,这个例子是虚构的,在实践中,保险公司会根据更多的变量作出决策。这样,使用远程信息处理获得保险解决方案的驾驶员越多,像Admiral公司这样的保险公司在承保决策中需要使用的数据就越多。

实际上,机器学习算法可以使用许多不同的变量。因此,添加一个新变量就像在天平的两边添加权重一样。在大多数情况下,变量的存在要么增加索赔的风险,要么导致索赔下降。这样一来,添加每个新变量都有助于算法确定单个案例是否比总体平均值更有可能导致索赔。

考虑到表4.1中的比例系数,如果保险公司的保单只接受风险低于全国平均水平的驾驶人员,对于显示出表中所有因素的样本,算法会接受还是拒绝?(参考答案见本章末尾)

表4.1 事故风险因素

风险因素	对事故风险的影响
始终遵守限速规则	降低40%
年轻司机	增加50%
生活在事故多发区	增加20%
除夜间以外不在高峰时间开车	降低15%

邻近算法

这些算法类似于医生根据出现的症状进行诊断,即通过将新病例与已知病例进行比较,估计二者的相似度来对新病例进行分类。新样本将依据最相似的样本进行分类。例如,在电子商务中,平台会因为类似的客户曾经购买过某些产品而向在线购物者推荐这些产品。[65]

邻近算法依赖于向量代数对新样本进行分类。[66]由于单个变量可以用平面上的轴表示,因此可以根据每个轴上的"分数"对已知样本进行分类;某些样本在x轴上"分数"更高,而另一些样本则在y轴上"分数"更高。我们可以画一条线作为平面上两个不同类别之间的边界;[67]然后,新案例根据其所在的区域进行分类,换句话说,就是根据其与现有样本的相似性进行分类。

虽然上述段落对发生的数学过程进行了简化,但对某些人而言,读起来可能仍然像一门外语。因此,我们来看一个具体的例子。假设我们有一个根据身高和体重来区分16岁的青少年的性别的算法。比如说,这个年龄组的女孩的身体质量指数(体重÷身高^2)比男孩略高,那么一个人的身体质量指数就可以用来区分这个人是男孩还是女孩。由于该指数是通过将一个人的体重(以千克为单位)除以身高的平方(以米为单位)得出的,[68]所以女孩和男孩之间的差异可以在一个平面上显示出来:如果身高是y轴,体重是x轴,那么男孩的y相对于x的读数会更高,反之亦然。通过在图表上绘制每个案例,我们就可以分别在有更多男孩以及更多女孩区域的上方和下方画出一条分界线。

当然,这种算法过于简单,很可能导致分类错误。因为,毕竟会有一些16岁的女孩体重不足,而也会有一些16岁的男孩略显肥胖。因此,我们可以通过增加普通中等教育证书（GCSE）考试结果这个额外的维度来提高这一算法的准确性。普通中等教育证书是英国16岁学生参加的标准化考试，在某种程度上与美国高中毕业生学术能力评估考试（SAT）相当。从历史上看，女孩在这些测试中的表现优于男孩。[69]沿着附加轴对案例的该变量进行评分，我们就可以降低性别识别错误率，因为我们现在有了更多的信息，来帮助我们区分男孩和女孩。

当然，我们的分界线将不再位于一个平面上，而是位于三维空间之中。但为什么要到此为止？我们可以通过添加更多维度来调用更多变量。每增加一个新的维度，分类决策就会更加准确。然而，变量数量的增加会迅速增加算法的复杂度，[70]这就会使处理过程变得更加困难，耗时更久，即使在云计算时代，如果有数千个变量，也可能遭遇很严重的问题。幸运的是，计算机科学家已经找到了解决这个问题的方法，他们将这个问题分解为多个部分来解决，[71]但其工作原理已经超出了本书的范围〔有关更多信息，请参阅多明戈斯①（2015）〕。

遗传算法与遗传规划

这类算法采用进化方法。其核心思想是，进化过程是一种解决问题的机制。我们的脱氧核糖核酸（DNA）决定了我们的生存能力，而计算机代码则决定了算法解决问题或作出预测的能力。[72]

在基本层面上看，算法可以用位串（即许多1和0或二进制）表示。

---

① 华盛顿大学计算机科学教授佩德罗·多明戈斯（Pedro Domingos），著有《终极算法》一书。——译者注

因此，我们可以通过随机置乱由1和0组成的字符串来生成一组算法，然后使用这些算法来解决问题，再根据其输出的质量对所有算法进行排序。这样，就可以确定每个算法的相对适应度（优劣程度）。[73]

随后，我们丢弃较弱的算法，留下更成功的算法，并对其进行复制。这一过程是通过在相同的随机选择点拆分每个父算法的位字符串来实现的，我们将得到的字符串与另一个父字符串的互补部分组合，从而生成两个子字符串，然后，再将子字符串及其父字符串添加到下一代算法中，继续复制。不断重复这一过程之后，字符串解决问题的能力会随着进化而提高。[74]

遗传规划①与遗传算法相似，因为这两种方法都成功地将进化的试错过程自动化。然而，在遗传规划中，当算法在功能级别上匹配时，会在更高的级别上发生复制。[75]我们可以将算法安排到决策树中（例如，如果x，执行y；如果不是x，执行z），通过随机交换每个父树的部分来进行复制。[76]例如，如果父程序执行x，然后执行y，而母程序执行a，然后执行b，那么将父母程序配对，就会生成两个子程序：一个执行x，然后执行b，另一个执行a，然后执行y。这种操作有一个优势，即可以根据实际执行的操作来进化算法，而不是随机选择二进制代码的部分，毕竟，随机选择二进制代码的部分有时会破坏其他健全的算法（如果位字符串在错误的位置断开）。[77]

神经网络与深度学习

这一系列算法以人脑为模型。要想了解它们是如何工作的，得从大脑

---

① 或称"遗传编程"。——译者注

神经细胞（即神经元）是如何工作的基础开始探索。这些算法包含三个基本部分：树突、细胞体和轴突。[78]树突接收电信号进入细胞体，轴突具有干状结构，从细胞体发出电信号。[79]神经元之间通过电化学信号进行交流。[80]细胞体通过树突从相连的神经元接收输入，当接收的电信号达到化学阈值时，神经元会向轴突发出电信号，然后传递给其他连接的神经元。[81]

神经网络模拟这一过程。这些算法由数千个（即便不是数百万）模拟大脑神经元的处理单元组成，这些处理单元按层次排列。每个单元称为节点，这些节点从前一层的节点获取输入信息。当节点的输入达到阈值时，这个节点会向下一层的节点发送信号。如果这个节点没有接收到足够的输入，即没有达到其阈值，就不执行任何操作。[82]

信息以数字的形式沿着神经网络流动。每个节点都会将其输入乘以权重，当这些加权输入的总和超过数字阈值时，该节点将信息继续发送到下一层。一般来讲，这种操作就意味着将加权输入的总和传递给下游节点。[83]

这个过程一直持续到最后一层，该层包含一个节点。如果输入达到该节点的阈值，该节点将生成结果值1；如果未达到输入阈值，则生成结果值0。[84]在分类决策背景下，例如识别图像中是否为一棵树，则1表示"树"，0表示"非树"。因为图像的像素可以用数字表示，所以可以做出这样的决策。

对于每个正确的分类决策，算法的得分为1，而每个错误的分类决策算法的得分为0。然后计算平均分数，由于1表示完全准确，因此，平均分数越接近1越好。然后，该算法会尝试通过对前面的节点附加更大的权重来提高该平均值，以帮助最终节点做出更多正确的分类决策，此过程称为反向传播。[85]

因此，该算法通过"学习"，去选择有利于提高其整体精度的节点。由于不同节点采用不同的输入，反向传播通过将算法聚焦于最相关的数据片段来优化分类决策。例如，一个识别树木的算法将学习更多地关注聚焦树干特征的节点，而不是鸟类羽毛特征的节点。一旦将一个算法安置在最相关的数据点上，就可以在一个独立的数据样本上测试该算法的精度。

一个基本的神经网络如图4.3，它在第一层接受输入；在下一层中，不同的节点为每个输入附加不同的权重。在此示例中，X节点支持输入1，而不是输入2和3；而Y节点支持输入2，而不是输入1和3。决策节点将权重附加到前面的每个节点上：在本例中，将40%的权重附加到X节点，60%的权重附加到Y节点。这样一来，决策节点在回答二进制分类问题（例如"A"或"B"）时，就可以表达对前面的每个节点的不同置信度，最终表达对基础输入的不同置信度。通过重新调整每层中节点的相对权重（即反向传播），算法可以进一步优化该决策的准确度。

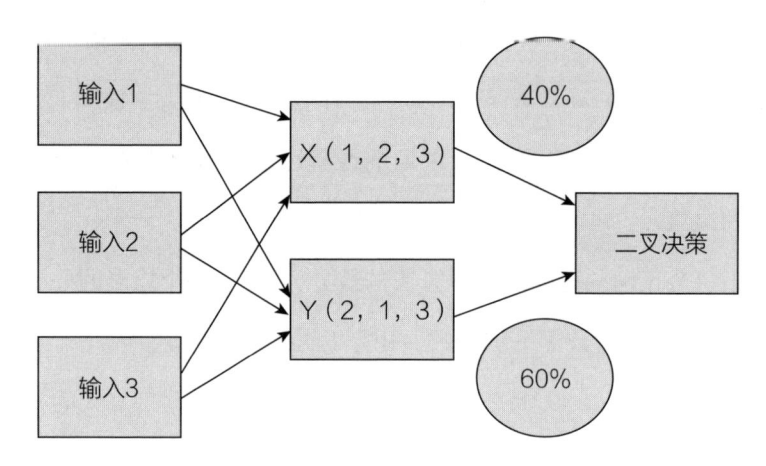

图4.3　基本神经网络示例

在最简单的形式中，神经网络只需要包含两层，即输入层和输出层。[86]前者接收数据，而后者提供决策。然而，计算技术的进步可以让神经网络包含更多中间层，这正是这些算法可以"深入"的原因。[87]这样一来，深度学习算法实际上就是一个10层、20层，甚至50层的神经网络。[88]

关乎人工智能的实践及伦理问题

无论是人工智能还是机器学习，在依赖算法进行决策时，都需要考虑一些实际问题。由于算法通常部署在某种组织环境中，因此算法需要考虑环境的治理和风险管理框架。

由于一些算法缺乏透明度，人类可能很难确定这些算法是如何作出决定的。对于深度学习算法来说，这一点尤其值得关注，因为深度学习算法可以包含数十层的深度及数千个节点的宽度。[89]对算法缺乏理解（这种状况被称为"黑匣子"）会存在较大的风险。在这种情况下，执行算法的决策可能会对相关人员产生重大的负面后果，[90]例如，不了解底层算法如何工作的人很可能会在无意中误用人工智能算法。

人工智能与其他定量决策工具一样，也容易受到管理偏见的影响。无论决策者是否意识到这一点，组织政治和人类心理都会导致这些决策者更偏爱使用能够产生所需结果的数据。[91]这个问题存在于组织的各个层面，而不仅仅是高层管理人员中间。因此，在组织内部的人工智能开发周期的所有阶段都需要考虑偏好问题。

这一运作从稳健的数据管理过程开始。在稳健的内部控制下维护高质量的数据集可以降低算法偏差风险。因为底层数据集有多优秀，算法就有多优秀，所以这些数据必须准确、及时、切题。数据管理是一个持续的过程,它会涉及数据收集、数据清洗及与现有数据集的集成。[92]

要想进一步降低偏差风险,我们可以让独立人员来审查算法。这个独立人员通常应该是算法编写者之外的其他人;事实上,审查者与算法的关系越远越好。高风险算法必须进行独立审查,在某些情况下,审查者可能必须是组织外部的人员,例如信息技术专家或审计员。无论审查者是谁,此人都必须具备相关审查技能及知识才能胜任。这个要求在行业层面上可能存在问题,因为缺乏具备必要审计技能的人,大部分人无法充分理解人工智能,从而检验出算法是否有问题或疏漏。组织可以使用"极限编程"范式作为一种补救措施,即开发人员成对工作,审查彼此的工作。[93]这种方法还强调要根据某些预定义的性能需求进行自动化软件测试。[94]这种操作类似于测试算法的分类效率,可以向算法输入模拟数据,以确定其性能是否符合预期。[95]

此外,人工智能部署的组织面临概念漂移的问题,即输入数据和分类目标之间的关系会随着时间的推移而变化。[96]此时,由于算法决策规则不再适用于目标群体,该算法的准确性会有所下降。[97]例如,一种算法可能"了解"到在线购买维生素补充药剂与大量购买卫生纸有关(即由于新冠感染疫情暴发);然而,疫情结束后,这种关系可能就不复存在了。要想解决潜在的概念漂移问题,就需要持续监控算法的性能,而且还可能需要使用新数据重新校准算法。[98]

关于人工智能的持续审查及验证,金融科技公司可以向保险行业学习,以建立复杂的定量模型来预测索赔。围绕这些模型的审查及监督程序是保险公司内部风险管理的组成部分,[99]因此,这些程序都要经过严格的持续验证过程,并且这一过程由独立于模型构建的熟练员工进行。[100]此外,模型开发及后续验证程序都需要仔细记录并接受独立审查。[101]

尽管有充分的验证及审查程序，人工智能算法仍可能表现出偏差。算法偏差问题就是一个很有说服力的例子。如果决策的基础数据有偏差，就可能导致歧视性决策（discriminatory decision）。例如，如果以逮捕记录样本为训练数据，训练预测性警务算法，就可能会导致警察过度地把训练样本中代表的人口群体成员当成目标。[102]毕竟，算法不知道自己的用途何在；它只会根据训练数据中已经识别的模式对案例进行分类。

确保训练样本中的数据能够准确反映算法的目标群体，可以解决算法偏差问题。[103]然而，缺乏多样的观点，也可能会导致问题出现，进而导致群体思维。[104]因此，将人工智能团队多样化，就可以解决这些问题。这不仅要包括表面特征，还要包括多样化的个性类型、数据集合及建模技术。[105]

除了算法偏差之外，人工智能经济中还有其他潜在问题，这些问题可能会导致不公平的现象。问题之一就是数据集合垄断。由于规模更为庞大，大型组织能够收集大量数据，又由于算法需要大型数据集合来磨炼其决策能力，这就让成熟的企业获取了优势。[106]这些组织通过垄断数据集合，巩固自己的地位，使较小的公司更难开发出具有竞争力的解决方案。[107]

决策者似乎已经意识到了这一问题，并且已经试图改善数据垄断状况。例如，欧盟已经通过了《支付服务指令第二版》来改善状况（见第一章）。《支付服务指令第二版》允许银行客户与金融科技初创公司共享交易数据，这可以促进金融服务领域的更大创新和竞争。[108]

此外，英国的决策者正在研究如何通过所谓的"数据信托（data trust）"来促进整个经济体共享数据，并将其作为不同组织之间安全且合乎伦理的数据共享框架。[109]不仅如此，英国政府正在提供某些公有数据集，以刺激创新。[110]因此，英国政府似乎正试图在公共及私人领域复制开放银行计划。

随着人工智能越来越强大，其价值的有关问题也得到越来越多的关注。[111]假设可以用伦理规范对算法进行编码，那么如何选择其基本值呢？对于狭义的人工智能系统，这个问题的影响可能有限。然而，对于全能的广义人工智能而言，就显得非常重要，[112]由于不同国家、不同文化及不同宗教的价值观各不相同，我们该如何决定哪些价值观优先于其他价值观？这个问题又应该由谁来决定？

案例研究　Zopa：机器学习及信用风险

Zopa公司成立于2005年，自称发明了点对点①（P2P）借贷。其核心思想是通过其网站将借款人和储户联系起来，以减少借款过程中的其他开支。由于Zopa没有分支机构，运营模式更为精简，所以能够为借款人和储户提供优惠的利率。[113]

该公司的名称似乎是"可能协议区"（Zone of possible agreement）英文名称首字母的缩写，可能协议区是微观经济学的一个概念。在谈判中，可能协议区指双方可以接受的协议范围，换言之，就是可以达成协议的共同点。[114]因此，它的名字似乎是对该公司在联系借款人和储户方面所起作用的一种认可。

自成立以来，该公司已为约50万人提供了40多亿英镑的贷款。[115]借款人的平均年龄为40岁，年收入约为40 000英镑。[116]Zopa拒绝了80%的贷款申请人，并将重点放在有偿还债务历史的借款人身上。[117]此外，该公司还致力于确保客户"以公平交易为标准"。[118]

---

① 中文或译为"个人对个人"或"伙伴对伙伴"。——译者注

Zopa与其他点对点贷款人不同,该公司不允许其用户直接放贷。取而代之的做法是,该公司将每项投资分成10英镑的组块,并将这些组块贷款给借款人。该公司将借款人分为6种不同的风险类别,以便确定他们应该支付的利率。与此同时,该公司的储户可以在两种贷款选择中进行选择,即低风险和高风险。前者包括4个低风险类别的借款人,而后者包括所有风险类别的借款人。当然,通过高风险选项放贷的储户会得到更高利率的补偿。[119]

2018年,Zopa公司为依赖开放银行业务的潜在借款人推出了收入验证功能。[120]这一功能允许借款人通过将其银行账户连接到Zopa来验证其收入,而不用手动上传银行对账单的副本。[121]这一新功能不仅方便了客户,还可以帮助公司在更精细的层面上对客户进行信誉评估。

访问潜在借款人的银行账户可以为潜在贷款人提供有关其支出模式的宝贵信息。因此,Zopa公司可以利用开放式银行业务来构建每个客户的信用风险状况的丰富图景。有了足够多客户提供的银行账户数据,该公司就可以利用机器学习算法来识别违约风险表现较高的支出模式。为此,风险因素可能会将收支比率、月收入、账户借记频率等包括在内。

除了帮助公司筛选不良信用风险外,机器学习还可以在违约发生之前对违约进行预测——如果借款人的消费习惯开始与不良信贷风险相似,这就可能意味着违约即将发生。因此,预测违约的能力可以让Zopa采取先发制人的行动来限制损失,比如拒绝进一步提供信贷。撰写本文时,尚不清楚Zopa公司是否采用了以上所述的机器学习技术。然而,该公司确实使用了机器学习,该公司的博客显示,Zopa使用基于决策树的方法来评估信用风险。[122]

使用机器学习评估点对点贷款中的信用风险时,有哪些潜在的实践及

伦理问题需要考量？（参考答案见本章末尾）

本章总结

　　世界的互联性日益增长，数据收集和处理能力也不断提高，拓宽了"人工智能"这一算法家族的应用范围。与此同时，云计算、廉价的传感器技术及数据采集应用程序，使得基于人工智能的工具使用起来更加容易。现在，我们比以往任何时候都可以更多地获取数据，而且我们的处理能力也比以往任何时候都要强大。

　　大众所说的"人工智能"实际上不过是一组称为机器学习的算法。这些算法根据收到的数据的权重而不是专家的判断来学习它们的决策规则。自动化操作赋予这些算法能力，使得这些算法能够为基于大型数据集的定量决策提供便利。

　　尽管这些算法背后的数学及定量方法多年来有所进步，但人工智能取得的最新进展却得益于数据处理成本的下降。由于机器学习算法的计算量非常庞大，这种算法以前在商业上是行不通的，因此，今天人工智能及机器学习的繁荣景象更多得益于计算机硬件的可访问性有所增强，而不是数学的最新进展。

　　围绕人工智能的公众讨论经历了"春天"及"冬天"的周期——希冀期以及随之而来的幻灭漠然期。在撰写本文时，我们正处于人工智能之春，这一时期通常是关于激动人心的突破及对未来充满希冀的新闻故事。

　　虽然人工智能的未来看起来光明无限，但我们一定不要忽视其广泛应用所带来的实践及伦理问题。对于较强依赖人工智能的企业而言，对这些潜在问题防患于未然更显重要。这必然需要与企业的治理、监督及风险管理职能紧密合作。毕竟，正确使用人工智能不仅是构建算法的工厂人员的责任，还应该是组织各层的责任。

对某些读者而言，本章内容可能感觉过于技术化，尤其是与之前的章节相比。遗憾的是，这些读者还不能松懈下来，因为下一章我们将探讨有关区块链及加密货币的技术细节，它们同样有一定技术难度。

终极锦囊

本章的三大观点是：

● 目前，主流媒体所说的"人工智能"实际上不过是具有更大自主性的机器学习算法。

● 更好的连通及获取处理能力的成本不断降低一直是，并将继续是基于人工智能的应用程序的关键促成因素。

● 人工智能的广泛使用存在伦理及实践上的缺陷，对于构建或实施人工智能的人而言，这些缺陷可能不会立即显现出来，因此，独立审查至关重要。

讨论要点参考答案

考虑到表4.2中的比例系数，如果保险公司的保单只接受风险低于全国平均水平的驾驶员，对于显示出表中所有因素的样本，算法会接受还是会拒绝？

表4.2 事故风险因素

风险因素	对事故风险的影响
始终遵守限速规则	降低40%

续表

风险因素	对事故风险的影响
年轻司机	增加50%
生活在事故多发区	增加20%
除夜间以外不在高峰时间开车	降低15%

p（事故）=0.35%×（1−0.4）×（1+0.5）×（1+0.2）×（1−0.15）≈0.32%事故风险低于全国平均水平，因此可以接受。

使用机器学习评估点对点贷款中的信用风险时，有哪些潜在的实践及伦理问题需要考虑？

如果在没有人为监督的情况下做出自动决策，那么像Zopa这样的点对点贷款人将需要考虑《通用数据保护条例》（GDPR），尤其是在做出对客户有重大影响的自动决策时，需要征得客户的同意（详情请参见第八章）。流程（及员工）需要到位，以解决由于贷款决策未按客户预期进行而产生的客户疑问。因此，该公司可能需要更多了解机器学习的员工来审查贷款决策。

此外，如果点对点贷款人使用开放银行业务建立客户交易数据库，以便告知客户贷款决策，那么，这类点对点贷款人需要对其客户透明，并获取用户同意。同意是一个困难的领域，因为客户通常不会去阅读冗长的条件，而只会勾选一个方框将其关闭。因此，任何希望（可能是向监管机构）证明其已获得客户同意的点对点贷款人都应该考虑如何通过用户界面获得客户同意，是让最重要的条款及条件明确无误，还是只是让客户做一次勾选操作？

最后，需要定期审查贷款算法，以确保这些算法符合目的和/或不会做出歧视性的决定。由于信用风险算法对点对点贷款人的业务至关重要，因此公司需要对其绩效进行监控，并将其作为公司风险管理及治理流程的一部分。为此，此类公司需要确保有独立人员负责检查是否有问题或者疏漏。

参考文献

1,6,8,9,13 McWaters, R J, Blake, M, Galaski, R, Chubb, C K, Uykur, D, Blickling, A and Münch, T (2018) The new Physics of Financial Services: How artificial intelligence is transforming the financial ecosystem, World Economic Forum, 15 August, www.wefo rum.org/reports/the-new-physics-of-financial-services-how-artificial-intelligence-is-transforming-the-financial-ecosystem (archived at https://perma.cc/35VS-Z7GA)

2 Turing, A M (1950) Computing Machinery and Intelligence, *Mind*, 59 (236), 433–60 (October)

3 Taylor, F W (1911) *The Principles of Scientific Management*, Harper & Brothers, New York

4 Yudkowsky, E and Harris, S (2018) AI: Racing Toward the Brink, Waking Up [podcast transcript], 28 February, intelligence.org/2018/02/28/sam-harris-and-eliezer-yudkowsky/(archived at https://perma.cc/HK6P-FB6B)

5 Bostrom, N and Yudkowsky, E (2014) The Ethics of Artificial Intelligence, Machine Intelligence Research Institute, intelligence.org/files/EthicsofAI.pdf (archived at https://perma.cc/53Z2-LM8S)

7,30,31,33,36 The Royal Society (2017) Machine learning: the power and promise of computers that learn by example, royalsociety.org/~/media/policy/projects/machine-learning/publications/machine-learning-report.pdf (archived at https://perma.cc/N74C-N8E9)

10 Borowiec, S (2016) AlphaGo seals 4-1 victory over Go grandmaster Lee Sedol, *The Guardian*, 15 March, www.theguardian.com/technology/2016/mar/15/googles-alphago-seals-4-1-victory-over-grandmaster-lee-sedol (archived at https://perma.cc/D44G-XMRP)

11,12 Silver, D, Schrittwieser, J, Simonyan, K, Antonoglou, I, Huang, A, Guez, A, Hubert, T, Baker, L, Lai, M, Bolton, A, Chen, Y, Lillicrap, T, Hui, F, Sifre, L, van den Driessche, G, Graepel, T and Hassabis, D (2017) Mastering the game of Go without human knowledge, *Nature*, 550,

354–59

14   IBM Marketing Cloud & Comsense (2017) 10 Key Marketing Trends for 2017 and Ideas for Exceeding Customer Expectations, comsense.consulting/wp-content/uploads/2017/03/10_Key_Marketing_Trends_for_2017_and_Ideas_for_Exceeding_Customer_Expectations.pdf (archived at https://perma.cc/CHG7-BXGT)

15   Lohr, S (2013) The origins of 'big data': An etymological detective story, *New York Times*, 1 February, bits.blogs.nytimes.com/2013/02/01/the-origins-of-big-data-an-etymological-detective-story/ (archived at https://perma.cc/JLM7-9KPC)

16,19,34   Maltby, D (2011) Big Data Analytics, University of Texas at Austin, pdfs.semanticscholar.org/9f50/708abe1f28a8993bae362f1d30697b71a32e.pdf (archived at https://perma.cc/9MPY-STW5)

17,91   PricewaterhouseCoopers (2016) The human factor: Working with machines to make big decisions, www.pwc.com/us/en/advisory-services/big-decision-survey/assets/the_human_factor_working_with_machines_to_make_big_decisions.pdf (archived at https://perma.cc/T4GW-DXBF)

18,20,21   Manyika, J, Chui, M, Brown, B, Bughin, J, Dobbs, R, Roxburgh, C and Byers, A H (2011) Big data: The next frontier for innovation, competition, and productivity, The McKinsey Global Institute, www.mckinsey.com/insights/business_technology/big_data_the_next_frontier_for_innovation (archived at https://perma.cc/AG3J-TAYX)

22,23,24   Dormehl, L (2017) *Thinking machines: The quest for artificial intelligence – and where it's taking us next*, Penguin Random House, New York, in AI in the UK: Ready, willing and able? House of Lords Select Committee on Artificial Intelligence, Report of session 2017–19, London, 16 April 2018, publications.parliament.uk/pa/ld201719/ldselect/ldai/100/10002.htm (archived at https://perma.cc/7GZK-5595)

25,27,28,106,107   House of Lords Select Committee on Artificial Intelligence (2018) AI in the UK: Ready, willing and able? Report of session 2017–19, 16 April, publications.parliament.uk/pa/ld201719/ldselect/ldai/100/10002.htm (archived at https://perma.

cc/7GZK-5595)

26,32 Mitchell, T (1999) Machine Learning and Data Mining, *Communications of The ACM*, 42 (11), 31–35 (November)

29,35,77,84 Domingos, P (2015) *The Master Algorithm: How the quest of the ultimate learning algorithm will remake our world*, Penguin Books, London

37,38 Spector, P and Breiman, L (1995) Parallelizing CART using workstation network, University of California, Berkley, www.stat.berkeley.edu/~breiman/pcart.pdf (archived at https://perma.cc/74RT-MPSG)

39,41,43 Bacham, D and Zhao, J (2017) Machine Learning: Challenges, Lessons, and Opportunities in Credit Risk Modelling, Moody's Analytics Risk Perspectives (July, www.moodysanalytics.com/risk-perspectives-magazine/managing-disruption/spotlight/machine-learning-challenges-lessons-and-opportunities-in-credit-risk-modeling (archived at https://perma.cc/R6GH-ZRXN)

40 Shang, N and Breiman, L (n.d.) Born again trees, University of California, Berkley, www.stat.berkeley.edu/~breiman/BAtrees.pdf (archived at https://perma.cc/849D-5DM4)

42,122 Galli, S (2017) Machine learning at Zopa: Looking at the trees and the forests, Zopa Limited, 13 February, blog.zopa.com/2017/02/13/Tree-MachineLearning-Post/(archived at https://perma.cc/9AMY-FDZJ)

44,45 Liaw, A and Weiner, M (2002) Classification and Regression by randomForest, *R News*, 2 (3), 18–22 (December)

46 Bellhouse, D R (2004) The reverend Thomas Bayes, FRS: A Biography to Celebrate the Tercentenary of His Birth, *Statistical Science*, 19, 3–43

47,48 Jøsang, A (2016) Generalising Bayes' Theorem in Subjective Logic, in IEEE International Conference on Multisensor Fusion and Integration for Intelligent Systems, Baden-Baden (September)

49,50 Wiggins, C (2006) What is Bayes's theorem, and how can it be used to assign probabilities to questions such as the existence of God? What scientific value does it have?, *Scientific American*, 4 December, www.scientificamerican.com/article/what-is-bayess-theorem-an/ (archived at https://perma.cc/CT9B-WC38)

51 Spiegelhalter, D J, Myles, J P, Jones. D R and Abrams, K R (2000) Bayesian Methods in Health Technology Assessment: A Review, *Health Technology Assessment*, 4 (38), 5–15 (December)

52,53 Reuters (2016) Facebook stymies Admiral's plans to use social media data to price insurance premiums, 2 November, www.reuters.com/article/us-insurance-admiral-facebook-idUSKBN12X1WP (archived at https://perma.cc/5BE4-59RJ)

54,55 Admiral Group plc (2020) Black Box, www.admiral.com/black-box-insurance (archived at https://perma.cc/ZN4G-DDWQ)

56 McClenahan, C L (2001) Ratemaking, in *Foundations of Casualty Actuarial Science*, 4th edition, Casualty Actuarial Society, Arlington, VA

57,59,60 Hollis, A and Strauss, J (2007) Insurance Markets when Firms are AsymmetricallyInformed: A Note, www.researchgate.net/publication/4822341_Insurance_Markets_When_Firms_Are_Asymmetrically_Informed_A_Note (archived at https://perma.cc/7VEB-GVCF)

58 RAC Motoring Services (2019) A Guide to Black Box Car Insurance, www.rac.co.uk/insurance/black-box-insurance/guide-to-black-box-insurance (archived at https://perma.cc/6M4D-EQTG)

61 Collinson, P (2019) Average UK car mileage falls again on back of higher petrol prices, *The Guardian*, 14 January, www.theguardian.com/money/2019/jan/14/average-uk-car-mileage-falls-again-on-back-of-higher-petrol-prices (archived at https://perma.cc/5NM2-PDR6)

62 Department of Transport (2019) Reported road casualties in Great Britain: 2018 annual report, assets.publishing.service.gov.uk/government/uploads/system/uploads/attachment_data/

file/834585/reported-road-casualties-annual-report-2018.pdf (archived at https://perma.cc/E7UA-DS7P)

63 Admiral Group plc (2019) Home to the UK's safest drivers, 10 September, London, https://www.admiral.com/press-office/london-home-to-the-uks-safest-drivers (archived at https://perma.cc/LG4L-RLX4)

64 Zhang, H (2004) The Optimality Naive Bayes, in Proceedings of the Seventeenth International Florida Artificial Intelligence Research Society Conference, www.cs.unb.ca/~hzhang/publications/FLAIRS04ZhangH.pdf (archived at https://perma.cc/4XRV-ZSGT)

65 Domingos, P (2015) The Master Algorithm, Talks at Google [Video], www.youtube.com/watch?v=B8J4uefCQMc (archived at https://perma.cc/Y3V8-FM88)

66,70,71 Crammer, K and Singer, Y (2001) On the Algorithmic Implementation of Multiclass Kernel-based Vector Machines, *Journal of Machine Learning Research*, 2, 265–92

67 Cortes, C and Vapnik, V (1995) Support vector networks, *Journal of Machine Learning*, 20, 273–97

68 National Health Service (2019) What is the body mass index (BMI)?, www.nhs.uk/common-health-questions/lifestyle/what-is-the-body-mass-index-bmi/ (archived at https://perma.cc/Q57A-NSE5)

69 Adams, R, McIntyre, N and Weale, S (2019) GCSE results: girls fare better than boys under more rigorous courses, 22 August, www.theguardian.com/education/2019/aug/22/gcse-results-more-rigorous-courses-appear-to-benefit-girls (archived at https://perma.cc/75J7-JWVE)

72,73,74 Holland, J H (n.d.) Genetic Algorithms, Iowa State University, www2.econ.iastate.edu/tesfatsi/holland.gaintro.htm (archived at https://perma.cc/L2CY-MLB3)

75,76 Walker, M (2001) Introduction to Genetic Programming, Montana State University, www.cs.montana.edu/~bwall/cs580/introduction_to_gp.pdf (archived at https://perma.cc/L87P-

RHZW)

78,79　Chudler, E H (2019) Types of neurons (Nerve Cells), University of Washington, faculty.washington.edu/chudler/cells.html (archived at https://perma.cc/TH4F-RPKE)

80,81　University of Bristol (2011) Brain basics: The fundamentals of neuroscience, 27 September, www.bris.ac.uk/synaptic/basics/basics-0.html (archived at https://perma.cc/S3FJ-LU5Q)

82,83,87,88,89　Hardesty, L (2017) Explained: Neural networks, MIT News, 14 April, news.mit.edu/2017/explained-neural-networks-deep-learning-0414 (archived at https://perma.cc/2Y69-LTW8)

85　Rojas, R (1996) *Neural Networks – A Systematic Introduction*, Springer, Berlin

86　Microsoft Azure (2019) Deep learning vs. machine learning, 8 July, docs.microsoft.com/en-us/azure/machine-learning/service/concept-deep-learning-vs-machine-learning (archived at https://perma.cc/QMW3-HUTU)

90　Babel, B, Buehler, K, Pivonka, A, Richardson, B and Waldron, D (2019) Derisking machine learning and artificial intelligence, McKinsey & Company, www.mckinsey.com/business-functions/risk/our-insights/derisking-machine-learning-and-artificial-intelligence (archived at https://perma.cc/US7E-TYBY)

92　Gandomi, A and Haider, M (2015) Beyond the hype: Big data concepts, methods, and analytics, *International Journal of Information Management*, 35, 137–44

93,94　Jeffries R (2011) What is Extreme Programming? 14 March, ronjeffries.com/xprog/what-is-extreme-programming/ (archived at https://perma.cc/6M6Q-RFWV)

95,102,103,104,105　London, S, Chui, M and Wigley, C (2019) The ethics of artificial intelligence [interview], McKinsey & Company, www.mckinsey.com/featured-insights/artificial-intelligence/the-ethics-of-artificial-intelligence (archived at https://perma.cc/V5Y8-5LYA)

96,97,98 Gama, J, Žliobaitė, I, Bifet, A, Pechenizkiy, M and Bouchachia, A (2014) A survey on concept drift adaptation, *ACM Computing Surveys*, 46 (4), (March)

99,100,101 Stricker, M, Wang, S and Strommen, S J (2014) Model Validation for Insurance Enterprise Risk and Capital Models, Casualty Actuarial Society, Canadian Institute of Actuaries & Society of Actuaries Joint Risk Management Section, www.soa.org/globalassets/assets/Files/Research/Projects/research-2014-model-valid-ins.pdf (archived at https://perma.cc/SC4G-GJCW)

108 Deloitte LLP (2017) How to flourish in an uncertain future: Open Banking and PSD2, www2.deloitte.com/uk/en/pages/financial-services/articles/future-banking-open-banking-psd2-flourish-in-uncertainty.html (archived at https://perma.cc/4VDT-AZXY)

109,110 HM Government (2018) Government response to House of Lords Artificial Intelligence Select Committee's Report on AI in the UK: Ready, Willing and Able, www.parliament.uk/documents/lords-committees/Artificial-Intelligence/AI-Government-Response2.pdf (archived at https://perma.cc/FEN2-8CSR)

111,112 Soares, N (2016) The Value Learning Problem, in Ethics for Artificial Intelligence Workshop at 25th International Joint Conference on Artificial Intelligence, Machine Intelligence Research Institute, intelligence.org/files/ValueLearningProblem.pdf (archived at https://perma.cc/K9CW-N2PC)

113,115 Zopa Limited (2019) Our story, www.zopa.com/about/our-story (archived at https://perma.cc/CW5T-ABU7)

114 Halton, C (2019) Zone of Possible Agreement (Zopa), Investopedia, 14 June, www.investopedia.com/terms/z/zoneofpossibleagreement.asp (archived at https://perma.cc/AS8V-LWUQ)

116,117,119 Zopa Limited (2019) Peer-to-peer investing, www.zopa.com/invest (archived at https://perma.cc/N38C-VFXZ)

118 Zopa Limited (2019) About Zopa, www.zopa.com/about (archived at https://perma.

cc/6V78-YUT2)

120,121 Steinthaler, M (2018) Whose data is it anyway? Open Banking, PSD2 and what it means for you, Zopa Limited, 12 January, blog.zopa.com/2018/01/12/whose-data-anyway-open-banking-psd2-means/ (archived at https://perma.cc/637Y-MHVR)

第五章

分布式账本技术在金融中的应用

📖 学习目标

本章旨在帮助你理解：

- 区块链技术如何工作以及区块链技术为什么很有用处。

- 如何将区块链技术与智能合约结合起来。

- 关于区块链使用的一些实践考量。

区块链、加密货币及比特币等术语在2016年左右成了公众讨论的焦点。就像人工智能和机器学习一样，这些术语很容易被专家、商业领袖和决策者所抛弃，因为大家通常对这些术语的含义了解甚少。所以，围绕区块链的公众对话时常缺乏依据。

本章是一个补救措施，让读者对区块链技术、该技术的工作原理以及其用途有一个基本的了解。为此，我们将对比特币进行深入研究。比特币是一个数字货币系统，是区块链技术的货币应用。截至2019年，比特币是使用最广泛、最著名的区块链技术的范例。

比特币对区块链的意义就如同神经网络对机器学习的意义一样。在透彻地理解子类别（即比特币、神经网络）的过程中，我们可以间接地获取更广泛领域的知识（即区块链、机器学习）。并不是说与比特币相关的一切都与所有区块链应用直接相关，而是如果掌握了比特币的相关信息，读者将获得基本知识，且有信心去了解更多其他有关区块链系统的信息。

学习区块链知识时，大多数非技术类读者会发现自己被行话（或更糟糕的是）或不理解的代码所困扰。本章的目的是消除这些行话或者代码中的一些绊脚石。这样一来，读者就不会在一开始就好奇心受挫，从而获得更为顺畅的学习之旅。

这一学习过程中的第一个绊脚石是以下术语的含义重叠，区块链、比特币、分布式账本及加密货币。要明确的是，区块链与分布式账本技术指的是同一事物，所以它们会经常被替换使用，这可能令人困惑，但随着本章的深入，每个术语的来源都将变得更加明晰。

如前文所述，比特币是将区块链技术作为货币系统使用的一个例子。这种应用被称为加密货币，它的名字来源于密码学，而密码学技术支撑这个系统的安全性、隐私性及完整性。在目前存在的数千种加密货币中，按市值计算，比特币市值最大，交易也最广泛。[1]

比特币起源

2008年秋天，一位名叫中本聪的人发表了一篇名为《比特币：一种点对点的电子现金系统》的在线论文。[2]这篇被称为比特币白皮书的论文，不仅对比特币，而且对区块链技术本身都产生了重大影响。时至今日，中本的身份仍不确定，官方也不知道比特币白皮书是由个人还是集体撰写的。

比特币白皮书是在2007—2009年金融危机最严重的时候发表的，当时，银行系统的失败显而易见，它们甚至有可能导致全球经济崩溃。在文中，中本也间接提到了银行体系的一些固有缺陷（见下文）。然而，白皮书中包含的大多数想法并没有多么新颖，文中提到的比特币实际上是经济、计算和密码学的融合。因此，中本只是将这些元素结合起来，创建了一个替代货币体系。

通过发明比特币，中本概念化了一个分散的记录保存系统，该系统后来被称为区块链。虽然要为比特币服务，但区块链上存储的信息实际上并不需要涉及金融交易。因此，比特币和非货币区块链系统之间的关键区别在于，比特币用于在用户之间传输价值的数字表达。下面详细阐述这一点及其意义（参见"从比特币到区块链"）。

比特币白皮书发表后，一个由密码学家和软件工程师组成的开源社区共同开发了比特币,并于2009年推出。据称,第一次使用比特币进行真实世界的购买行为发生在2010年5月,当时一位软件开发商向一位朋友支付了10 000比特币,买了两个比萨饼。[3]自那以后,比特币大幅升值,2017年12月达到略低于20 000美元的历史新高。[4]

多年来,比特币经历了几度繁荣−萧条周期。自2017年达到峰值以来,比特币价格在2018年12月跌至3 200美元以下,[5]一年内下降了84%。尽管存在诸如此类的波动,比特币仍然是流动性最强、使用最广泛的加密货币。[6]

此外,单个比特币可以细分到小数点后八位。[7]这就意味着,如果每比特币的价格为一亿美元,则最后一位小数代表一美元。因此,比特币价格更高并不影响使用,因为随着比特币价格的上涨,用户只需进行面额越来越小的交易。如果比特币的价格达到无法使用的水平,则可以通过网络更新增加小数位数。[8]

分散货币体系

要想了解比特币的工作原理,最好先将比特币与当前的银行系统进行一个对比。在银行这个系统中,最重要的交易是数字交易,当然,这种数字交易主要发生在发达国家。当然,现金仍在使用,但往往是用于规模较小、相对无关紧要的交易,或用于在付款时,或提供实物或服务的交易之前,例如购买咖啡或理发时。

数字交易与现金支付不同,数字交易是无形交易,它只需要改变屏幕上的数字。给某人支付钱款时,实际上你并没有给他们寄送任何东西,而只是通过传输电信号来增加他们的银行账户余额。

为了保证金融系统的完整性,任何人都不得将其数字货币花费超过一次（这类似于向多人发送同一封电子邮件）。因此，该金融系统依赖中介机构来监管及验证其用户之间的交易。[9]例如，当一家企业向供应商付款时，该企业会以银行对账单的形式证明已经付款。同时，供应商可以通过检查其银行账户来确认收到付款。

试想一下在此过程中，如果没有银行，会发生什么状况呢？企业付款时，如何证明自己已经付款？还有什么可以阻止供应商谎称未收到付款？如何保证当事人之间可以相互信任？

如此一来，该系统要依赖于银行，将其作为受信任的中介，[10]尽管交易中的任何一方都不可能信任另一方，但双方都相信各自的银行会迅速而公平地解决纠纷。为此，银行拥有解决争议的银行间机制，这大大提高了交易双方在各自银行对账单中的可信度。

正如企业要寻求银行进行交易验证一样，银行也要依赖央行来验证银行间的交易。[11]银行在各自国家的中央银行都设有账户，如此一来，它们就能够代表客户以净额结算银行间的交易。[12]因此，核实交易的责任最终落在了中央银行身上。

中本认识到，这种程度的集中方式将大量权力交给了一个实体，这个实体控制着"整个货币系统的命运……因为每一笔交易都必须经过它们处理"。[13]他认为这种集中方式存在问题，[14]可能是因为这种集中方式容易受到腐败及政策错误的影响，从而对整个金融系统产生不利影响。事实上，中本在第一块挖掘出来的比特币（见下文解释）上写下了《泰晤士报》的头条标题："《泰晤士报》，2009年1月3日，财政大臣即将对银行进行第二次紧急援助"——在比特币诞生之日，《泰晤士报》头版提到了金融危机。[15]

作为一种补救措施，中本提出了一种货币系统，在这个系统中，用户通过分散的网络进行交易，该系统将依赖软件协议作为可信的中介机构，而不再依赖银行（也就是中央银行）。[16]简言之，软件协议是一个包含在代码中的框架，它用于管理网络参与者之间的交互行为。同意这些规则是很容易的，因为比特币是一个开源网络，人们可以通过下载及运行比特币协议来参与其中。[17]

用于运行比特币的代码及网络交易历史可以通过互联网自由访问。[18]因此，网络用户就必须遵守管理用户交互的规则——如果与网络的交易历史显示已经交易，任何人都无法谎称他们已经发送或没有收到付款。这种透明度在所有区块链网络中都至关重要，它意味着整个系统都会进行交易验证，而不是依赖金融中介机构。

比特币是一种点对点网络。[19]这就意味着它在结构上类似于在线文件共享网络。此类网络允许用户从其他联网用户的计算机下载音乐和视频文件等内容。事实证明，这些网络很难关闭，因为相同的文件存储在每个网络上的许多不同位置，[20]如果一个人试图从脱机的位置下载文件，下载就会从另一个位置继续。

区块链网络也是以类似的方式分布的。[21]比特币网络将其所有交易存储在全球多个地点的数据库中，区块链网络也是如此。因此，如果银行将其账簿（即分类账）合并到一个数据库中，然后每个银行分别持有同一分类账的副本，那么银行系统就会与比特币系统相差无几。这种系统可以描述为分布式账本，与区块链同义。[22]这个词的意义将随着本书的进展而更加明晰。

比特币交易实践

要想发送及接收比特币,用户无须安装或运行比特币软件,只需下载叫作钱包的应用程序,这个程序可以代表用户与网络进行交互。[23]用户可以使用多种加密货币钱包,这些钱包是独立于比特币社区开发的,它们通常是为存放多种加密货币而设计的。

加密货币钱包的功能很像电子邮件应用程序。[24]电子邮件用户向彼此的电子邮件地址发送消息,而比特币用户会向彼此的公共地址发送资金。为了验证消息,电子邮件要求用户输入密码,类似地,比特币用户要使用私钥对交易进行身份验证。因此,我们可以将比特币交易比作通过电子邮件来汇款。[25]这个比喻尤其有说服力,因为支撑着电子邮件和区块链技术的加密方法互相类似。

比特币用户通过网络进行交易(而不是依赖中间人),因此它比其他数字支付解决方案更像现金支付。[26]总体而言,比特币交易是不可逆转的,这进一步证明了它更像现金支付[27]——一旦你交出现金,能否撤销交易就取决于接收者是否愿意将其返还给你,正如是否将比特币返还给发送者要取决于接收者的意愿。用现金支付给某人时,你必须几乎肯定他们会按照承诺提供产品或服务,因为交易很难逆转。同样,用比特币交易,买家有责任在交出比特币之前进行适当的尽职调查。当然,事情并不会像听起来那么严重,比如在咖啡馆买咖啡时,你可以亲眼看着咖啡师煮咖啡。

验证比特币交易

每个私钥只有用户自己知道,并且它会链接到用户的公共地址。但是，任何人都无法使用公共地址获取私钥。这是因为公共地址是通过哈希算法由私钥生成的。[28]由于该过程不可逆转，所以用户可以共享他们的公共地址，而不必担心泄露私钥。

私钥用于验证交易，所以控制私钥可以决定比特币在其关联地址中的所有权。如果忘记或丢失私钥，则无法恢复，比特币也将丢失，[29]这意味着，如果有人获得了你的私钥，那他就可以将你的比特币发送到他们控制的公共地址，从而窃取你的比特币。更糟糕的是，他们可以匿名操作，因为每个公共地址都只是一串数字及数位，没有附加任何个人信息。

私钥的不可恢复性使得比特币交易与实物货币交易类似。持有私钥的人拥有比特币，所以私钥本质上是一种身份验证机制，它允许用户将其资金的所有权授予其他用户，在发送比特币时，用户将其资金的控制权签名给通过公共地址识别的收件人。这种操作有效地锁定了比特币——只有拥有与接收地址相关联的私钥的用户才能解锁比特币（进而花费比特币）。[30]综上所述，向某人的地址发送比特币时，用户实际上是在说"如果你有与你的地址相关联的私钥，你就可以使用我发送的这些比特币"。

发送方会为每笔交易附加一个唯一的签名，该签名是通过哈希函数生成的，它包括发送方的私钥、接收方的地址、发送方的地址，最重要的是，与将比特币授予发送方交易相关的签名。[31]这种操作在比特币的当前所有人和所有之前拥有它的用户之间建立了一条所有权链，[32]巩固了比特币的价值。正如确定艺术品的出处有助于证明其真实性一样，通过签名机制将一个人的比特币与以前的所有人链联系起来有助于证明比特币的稀缺性，从而证明其价值。

哈希加密及其在密码学中的作用

密码学是数学的一个分支，主要用来隐藏信息以保证信息的安全。密码学这一名字来源于希腊语，意思是"隐藏的文字"。[33]因此，"加密"及其逆运算"解密"等相关词语的基本含义就变得很明晰了，即隐藏和显示。

哈希函数是许多加密过程的核心部分，因为它能够让用户共享某些信息，而不会泄露链接的私人信息，例如与公共地址关联的私钥。这与哈希加密过程是不可逆的这一事实有关。[34]

要理解个中缘由，最好从类比开始。简单地说，哈希加密是一种将一个字符串（即信息）转换为完全无法识别的另一个字符串的数学方法。然而，它无法根据输出推导输入。这就使得哈希加密类似于烙饼：饼一旦烙好，实践上就不可能再将其还原为原来的配料（牛奶、面粉、鸡蛋等）。

此外，哈希加密输出的长度与输入的长度无关。例如，安全哈希算法（Secure-Hash-Algorithm，SHA）是比特币加密过程的核心部分，[35]它返回的是包含64个字符的字符串。[36]这样，无论你输入一个字母还是整本托尔斯泰的《战争与和平》（一本很长的书），哈希算法都会返回一个由64个字符组成的字符串。此外，即便你在输入《战争与和平》时更改了一个逗号，这次的哈希加密的输出也将与输入原著时完全不同——哈希输出结果不会告诉我们任何关于其输入的信息。

我们无法使用哈希加密的输出结果来查找原始输入。事实上，从计算角度来说，猜测是找到输入的最有效方法。在比特币的背景下，我们（几乎）不可能找到给定公共地址的私钥——随机生成的私钥包含64个字符（A-F，0-9），[37]据说其字符组合数比宇宙中的原子数

> 还要多。[38]因此，猜测某人的私钥要比大海捞针还要困难得多。即使有一台超级计算机，密钥也需要很长很长时间才能被找到。[39]而从经济上讲，这种做法代价异常高昂，所以无法实践。[40]

如上所述，哈希加密过程的不可逆性可以让比特币用户共享他们的公共地址及用于特定交易的签名，而无须透露从中派生出来的私钥。因此，比特币网络的诚信依赖于用户在不共享私钥的情况下对交易进行身份验证的能力。

每个用户的签名和公共地址都有共同的用户私钥，这是比特币起源的一部分，这一点十分重要。由于每个哈希加密的输出与输入都是一一对应的，且签名-公共地址对是使用相同的私钥生成的，因此比特币可以通过这一点来证明及验证每笔交易。[41]换言之，签名机制可以让用户证明他们拥有链接到其公共地址的私钥，而无须透露密钥。[42]

这一过程依赖高级代数，因为从本质上讲，只有公共地址和签名来自同一私钥，才能符合相同的数学证明。[43]其工作原理超出了本书的范围（更多有关信息，请参阅安东诺普洛斯的著作）①。从计算的角度来说，这一过程让验证比特币网络交易变得很容易，因为伪造的签名很容易就能被识别出来。

因此，哈希加密算法是支持电子邮件及区块链技术加密过程的重要组成部分。电子邮件应用程序会存储每个用户的私钥，一旦用户的密码丢

---

① 安德烈亚斯·安东诺普洛斯（Andreas Antonopoulos），世界著名比特币和开放式区块链专家、芝加哥商品交易所比特币基准汇率监督委员会成员，著有《精通比特币》（中文版第二版更名为《区块链：通往资产数字化之路》）、《互联网货币》、《精通以太坊》等畅销书，被誉为"区块链概念的真正布道者"。——译者注

失，可以通过私钥恢复密码。当然，大多数电子邮件用户都不知道这一点，因为他们的私钥隐藏在用户界面之下。类似地，许多加密货币钱包也具有密码恢复功能，它们可以通过存储用户私钥的应用程序启用。这就使得加密货币交易更加用户友好，因为它考虑到了用户可能会丢失密码，并需要不时重置密码。

比特币网络如何调和差异

区块链网络由多台计算机维护，这些计算机称为网络节点。在比特币的背景下，这些节点被称为矿工，它们会记录网络交易并维护其账本的最新副本。[44]由于区块链网络呈地理分布，不同的用户会在网络的不同区域同时进行交易。如果缺乏某种对账机制，网络的不同区域就会出现不同的账本。为了解决这个问题，交易会成批存储，按时间顺序排列，称为"块"，这是一种补救措施。[45]这种补救措施将"块"这个词融入了区块链。

理论上讲，不同的矿工可以轮流添加下一个区块，如果他们彼此完全信任的话，某些私有区块链网络就是这样。然而，在开源区块链网络（如比特币）中，情况并非如此，由于这些网络允许任何人加入，[46]所以需要建立信任机制。在比特币的背景下，这种机制依赖于一种假设，即每个矿工都只为个人打算。

如此一来，比特币网络可以通过调整系统的激励机制来保持其可信度，从而使各个采矿者保持准确并及时被更新的分类账，作为追求自身利益的副产品。[47]

在比特币的背景下，矿工要竞争将下一个交易区块添加到区块链的权利，并以此来核对其账本。[48]为了赢得这一权利，矿工需要生成一个以一定数量的零开始的哈希输出。[49] 为此，矿工要将其记录的交易、前一个块的哈希加密输出以及随机输入结合起来，并通过哈希加密算法运行这些交易。[50] 由于哈希加密的输出会随着每个新输入的变化而变化，因此，从计算的角度来说，矿工最希望通过随机猜测尽可能多地重复这个过程。

如图5.1所示，由于区块链中的每个区块都包含前一区块中所有信息的哈希值，因此在不更改所有后续哈希值的情况下，不可能更改交易历史中的任何内容。

图5.1　区块链链接

此外，比如前面有一个输出前面有10个0，那这个输出就比前面有2个0的输出需要猜测更多次。为了演示这一点，你可以尝试在在线哈希生成器中键入随机文本字符串，看看你在一行中只生成2个0或3个0需要多长时间。因此，生成所需的输出会消耗大量的处理能力。

矿工的计算能力越强，就可以进行越多次哈希加密运算，添加下一个区块的可能性也就越大。因此，如果一个矿工消耗的能源更多，他就更有可能增加每个新区块，从而更有可能构建最长的区块链。当然，这项花销并没有白白浪费，因为每当矿工添加一个新区块，都将获得新发行的比特币作为奖励。这就是维护网络的计算机被称为矿工的原因所在，因为这些计算机所从事的活动类似于黄金矿工，它们要消耗能源及硬件（即"工作"）来寻求经济回报，因此，允许矿工将区块添加到区块链的哈希输出被称为工作证明（proof of work）。[51]

工作证明机制能够确保每个区块都包含前一个区块中信息的哈希值，以及该区块的工作证明。[52]这确保了每个新区块，以及每一笔新交易，都与之前的所有交易保持一致。因此，在不通知网络其余部分的情况下，不可能更改任何有关网络交易历史的信息，因为即便更改一个逗号都会使所有后续的哈希值输出看起来完全不同。这样一来，就可以通过哈希值链接区块，将"链"放入区块链。

比特币网络如何保持诚信

寻找工作证明是一个竞争的过程，当网络中有一个矿工找到工作证明时，他会向网络中的其他人宣布这一点。[53]然后，其他矿工必须验证矿工区块中的交易，如果每个交易都包含有效的公共地址–签名对，则允许矿工将其区块添加到区块链中。[54]

在继续寻找下一个工作证明之前，每个竞争矿工都必须验证胜利者区块中的交易。[55]如上所述，这过程是通过证明每笔交易的签名和公共地址的代数一致性来实现的，任何无效交易都将导致整个区块被拒绝，[56]进一步导致"赢家"无法获得将其区块添加到区块链的比特币奖励。

因此，从矿工角度来讲，有一个激励机制，那就是只记录有效的交易，以免他们在找到工作证明后从经济的角度损失惨重。此外，其他竞争矿工有责任快速、真实地核实获胜矿工的区块，因为他们想尽快继续寻找下一份工作证明。如果有人浪费时间去质疑一笔有效的交易，而其他竞争的矿工则会继续寻找下一个工作证据，在竞争中领先。因此，诚实节点为了得到激励，只会记录和验证有效的事务，因为他们知道，其他节点也会受到同样的激励。

从比特币网络的核心原则（最长的链才是有效链）来看，自利原则被用在了维护系统诚信。[57]从表面上看，这种想法似乎很荒谬。如果有人建立了一个具有欺诈性却更长的链，那该怎么办？

要做到这一点，这个人需要掌握网络的大部分计算能力。这将使不诚实的节点更有可能挖掘出一系列工作证明，从而使其能够堆叠欺诈交易块并构建最长的链；如果一个人不能控制网络的大部分处理能力，诚实的节点就更有可能构建及维护最长的链。[58]

最长链原则之所以如此强大，是因为即使一个矿工能够控制网络的大部分处理能力，它仍然会受到激励，保持诚实。[59]为什么会这样？让我们考虑一下，如果有人为了窃取每个人的比特币而获得了网络的大部分计算能力，会发生什么：1）所有比特币都会在一夜之间变得一文不值，因为货币的价值取决于网络的诚信；2）硬件非常昂贵且过于专业化，若用于破坏系统，就会得不偿失。因此，最长链原则会让有足够处理能力去破坏系统的矿工因破坏系统而遭受最大损失，反之，如果他保持诚信，却会获得更多收益。[60]

替代对账机制

在比特币的背景下，工作证明对于作为一种基于激励机制的系统是很有必要的，因为网络参与者——节点及用户——彼此并不信任。这是因为比特币是一个无许可的区块链，任何人都可以加入这一开源区块链网络。在完全没有审查机制的情况下，各个节点只会为其财务利益服务，所以除此以外的任何其他行事方式都不可信任。

对于无许可区块链网络，确实存在工作证明的替代方案。例如，在权益证明模型下,节点可以在系统内授予加密货币,以此来获得添加区块的权利。[61]因此,如果你的股份占已授予加密货币的5%,那么你就可以开采5%的区块。这样,如果某些节点通过维护系统诚信可以获得更大的财务利益,那么这些节点就能够对分类账的演变行使更大程度的控制。

由于有许多不同的区块链网络及加密货币,这两种模式的混合确实存在,另外还有一些其他替代方法。然而,所有无许可区块链协议都想要将其用户的利益(如网络诚信、安全性等)与维护网络的节点(即矿工)的财务利益联系起来,这一点至关重要。

在私有区块链网络(即所谓的许可系统)中,用户和节点之间的潜在利益冲突不算什么问题。在这些网络中,节点之间彼此相互信任,因此不需要基于激励的和解机制。这是因为许可区块链网络是由专业人员管理的,如管理咨询公司、技术公司及银行组成的联合体。在合作之中,赞助公司信任财团,就像他们信任银行或信息技术供应商一样。

因此,不需要直接的经济激励让许可网络中的各个节来保持诚实,相反,系统的参与者会利用完备的审查机制来维护网络的诚信。[62]这样一来,网络不需要在对账机制上花费资源,因此可以将更多的处理能力用于验证及记录交易。RippleNet就是一个很好的例子,它是由Ripple运营的区块链网络,是由埃森哲、桑坦德(Santander)和渣打等公司支持的一家初创公司。[63]由于RippleNet是一个基于信任的网络,它可以支持每秒1 500笔交易,这个效率是比特币每秒3~6笔交易的数倍之多。[64]

为什么比特币是很有用的加密货币

在读完了上述有关比特币的工作原理解释之后,读者可能仍对其工作原理模糊不清。了解比特币有点像拼图游戏，每个片段都很容易理解。在我们组合起各个片段之后，其整体的内容就慢慢明晰起来了。为此，我们有必要总结一下：

- 网络的分布式结构有助于确保其稳健及诚信，因为它没有错综复杂的控制关系。
- 由于没有人控制网络，因此很难产生腐败或被攻击。
- 该网络的交易历史及源代码可供所有人免费在线查看，这确保了其透明度。
- 这种透明度意味着参与者可以遵守（并因此信任）网络规则，而不必再依赖中介机构。
- 这种透明度也意味着用户无法谎称他们没有发送或收到货币。
- 安全的身份验证机制允许用户在隐私不受侵害的情况下批准交易。
- 网络参与者依赖于系统的诚信，而不是其交易对手的诚信。
- 这种诚信是通过激励机制来维护的，激励机制将矿工的经济利益与促进网络诚信的活动联系起来。

有了这些方面，比特币用户就可以进行数字交易，就如同进行现金交易一样。因此，中本将比特币描述为一种电子现金系统[65]是很有说服力的，比特币很有用处，它与现金一样，给了用户在金融系统之外进行交易及存储财富的一种新途径。

生活在通货膨胀率相对较低、本国货币稳定国家的人们可能看不到这一点的吸引力。然而，对于委内瑞拉[66]等遭受恶性通货膨胀的国家的居民来说，持有比特币可能会有明显的益处，毕竟，将储蓄储存在比特币中比遭遇超过300 000%的通货膨胀率更为可取，[67]即便比特币的市值会像2018年那样在一年中下降80%以上。[68]

人权活动家、自由记者及生活在腐败统治及独裁政权下的不同政见者可能会发现比特币的一个新用途在本国金融体系之外进行交易。这样，那些想要限制他们活动的人就无法消除他们获得金融服务的机会。此外，比特币固有的匿名属性可以让这些持不同政见者对其政府隐瞒其金融活动。毕竟，将一个人链接到其比特币地址的唯一方法就是知道他们的私钥。为了匿名保护，有隐私意识的用户甚至可以在每笔交易中使用新地址。[69]

最后，比特币以及加密货币有潜力促进更大的金融包容性，因为它们可以让任何人在任何地方通过互联网进行全球交易。对于约20亿无法获得正规金融服务的人而言，比特币可以提供更多的经济机会，从而减少发展中国家的贫困。[70]

从比特币到区块链

将比特币简写为"电子邮件货币（money by e-mail）"[71]的说法一语道破天机，不仅因为这两种技术都依赖类似的加密方法，还因为这种说法触及了一个重要的事实，即金融交易不过是信息传输而已。我们向某人发送电子邮件时，本质上是在向他们的收件箱中添加信息，同样地，当我们发送比特币或任何基于区块链的数字货币时，我们只是在增加接收者的余额而已。

比特币实际上并不存在，真正存在的是网络交易记录。因此，唯一被传输的是信息。我们知道，计算机可以处理大量信息，该技术被应用到了需要安全且透明的身份验证机制的领域中，这将区块链的潜在应用范围扩大到了保险及资本市场等领域。[72]

智能合约

区块链交易从根本上讲是信息传输,严格来说,它并不是金融领域的使用案例,而比特币等区块链代币只是用户交易的人为产物。相反,区块链网络的透明度、安全认证机制及稳健性则可以被用在各种用户交互中。具体而言,区块链技术可能在信息传输领域找到用例。

在这方面,智能合约似乎尤其大有可为。智能合同是一种在满足法律合同条款的情况下执行法律合同条款的计划,它本质上是一个可以自动执行的法律合同。这种想法并不新鲜,事实上,许多人都会很有规律地使用智能合约。自动售货机就是一个常见的例子,它接受付款,并在收到所需金额后,将产品提供给消费者。[73]

智能合约可以与区块链技术相结合,增强用户之间信息传输的透明度、安全性及可信度。就像人们依赖加密货币进行金融交易一样,他们之所以能够进行信息交易,是因为交易者使用了相同的底层区块链技术。而智能合同的情境下,这就意味着用户可以确认其私钥已满足合同规定,从而触发执行合同。

基于区块链的智能合约可以实现依赖于一个或多个签名,缺乏透明度而又很耗时的常规流程,这意味着,智能合约在证券交易、监管报告及风险管理等领域有潜在应用。[74]此外,基于区块链的智能合约可以减少中介流程所需的专业时间,以减轻法律、会计及金融等文书部门的工作负担。[75]据估计,智能合约可以使银行业的总体成本基础降低27%。[76]

智能合约并非没有隐患。由于区块链应用程序允许用户在互联网上匿名交易,这就限制了通过法院强制执行智能合同的能力。此外,由于这些合同是自动执行的,因此如果有欺诈或错误的情况,其适用性就会存在一个问题——如果私钥被盗并用于触发合同，受害者是否仍受合同约束？综上所述，智能合同的广泛使用需要更新现有合同法。[77]

这就引发了关于新科技的一个重要观点，那就是，这些新科技并非孤立存在。因此，如果不考虑周围的法律及监管环境，就无法将其真正应用于业务环境之中。又由于这些科技仍在发展之中，首批区块链智能合约的应用可能只限于组织内部，或在后台合作的组织之间，换言之，就是在法律及声誉风险比面向客户的领域小得多的领域。

案例研究　忠利集团：基于区块链的保险

忠利集团（Generali Group）是一家总部位于意大利的全球保险公司。该集团拥有约6 100万客户，其核心业务是人寿、财产及意外伤害保险。2018年，该集团收取的保险费多达670亿欧元。[78]

忠利保险（Generali Employee Benefits，GEB）是该集团的子公司之一，专门为跨国公司提供保险解决方案。忠利保险帮助这些公司为员工提供包括人寿、意外及健康保险在内的保险。忠利集团是这一子行业的全球领导者，拥有约1 500家跨国客户，活跃于100多个国家。[79]

忠利保险提供的产品之一是专属保险服务（captive insurance service）①。为了汇总及防范子公司面临的风险，一些跨国公司会成立内部保险公司，称为自保公司。通过专门为自己的公司集团提供服务，这种专属保险公司为集团员工提供了更具成本效益及灵活性的保险。此外，专属保险公司还允许其母公司保留承保利润及投资准备金收益。[80]

---

① 或称为"自保保险"或"专属自保"。——译者注

专属保险公司让集团分担员工的风险，从而实现规模经济。[81]这样一来，专属保险公司可以保护个别子公司，让这些公司免于遭遇保险成本不可预测的上涨。例如，工厂火灾导致多名员工死亡，个别子公司可能会面临更高的保险费，但对于一家大型跨国公司来说，这样的局部事件对其全球范围内员工的总体保险成本几乎没有影响，因为反常事故造成的损失可以由其他领域低于预期的事故率来抵消。

然而，经营一家拥有分布在多个司法管辖区的数万人，甚至数十万人的保险公司并非易事。此外，非金融行业的跨国公司可能缺乏管理自己的专属保险公司的专业知识，或者没有这种意愿。因此，这类公司会聘请像忠利保险这样的公司为他们管理专属保险公司。

在实践操作时，忠利保险的专属自保服务以如下方式实施：客户的子公司代表其员工从附属忠利保险的当地保险公司购买保险。[82]然后，忠利保险承担这些保单的风险，承诺支付索赔，并收取保费。[83]这样一来，当地保险公司就可以有效地管理每一份保单（这些保险公司的这项服务只收取一小部分保费），同时将保险风险交给忠利集团。这个过程称为再保险。

忠利保险将保险单汇集到全球账簿中，收取保费，并对当地保险公司支付的索赔进行补偿。如果保费收入超过索赔及其他费用，忠利保险会定期向自保人员支付股息，而如果索赔超过了预先指定的阈值，费用则将从专属保险公司资本中扣除。[84]这就意味着保险风险最终由客户的自保人员承担，而非由忠利保险承担。

据忠利保险称，其专属保险解决方案提供的不仅仅是规模经济及获取保险专业知识的便利，忠利保险还会整合基本保单的有关信息，并将其报告给专属保险公司。[85]这样一来，客户就能够检测全球模式，识别异常值，从而更好地促进监督、风险管理及共享最佳实践。

2019年，忠利保险公司宣布推出基于区块链的专属自保解决方案，并明确目标，要通过整合不同利益相关者的系统、数据及流程来简化忠利保险的运营模式。这一决定遵循了与埃森哲咨询公司成功联合开发的原型，该原型涉及了跨国农业公司先正达（Syngenta）以及塞尔维亚、西班牙和瑞士的当地保险公司。[86]

谈到该解决方案问题，忠利保险首席运营官安德里亚·蓬托尼（Andrea Pontoni）表示："使用该技术，无须中央机构或中介机构来处理、确认或验证数据交换，就可以让利益相关者共享并同步合同协议及基础数据。"[87]

忠利集团的解决方案是受到全球区块链保险联盟 B3i 的启发。B3i 成立于2018年，是一个由多家大型保险公司领导的合作项目，其中就包括忠利集团，旨在探索区块链技术的应用。[88,89] B3i的目标是在保险行业实现"无分歧风险转移"，因为保险行业仍然会受到基于电子邮件及电话的传统工作流程的阻碍。[90]

2019年，B3i为巨灾保险公司推出了基于区块链的再保险解决方案，使这些公司能够谈判及构建再保险合同，发送消息，共享文档，并跟踪公司状态及周围的工作流程。[91]这些特征很重要，因为保险义务（和保费）通常由多个再保险人共同承担。据B3i估计，该解决方案可以将再保险交易的电子邮件流量减少多达90%。[92]

区块链技术的各个方面是如何促进忠利保险的再保险流程的？（参考答案见本章末尾）

区块链及加密货币的实践问题

尽管区块链技术前景广阔，但在商业环境中推出解决方案之前，必须解决几个大的实践问题，这些问题主要与区块链的可用性和有用性有关。除此以外，区块链在使用方面也存在监管问题，特别是针对洗钱及资助恐怖主义[93]（有关这方面的更多信息，请参阅第八章）。

由于私钥无法重置，区块链（至少最纯粹形式的区块链）对消费者并不友好。因此，简单的区块链应用程序在后台运行，远离可能会犯错误的消费者可能更为有用。除此之外，尽管不可逆的哈希加密是电子邮件技术的基础，但我们仍然可以重置电子邮件密码。这是因为私钥是隐藏在用户界面之下的。电子邮件应用程序不是通过私钥信任消费者，而是为我们存储私钥。当密码丢失时，我们可以通过短信或电子邮件地址重置密码。

这样一来，电子邮件用的户界面设计可以防止我们永久失去访问权限，毕竟，人类很容易遗忘密码。因此，金融科技公司也可以很好地构建相应的区块链应用程序，并将其设计为在用户犯错时提供帮助，或者一开始就防止他们错误。如此说来，任何用于主流用途的区块链解决方案都有义务提供简单的安全流程及直观的用户界面（见第三章）。

消费者会有犯错倾向，这可能是2020年之前的那么多企业区块链应用程序都部署在后台的原因所在。对于大多数组织而言，面向消费者的领域具有内在风险，因为错误可能会带来声誉损失。因此，如上述案例研究所示，大型组织开始首先尝试将区块链技术用于内部或后台应用。同样，2018年，汇丰银行宣布已成功利用区块链促进贸易融资交易；关键是，该交易的原型是一份涉及同一家跨国客户的两家子公司的信用凭证，[94]换句话说，在一个纸张满天飞的地区的试点风险相对低于其面向消费者的业务线。

虽然通过设计更好的用户界面，可以一定程度上增强区块链解决方案的适用性，但如果将加密货币作为主流货币，其实用性方面仍存在一些问题。像比特币这样的开源私人货币系统的想法之所以引人注目，是因为其固有的货币纪律：在没有中央银行来控制货币的发行及关乎货币使用的法律的情况下，如果用户不转向其他通货膨胀率较低的货币形式，就无法增加货币供应。[95]因此，如果一种货币的发行量超过了自然需求，该货币的价格就会下降。比特币是一种固定供应货币，这或许就是这一现实所产生的结果。一旦比特币供应量达到2 100万个，将停止发行新的货币，[96]此时，网络的维护费用将通过交易费进行支付。[97]

不幸的是，比特币及同类加密货币尚未被主流采用。这并不是自由市场的失败，而是因为替代主流法定货币（即美元和欧元）的功能性加密货币尚未出现。任何资产，如果要想用作货币，都必须履行三项职能，即交换媒介、价值尺度及价值存储。[98]

加密货币极不稳定。这种波动性阻碍了它们的货币实用性。如果一项资产的价值会在同意交易到交易完成之间的时间内发生变化，例如在餐厅订购比萨饼与消费后支付这段时间内发生变化，那么这项资产就没有用处，无法作为交换媒介或价值尺度。当然，美元和欧元也不稳定。然而，美元和欧元的波动性要低得多，日常消费者通常不会注意到，因为他们得到的报酬及大部分支出都是用同一种货币支付的。

这为加密货币留下了一个货币功能，那就是价值存储。在这方面，加密货币的实用性取决于两点，即用户的持有期及用户周围的经济情况。对于居住在货币稳定国家的用户来说，持有加密货币作为中短期价值存储可能并不具有吸引力。然而，加密货币可以从金融系统中移除，这让它具有了安全避风港的属性，因为加密货币很可能在经济不确定性时期保值。例如2010—2013年希腊和塞浦路斯金融危机期间，当地比特币价格上涨。[99]

因此，我们有理由长期持有加密货币，以对冲经济、市场及政治的不确定因素。这一观点似乎得到了经验证据的支持，这表明比特币作为一种避险资产，在某种程度上如同黄金和美元的混合物。[100]因此，假设困难时期货币价值不稳定，加密货币的价值却开始上升，那么加密货币就可能会占得一席之地，最终成为多元化资产组合的一部分。

理论上讲，加密货币的波动性应该随着用户的增加及市场流动性的增加而下降。这种情况似乎正在发生——自比特币诞生以来，其平均波动率有所下降。[101]尽管如此，它的波动率仍然很高，自2013年以来，它的连续30天平均波动率在1%~15%。[102]

为了降低加密货币的波动性，人们可以用更稳定的资产（如黄金）来支撑其价值。由于加密货币的价值等于其他人愿意为其支付的金额，因此上述做法可能会使加密货币的波动性与基础资产的波动性持平。如此一来，资产支持的加密货币就与交易所交易基金类似，因为它的价值来自其基础资产。[103]

此外，与传统的资产支持的货币相比，资产支持的加密货币具有一个先天优势，即与其基础资产有所不同，资产支持的加密货币可以在数字上细分为更小的部分。从理论上讲，这可以防止资产支持的货币因其基础资产的价值上涨速度快于商品和服务的价格而导致无法使用。在这些情况下，使用资产支持的加密货币的用户只需以较低面值进行交易，以保持其流动性。

无论是否有资产支持，无许可（也称开源）加密货币都依赖于一个由用户、矿工和开发人员组成的社区。要想实现网络更新，社区必须具有协调这些利益相关者利益的能力，换句话说，该社区必须有一定程度的治理。不幸的是，许多加密货币一直缺乏治理。作为最大的加密货币，比特币可能是这方面最引人注目的例子。多年来，矿工、用户和开源开发人员之间的冲突一直在阻碍着网络更新。[104]为了解决此类问题，社区一直在努力调整网络来适应不断增长的用户量，于是比特币在2017年被分成了两种不同加密货币。[105]

一些无许可网络表现出了社区政治及缓慢的变化，更明显地表明了许可系统的吸引力：许可系统是中央运营的私有网络，如同信息技术供应商一样运行，它们提供专业管理、用户支持及定期软件更新服务。R3是这种网络的一个很好的例子，R3是企业级区块链Corda幕后的一家公司，由180名专业人士运营，这些运营人士背后又有2 000多名技术、金融和法律专家的支持。[106]这些支持都来自R3的支持机构，包括来自不同行业及公共部门的组织。[107]

许可系统还有一个额外优势，即许可系统比无许可系统更节能。据估计，比特币网络耗电量与爱尔兰共和国一国的耗电量相当。[108]

以上估算发生于2014年，因此这一碳足迹可能自那时起一直在显著增加。相较之下，基于信任的许可系统则没有这个问题，因为它们不需要在计算密集型对账过程（如工作证明）中投入能源。[109]因此，从长远来看，无许可系统将需要更节能的协调机制，否则，它就有可能被提供更快、更廉价交易及更低碳足迹的许可网络扫地出门。

无论其和解机制或治理结构如何，区块链网络都有被不良行为者滥用的风险。就加密货币而言，这种风险就意味着欺诈、洗钱和/或资助恐怖主义。[110]部署区块链解决方案的组织有责任考虑针对滥用区块链的解决方案——这并不总是显而易见的——并在现有的反洗钱和数据保护流程中实施预防措施。我们将在第七章及第八章中进一步讨论这些问题。

案例研究　脸书及加密货币 Libra[①]

2019年，脸书宣布正在开发一种名为Libra的加密货币。Libra与许多其他加密货币不同，它是一种稳定的货币，这意味着它有一系列金融资产的储备，如主流法定货币及短期政府债券。[111]Libra的供应不是固定的；因此，Libra代币的发行及赎回需要现金流入及流出作为该加密货币的储备。[112]

Libra区块链被当作一个授权网络，该网络由总部位于瑞士的Libra协会管理。该组织是由Libra储备资产利息收入资助的非营利组织。虽然Libra由脸书领导，但它独立于脸书的核心业务，Libra协会由来自不同领域的组织提供支持，这些组织遍布从金融及技术，到非营利组织及学术机构等领域。该协会有大约100个创始成员，其中包括优步、沃达丰、Spotify[②]和Coinbase等。[113]

Libra网络由一组验证程序节点维护，每个节点由创始成员控制。[114]因此，用户并不像比特币那样信任系统的激励机制，而是更信任Libra及其创始成员的治理。这样就消除了对计算密集型对账机制的需求，可以让交易更快，能源成本更低。

此外，资产储备保护Libra的价值不受投机波动的影响，从而增加其流动性。[115]Libra通过这种方式解决了比特币的一些最大的缺点，即波动性、交易速度缓慢及环境足迹问题，从而使其更具实用性。[116]

Libra的目标是将世界上无法使用银行服务的人与全球金融体系联系起

---

① 后更名为Diem，但最终关闭。2022年2月，Diem协会发布声明，确认将其知识产权及其他与支付网络相关的资产出售给加州特许的联邦储备银行Silvergate Bank。——译者注
② 尚无官方中文译名，民间或译为"声田""声破天"或"破天"。——译者注

来，促进更大的金融包容性。[117]这一举措一箭双雕，一方面，Libra可以让发展中国家的企业家以低廉的价格轻松获得资本，另一方面，也可以让来自低增长经济体的储户在世界任何地方获得投资机会。因此，"全球性、开放性、即时、低成本的资金流动将创造巨大的经济机会，在全世界创造更多的商业贸易"。[118]

即便如此，Libra绝非纯粹的慈善事业。在与投资者的电话会议上，脸书的首席执行官马克·扎克伯格表示，Libra"实际上只是系列事物中的一个个例，从帮助人们联系品牌和新兴创造者的Instagram①购物（Instagram Shopping），到更倾向于服务消费者对消费者支付及买卖二手商品的脸书市场（Facebook Marketplace），再到更倾向于与小企业联系业务的WhatsApp业务（WhatsApp Business）等等。"[119]

2019年Libra白皮书发布后，人们非常关注其在全球的影响。例如，在任何一个国家，尤其是在较小的国家，广泛利用Libra有可能导致货币政策都脱离央行的控制，因为用户只需使用Libra而非本国货币进行交易。此外，人们还担心，在全球范围内使用Libra将导致与Libra基础资产相关的资本市场扭曲。[120]

此外，2019年，美国财政部表示，Libra协会将受到一系列法律法规的约束，包括有关隐私、反洗钱（AML）和打击恐怖主义融资（CFT）的法律法规。此外，财政部强调，与传统金融机构一样，促进Libra加密货币交易的组织也将受到反洗钱及打击恐怖主义融资的控制。[121]

人们也对脸书在领导Libra时所起的作用表示关注。[122]多年来，由于一系列涉及用户数据的丑闻，脸书公司声誉受损。最值得注意的是，该公司

---

① 尚无官方中文译名，有译为"照片墙"或"图享"。——译者注

系列涉及用户数据的丑闻，脸书公司声誉受损。最值得注意的是，该公司因在政治咨询公司剑桥分析公司（Cambridge Analytica）丑闻中所扮演的角色而备受谴责——据说有数百万用户的个人数据在不知情的情况下被第三方使用。[123]这一事件导致美国联邦贸易委员会（Federal Trade Commission）对其进行调查，并最终处以50亿美元的罚款，脸书承诺将彻底改造其保护用户隐私的框架。[124]

据美国联邦贸易委员会主席乔·西蒙斯（Joe Simons）称，实施这些措施"是为了改变脸书的整个隐私文化，降低持续侵权的可能性"。[125]

这并不是脸书第一次因未能保护用户隐私而受到惩罚。2018年，英国信息专员办公室对脸书处以50万英镑罚款，原因是在2007—2014年期间，脸书在与第三方共享用户数据时，未能获得用户明确的知情许可。这笔罚款是《通用数据保护条例》出台之前英国法律允许的最高限额罚款。[126]

根据脸书公司披露的监管信息，该公司将监管环境的变化视为其商业模式面临的风险之一。此外，该公司还指出，公司对广告收入过度依赖，这就意味维护从用户那里收集的数据的质量和相关性成为公司财产货币化的核心要素，这类情况除了出现在脸书中，还出现在WhatsApp和Instagram中。所以，维护用户信任对于促进数据收集而言至关重要。[127]

本章总结

本章旨在让读者对加密货币及区块链技术有一个基本的了解，并了解基于区块链的应用程序在非货币环境中的适用性以及适用性的原因。如上所述，区块链在很大程度上是哈希加密技术及对等网络等现有技术的集合体。如此说来，区块链在许多方面都和电子邮件技术非常相似。

区块链与智能合约相结合，将显著扩大其潜在用途。这是因为加密货币，如比特币，只不过是一个分散的网络交易数据库，具有安全的身份验证协议、透明度、分散控制及强大的对账机制，让底层区块链技术在涉及审批流程及信息传输的领域显示出实用性。这样一来，区块链就可以用来优化许多后台流程，显著节约成本。

终极锦囊

本章的几个要点为：

- 区块链上的交易是一种信息传输。

- 因为区块链具有身份验证机制及透明度，所以它可以让各方能够在没有中介的情况下进行交易。

- 在缺乏透明度和需要多层审批的常规流程中，应用区块链可能会节省时间。

- 因为私钥不可恢复，所以区块链解决方案要想在消费者中取得成功，那么就需要用户界面万无一失。

讨论要点参考答案

区块链技术的各个方面是如何促进忠利保险的再保险流程的？

由于忠利保险的业务涉及至少三方（当地保险公司、忠利保险及客户的专属自保公司）之间达成的保险协议的风险及报酬，所以区块链可以在以下几个方面发挥作用，例如：

- 网络的透明度可以取代传统的通信机制（电子邮件、电话），以便跟踪谁欠谁什么。

- 可以通过区块链上适当的身份验证实现支付自动化。

- 可以（通过将日期、客户地址、保费金额等信息充分模块化）实现协议标准化，使其能够自动化检查，而不必支付昂贵费用邀请律师/审计员进行审查。

参考文献

1,6 CoinMarketCap (2019) All Cryptocurrencies, 16 November, coinmarket cap.com/all/views/all/ (archived at https://perma.cc/4456-ZP6Mc)

2,9,10,13,14,16,31,32,47–52,54–60,65,69,97 Nakamoto, S (2008) Bitcoin: A Peer-to-Peer Electronic Cash System, bitcoin.org/bitcoin.pdf (archived at https://perma.cc/CJZ4-SHNS)

3 Caffyn, G (2014) Bitcoin Pizza Day: Celebrating the Pizzas Bought for 10,000 BTC, Coindesk, 22 May, www.coindesk.com/bitcoin-pizza-day-celebrating-pizza-bought-10000-btc (archived at https://perma.cc/Y22T-5YJT)

4,5,68 CoinMarketCap (2019) Bitcoin price charts, 16 November, coinmarketcap.com/currencies/bitcoin/ (archived at https://perma.cc/9UZ2-79GS)

17,18,23,24,30 Antonopoulos, A (2017) *Mastering Bitcoin: Unlocking Digital Cryptocurrencies*. O'Reilly Media, Sebastopol, CA.

7,8,96 Bitcoin Wiki (2019) Bitcoin FAQ, 17 June, en.bitcoin.it/wiki/Help:FAQ (archived at https://perma.cc/82D9-KRXD)

11,12 Bank of England (2020) Payment and settlement, 9 March, www.bankofengland.co.uk/payment-and-settlement (archived at https://perma.cc/WV8D-ETSB)

15 Bitcoin Wiki (2017) Genesis block, 30 November, en.bitcoin.it/wiki/Genesis_block#cite_note-block-1 (archived at https://perma.cc/YJ2T-K6Y4)

19,20,21,22,27 Brito, J and Castillo, A (2013) Bitcoin: A Primer for Policymakers, George Mason University, www.mercatus.org/system/files/Brito_BitcoinPrimer.pdf (archived at https://perma.cc/42S7-5UNE)

25,26,71 Antonopoulos, A (nd) Bitcoin 101 – Introduction to the future of money [video], https://aantonop.com/videos/ (archived at https://perma.cc/DKG8-3VBA)

28　Bitcoin Wiki (2019) Technical background of version 1 Bitcoin addresses, 28 March, en.bitcoin.it/wiki/Technical_background_of_version_1_Bitcoin_addresses (archived at https://perma.cc/G7BA-QQXL)

29　Eskandari, S, Barrera, D, Stobert, E and Clark, J (2018) A First Look at the Usability of Bitcoin Key Management, arxiv.org/pdf/1802.04351.pdf (archived at https://perma.cc/47TT-UFTG)

33　Merriam-Webster (2020) Cryptography, 24 March, www.merriam-webster.com/dictionary/cryptography (archived at https://perma.cc/555C-NS5Q)

34,40,53　Di Pierro, M (2017) What is the blockchain? *Computing in Science & Engineering*, 2017, 19 (5), 92–95 (September–October)

35　Bitcoin Wiki (2016) SHA-256, 29 January, en.bitcoin.it/wiki/SHA-256 (archived at https://perma.cc/5YCH-5FA5)

36　National Institute of Standards and Technology (2015) Secure Hash Standard (SHS), FIPS PUB 180-4 (August)

37　Bitcoin Wiki (2019) Private key, 4 May, en.bitcoin.it/wiki/Private_key (archived at https://perma.cc/N2QU-CN2V)

38,39　Sedgwick, K (2019) How hard is it to brute force a Bitcoin private key? Coinnews Telegraph

41,42,43　National Institute of Standards and Technology (2013) Secure Hash Standard (SHS), FIPS PUB 186-4 (July)

44,45,46,61,62,72,109　Eyal, I (2017) Blockchain Technology: Transforming Libertarian Cryptocurrency Dreams to Finance and Banking Realities, *Computer*, 2017, 50 (9), 38–49

63　Ripple (2019) Our company, www.ripple.com/company (archived at https://perma.cc/8TL6-5JBT)

64　Ripple (2019) XRP: A digital asset built for global payments, www.ripple.com/xrp

(archived at https://perma.cc/M7AE-ZSBD)

66,67 Trading Economics (2019) Venezuela – Economic Indicators, tradingeconomics.com/venezuela/indicators (archived at https://perma.cc/EKA7-EMJ6)

70 Larios-Hernandez, G J. Blockchain entrepreneurship opportunity in the practices of the unbanked, *Business Horizons*, 2017, 60 (6), 865–74 (November–December)

73 Szabo, N (1996) Smart Contracts: Building Blocks for Digital Markets, www.fon.hum.uva.nl/rob/Courses/InformationInSpeech/CDROM/Literature/LOTwinterschool2006/szabo.best.vwh.net/smart_contracts_2.html (archived at https://perma.cc/K77F-VU8V)

74 Financial Conduct Authority (2017) FS 17/4: Distributed Ledger Technology – Feedback Statement on Discussion Paper 17/, www.fca.org.uk/publication/feedback/fs17-04.pdf (archived at https://perma.cc/3LK7-5K6S)

75,77 Giancaspro, M. Is a 'smart contract' really a smart idea? Insights from a legal perspective, *Computer Law & Security Review*, 2017, 33, 825–35

76 Accenture Consulting (2017) Banking on blockchain, www.accenture.com/us-en/_acnmedia/Accenture/Conversion-Assets/DotCom/Documents/Global/PDF/Consulting/Accenture-Banking-on-Blockchain.pdf (archived at https://perma.cc/SY8C-N29K)

78,79 Generali Group (2019) Media Kit, September, www.generali.com/media/media-kit (archived at https://perma.cc/SY4Q-8FDR)

80,81,82,83 Generali Group (2017) Reinsurance to Captive, geb.com/sites/default/files/2017-08/CAPTIVE%20_A4_ART_WEB_opt_0.pdf (archived at https://perma.cc/S84Q-YTRQ)

84,85 Generali Group (2017) The Generali LifeCycle Pooling Approach, April, geb.com/sites/default/files/2017-08/GEB_Factsheet_Generali_Lifecycle.pdf (archived at https://perma.cc/6DNS-CY2N)

86,88 Accenture (2019) Accenture and Generali Employee Benefits Apply Blockchain

Technology, Aiming to Transform the Reinsurance Process for Captive Services, 16 April, newsroom.accenture.com/news/accenture-and-generali-employee-benefits-apply-blockchain-technology-aiming-to-transform-the-reinsurance-process-for-captive-services.htm (archived at https://perma.cc/WZ82-FAWE)

87 Generali Group (2018) Blockchain 'firsts' at GEB: For the employee benefits industry & for the network, April, www.geb.com/through-our-world/news/blockchain-firsts-geb-employee-benefits-industry-network (archived at https://perma.cc/J2DU-Y89L)

89,90 B3i Services AG (2019) About us, b3i.tech/who-we-are.html (archived at https://perma.cc/G8MC-9LUR)

91,92 B3i Services AG (2019) Cat XoL product deployed to customers' production environments, 15 October, https://b3i.tech/news-reader/cat-xol-product-deployed-to-customers-production-environments.html (archived at https://perma.cc/TY8D-4AJW)

93,110 Bank of International Settlements (2018) Cryptocurrencies: looking beyond the hype, BIS Annual Economic Report, www.bis.org/publ/arpdf/ar2018e5.htm (archived at https://perma.cc/BB68-N2YB)

94 HSBC Holdings plc (2018) *HSBC and ING execute groundbreaking live trade finance transaction on R3's Corda Blockchain platform*, www.hsbc.com/media/media-releases/2018/hsbc-trade-blockchain-transaction-press-release (archived at https://perma.cc/T4ZW-484Z)

95 Hayek, F A. Toward a Free-Market Monetary System, in: Gold and Monetary Conference, New Orleans Gold: *The Journal of Libertarian Studies*, 1977, 3, 1–8

98 Lo, S and Wang, J C (2014) Bitcoin as Money? Current Policy Perspectives, No. 14-4. Federal Reserve Bank of Boston, www.bostonfed.org/-/media/Documents/Workingpapers/PDF/cpp1404.pdf/ (archived at https://perma.cc/M7C7-79MU)

99 Bouri, E, Gupta, R, Tiwari, A and Roubaud, D. Does Bitcoin Hedge Global Uncertainty? Evidence from wavelet-based quantile-in-quantile regressions, *Finance Research Letters*, 2017, 23, 87–95 (November)

100 Dyhrberg, A. Bitcoin, gold and the dollar – A GARCH volatility analysis, *Finance Research Letters*, 2016, 16, 85–92 (February)

101,102 Buy Bitcoin Worldwide (2019) The Bitcoin volatility index, www.buybitcoinworldwide.com/volatility-index/ (archived at https://perma.cc/2EHU-WRRA)

103,120 G7 Working Group on Stablecoins (2019) Investigating the impact of global stablecoins, October, www.bis.org/cpmi/publ/d187.pdf (archived at https://perma.cc/7FXR-DRGT)

104 Odell, M (2015) A Solution to Bitcoin's Governance Problem, TechCrunch 21 September, techcrunch.com/2015/09/21/a-solution-to-bitcoins-governance-problem/(archived at https://perma.cc/B5K8-HT3B)

105 Lee, T B (2017) Why the Bitcoin network just split in half and why it matters, arsTECHNICA, 2 August, arstechnica.com/tech-policy/2017/08/why-the-bitcoin-network-just-split-in-half-and-why-it-matters/ (archived at https://perma.cc/RCX3-Q55F)

106,107 R3 (2019) Corda Enterprise: The blockchain platform built for business, www.r3.com/wp-content/uploads/2019/05/CordaEnterprise_FS_May2019.pdf (archived at https://perma.cc/B4VQ-N84G)

108 O'Dwyer, K A and Malone, D (2014) Bitcoin Mining and its Energy Footprint, in IET Irish Signals & Systems Conference, Limerick: Hamilton Institute, National University of Ireland Maynooth, www.researchgate.net/publication/271467748_Bitcoin_Mining_and_its_Energy_Footprint (archived at https://perma.cc/6GZT-QHW4)

111,113,114,116,117,118 Libra Association (2019) An introduction to Libra: White Paper, libra.org/en-US/wp-content/uploads/sites/23/2019/06/LibraWhitePaper_en_US.pdf (archived at https://perma.cc/AN2E-CHQW)

112,115 Catalini, C, Gratry, O, Hou, J M, Parasuraman, S and Wernerfelt, N (2019) The Libra Reserve, Libra Association, libra.org/wp-content/uploads/2019/06/TheLibraReserve_en_US.pdf (archived at https://perma.cc/U4K6-DZZ4)

119 Facebook Inc. (2019) Second quarter 2019 results conference call, 24 July, investor.

fb.com/investor-events/event-details/2019/Facebook-Q2-2019-Earnings/default.aspx (archived at https://perma.cc/DF7L-PS9E)

121　United States Department of the Treasury (2019) Response to Representative Cleaver, 21 October, cleaver.house.gov/sites/cleaver.house.gov/files/Treasury%20Facebook%20 Response.pd (archived at https://perma.cc/6FQN-C342)

122　Congressman Emanuel Cleaver, II. (2019) Treasury Agrees to Cleaver's Call For Federal Investigation Into Libra, 22 October, https://cleaver.house.gov/sites/cleaver.house. gov/files/Treasury%20Facebook%20Response.pdf (archived at https://perma.cc/C4DE-MUVA)

123,124,125　Federal Trade Commission (2019) FTC Imposes $5 Billion Penalty and Sweeping New Privacy Restrictions on Facebook, 24 July, www.ftc.gov/news-events/press-releases/2019/07/ftc-imposes-5-billion-penalty-sweeping-new-privacy-restrictions (archived at https://perma.cc/M858-SP24)

126　Information Commissioner's Office (2018) ICO issues maximum £500,000 fine to Facebook for failing to protect users' personal information, 25 October, ico.org.uk/about-the-ico/news-and-events/news-and-blogs/2018/10/facebook-issued-with-maximum-500-000-fine/ (archived at https://perma.cc/62J5-WLCD)

127　Facebook, Inc. (2018) Form 10-K: Annual report pursuant to section 13 or 15(d) of the Securities exchange act of 1934 for the fiscal year ended December 31, 2018, United States Securities and Exchange Commission, 31 January.

第六章

数字化价格体制及社交媒体对金融市场的影响

学习目标

本章将帮助你理解：

- 为什么价格会传递信息？
- 市场如何聚合数据？
- 数字化如何改变金融市场？

第六章
数字化价格体制及社交媒体对金融市场的影响

什么是经济？什么是互联网？这些问题至少有两个共同的答案：第一，二者都是网络；第二，二者都是市场。网络是信息市场，而经济是商品及服务市场。这两个领域的交易本质而言都是在传输信号：互联网用户通过点击及消息进行交易，而消费者则通过钱包进行交流。

在这一章中，我们将研究交易过程中的这些数据流的交汇会如何影响金融系统。我们将探讨的话题的一部分就是网络及全球金融系统——这两个网络互相重叠，通过电信号的传输进行连接，或者更抽象地说，是通过金融市场的价格波动进行连接——是如何融合的。

价格即沟通工具

用户的浏览数据可以说明他们的兴趣、看法及情绪状态。与此同时，金融交易需要让用户清楚地了解到他们购买了什么，如果有可识别的模式，用户还可以知道他们将来可能会购买什么。因此，这两种类型的数据都具有商业价值。

然而，如果支付费用，用户就要权衡自己的需求及偏好，而浏览网页则不然。在销售点作出的决定代表了这项工作的最终结果，因此，交易可以视为人们在交易时最重要的需求、偏好及价值观的表达。[1]

在进行交易时，个人及企业会将自己的偏好传达给其他经济体。这些信息的总和体现在根据供需确定的价格之中，高价格表示未满足需求，而低价格表示满足了市场需求。这样，价格就成为资源分配的信号机制。[2]

因此，价格机制就像互联网一样，是一个双向沟通系统。互联网用户通过点击及留言传送信息，而市场经济的参与者是通过价格来实现信息传送。[3]由于价格是以货币形式量化的，不同选择的成本具有可比性，从而帮助消费者优先考虑他们的支出，例如，如果没有价格的话，人们会很难决定是去度假还是买车。

此外，价格有助于生产者把资源放在利润最高的地方。[4]许多企业往往追求的就是提供利润最高的商品及服务。虽然生产者可能无法确定每个消费者的偏好，但他们可以通过改变市场价格来观察消费者行为的总体变化。[5]反过来讲，价格有助于决策制定，因为每个业务决策都可以用一个简单的问题来评估，那就是，这个决策能赚钱吗？

因此，价格机制是消费者和生产者之间有效的信息渠道。[6]一方面，价格汇总了消费者需求并将此需求传达给生产者；另一方面，价格帮助生产者将满足这些成本的服务或商品反馈给消费者。通过这种方式，价格可以帮助双方确定支出的优先顺序。

平均估计值

宽泛而言，生产者的行为方式彼此相似，因为他们都在密切关注市场信号，以期实现利润最大化。然而对于消费者而言，情况并非如此，他们的消费模式可能大不相同，比如有些人从不饮酒，但其他人可能一晚上就豪掷数十万英镑来购买香槟。[7]

然而，从群体角度而言，消费者倾向于普通大众的偏好。相对于每个一桶桶购买香槟的百万富翁而言，就有更多人从不喝酒，或者只是在特殊场合才喝酒。因此，人均香槟消费量将介于这两个极端之间，与大多数消费者的消费量非常相似。这是因为每个人的消费行为实际上是他们依据普通人的消费标准所作出的一种选择。在大群体中,极端偏好——无论是高偏好还是低偏好——往往发生在人口平均数(又称平均量)的两端,而且程度相同,就像一场完美平衡的拔河比赛,这些极端往往会相互抵消。因此,极端偏好不会影响平均值本身。

这种现象在生活的诸多领域都可以看到,很多人都在作出独立的选择。例如,统计学家弗朗西斯·高尔顿(Francis Galton)通过一个著名的观察发现,在农场展会上,大约只需要800名的参与者就能够猜出一头牛的体重,虽然每个人的个体猜测差异很大,但他们的平均猜测值与牛的真实体重的误差仅在1%以内。[8]这是怎么做到的呢?

其答案在于,估计误差(即极端猜测值)往往会相互抵消,一些估计值过高,而另一些估计值过低。然而,考虑到人群的人数足够多,最不准确的猜测会相互抵消,从而留下靠谱的估计而形成群体共识(即平均估计值)。尽管统计学家们已经了解这一现象很久,但人们更把这一现象视为大众的智慧。[9]

这种效应也存在于金融市场。要了解这种现象在金融市场如何发挥效力,我们必须研究一下金融市场的交易机制。在下面的讨论中,我们把所有交易工具(如股票、债券、衍生品等)都统称为证券。

金融市场的流动性

金融市场交易是买卖双方之间的一场拔河比赛。一方面,买家希望以较低的价格支付,称为出价(bid);另一方面,卖家希望看到更高的价格,即报价(offer)或询价(ask)。这两种价格之间的差额称为价差(spread)。[11]

首先作出让步的一方跨越价差，接受另一方的最佳价格。例如，在购买证券时，你必须接受卖方的报价并以更高的价格支付。在其他条件相同的情况下，如果你在同一时间出售证券，你收到买家的出价将会低于你最初支付的价格。因此，价差是一种交易成本。

出价和报价都不能反映证券的真实价值。相较之下，这两个价格的平均值，即中间价，可以视为买卖双方对证券的真实价值更准确的估计。在其他条件相同的情况下，如果买卖双方以中间价进行交易，就可以有效地分担差价的成本。这样一来，市场中间价就能反映出与确定证券价值相关的所有信息，包括正面信息及负面信息。

在实践中，市场参与者不必按照现行的买卖价格进行交易。因为这些价格往往面向的是与做市商交易的不成熟投资者，而做市商则通过同时在市场两侧交易来赚取差价。[12]一般来说，按照现行的买卖价差进行交易可以确保交易完成，尽管要以价差作为代价；这是为做市商给市场提供流动性的某种补偿。

一般来说，证券的流动性越高，交易就越容易，也越便宜。因此，流动性这一概念可以解释市场参与者数量与市场交易成本及便利性之间的正相关关系。这样一来，拥有更多买家及卖家的市场就更具流动性。这一现象可以用价差两边存在的集团内竞争来进行解释。

证券交易通常通过协议进行，这一协议称为中央限价指令簿（Central Limit Order Book，CLOB）。如表6.1所示，人们根据交易另一方对交易的接纳程度对交易进行排序。这就意味着更高的出价（即购买提议）及更低的出价（即出售提议）会排在队列的最前面。买方越过价差时，将收到最高报价；如果购买量超过了最佳出价的规模，那么他们将使用次优出价的证券进行补足。例如，如果有人在表中指令簿中购买25种证券，他们将以

123.5美元的价格购买20种证券，以123.78美元的价格购买5种证券。从表中可以看出，这一接纳程度是从价格的角度来考虑的。[13]这样一来，订单中的最高出价及最低出价将在中央限价指令簿中彼此相邻。如果要想排到队列的最前面，交易者必须提交一个高于最高出价（如果是买入）或低于最低出价（如果是卖出）的价格，而如果想要进行交易，必须有人跨越价差，接受市场另一端提出的交易。

当市场参与者的数量有所增加时，竞争程度更大，价差就会缩小，因为买卖双方内部都在相互竞争，以争取与另一方进行交易。如此一来，个别买家就会出价高于竞争者，以使其提议的交易对潜在卖家更有吸引力，从而推高出价。与此同时，卖家之间的类似竞争会压低报价。因此，市场参与者更多，价差就会缩小，从而使交易更容易、更便宜。同理，市场参与者减少，价差就会扩大，交易成本就会随之增加。

表6.1 中央限价指令簿

	价格（美元）	规模
	124.05	4
	123.95	10
	123.78	17
最低报价	123.50	20
最高出价	123.20	34
	123.15	21
	123.00	5
	122.94	11

在过去几十年中，随着连通性的提高及技术的进步，金融市场流动性有所增强。例如，自20世纪90年代货币市场数字化以来，外汇价差显著下

降。[14]如此说来，技术进步增加了进入金融市场的机会，降低了交易成本，继而，规模越来越小的交易也变得愈发可行。

因此，市场参与者的数量有所增加，信息流也更加自由，这提高了金融市场的效率。[15]这样一来，市场参与者更多也更稳妥，有助于准确地对证券定价。也就是说，流动证券能够以市场价格进行交易，而市场价格通常反映出与其准确估值相关的所有信息。

由于证券市场实际上是买卖双方就证券价值而进行的民意调查，因此每一笔既成交易都代表着对证券在特定时间点价值的一致意见。在此过程中"共识"很重要，因为进行交易的买方及卖方并不是孤立地达成这一协议的。事实上，许多潜在的买家及卖家都投票同意了他们的出价及报价，以便在交易双方都同意的狭窄价格范围内进行交易。因此，虽然只有两方在财务上进行交易，但其背后有许多方在信息上进行交易。

如此说来，正是竞争市场参与者通过其出价、出价表达的累积知识及意图共同决定了证券的价格。由于市场价格是由买方及卖方的持续交易确定的，因此，每一笔既成交易都代表市场对特定时间点下的证券价值的一致估计。随着新信息的发布，市场参与者的综合反应可以确保这种共识相应地发生变化。因此，证券的市场价格应始终反映与证券价值相关的所有已知信息；在这种情况下，可以说，市场是很有效率的。[16]

学术界几十年来一直在争论金融市场的效率程度，近年来，互联网带来的更大连通性及信息流动加快了知识融入证券价格的速度。这并不奇怪，因为信心普及以及大量市场参与者是提升市场效率的关键先决条件。[17]反过来，它们又在重塑金融市场与网络之间的关系。为了理解这一切是如何发生的，我们有必要以有效市场假说为背景来研究一下市场是如何同化信息的。[18]

市场效率与被动资金管理

通过迫使买方和卖方竞争，出价报价机制保证流动性金融市场的价格能够基本反映出所有相关信息。为了进行交易，买卖双方必须达成双方都能接受的价格。因此，他们必须确定一个既能反映对证券的乐观看法又能反映对证券的悲观看法的价格，换言之，这个价格可以同时反映买卖证券的原因。由于市场参与者不想给另一方不适当的优惠价格，因此他们通过竞争，并以此获得比对手更准确的证券价值评估。由于买方及卖方处理这一问题的角度相反，这种竞争保证了与证券价值相关的所有信息都包含在证券价格之中。

比如，思考一下以下问题：购买一张五美元的钞票，你最多要付多少钱？如果你很理性，答案会是5美元，因为你知道这张纸到底值多少钱。现在，思考一个相反的命题：出售一张5美元钞票，你能接受的最低价格是多少钱？同样，答案应该和之前一样：也会是5美元。当然，5美元钞票没有市场。这是因为所有与其价值（即5美元）相关的信息都是已知的，因此不会因为更优资讯而产生利润。

而在金融市场，事情并没有那么直截了当。虽然可能能够广泛获取关于给定证券的相关信息，但这些信息对证券的价值产生的作用通常更为细微，有时甚至是相互矛盾。这就会导致不同的市场参与者得出不同的估值。他们通过市场解决这些分歧，希望对证券进行更准确的估值，进而牺牲交易对手的利益来获取利润。

理论上来讲，这种竞争应该确保证券的市场价格不会偏离反映其价值相关所有信息的价格太远。[19]要理解为什么会这样，请思考一下当市场参与者提交的交易与现行出价—询价相差太远时会发生什么情况，要么该交易因其价格低于价差同一侧的其他交易而不被接受；或者，如果贸易进入"敌方领土"太远（对对方过分有利），很快就会被更精明的贸易商抢购一空。这样一来，如果市场参与者不断错误定价，就会从证券市场撤离，要么从不交易，要么就是搭尽了所有家当。

因此，并非所有市场参与者都必须掌握与证券估值相关的所有信息。相反，他们需要的只是一个理性投资者成熟的核心要素。因此，只要有足够的流动性能够围绕买卖价差保持价格中心，偏离市场共识太远的交易就不会对价格产生显著影响。

新信息发布时，买家及卖家之间的拔河大战会很快建立新的共识价格，反映市场的最新认知。任何与证券价值相关的新信息都会影响证券供求关系。反过来，这些信息也会破坏出价及报价之间的平衡，从而影响中端市场的价格。鉴于信息自由流动，广泛可用，如果买卖双方同时调整预期，这种变化几乎可在瞬间发生。[20]

理论上讲，有效市场可以确保证券价格根据新信息即时调整。这就会让证券交易变为徒劳：由于市场机制保证价格能够反映所有相关信息，因此，除却偶然因素，不可能通过任何方式让投资回报始终高于市场平均水平。[21]

然而，在实践中，有一些投资者的回报率却始终高于市场平均水平。这些人往往属于专业投资者的领域，从事研究、市场分析及交易等，因为其工作关系，他们在全职从事以上工作。因此，这些高度成熟的投资者获得的高于平均水平的回报，可以视为他们维持市场效率所取得的回报。

在高效或接近高效的市场之中，不成熟的投资者可以通过采取被动投资策略从成熟投资者的工作中受益。因此，投资者不会试图通过挑选个别证券来跑赢大盘。相反，他们会将资金投入跟踪著名市场指数的基金，如富时100（FTSE 100）指数，该指数由伦敦证券交易所市值最大的100家公司组成。[22]由于富时100指数成分股证券交易广泛（也就是说，具有流动性），所以总体而言，投资者正在购买一篮子定价准确的证券。这是一笔不错的交易，很少有投资者能够持续跑赢大盘，而被动投资策略在很大程度上消除了表现不佳的风险。

至关重要的是，投资者无须投入分析和交易个别证券所需的时间和精力，便可以做到这一点。这样一来，被动投资策略相对实施该策略所需时间而言，可以优化回报。事实上，这些策略可以通过基于个人风险偏好推荐基金配置的应用程序来实现自动化。这些应用程序称为机器人顾问（见第二章的案例研究），可以有效地让人们将他们的投资策略置于自动运行状态，从而最大限度地减少投资的时间成本。

因为通过传统投资策略超越市场指数越来越难，[23]所以越来越多的投资者转向被动投资。例如，2016年，据《金融时报》（*Financial Times*）估计，美国共同基金持有的所有资金中，有1/3是被动投资，而三年前，这一数字约为1/4。[24]

被动投资基金的管理费通常比主动基金低。毕竟，被动投资策略相对容易自动化，因为该策略是基于规则制定的（例如"根据市值比例购买富时100指数中的所有股票"）。因此，被动投资基金的运营成本要比主动管理基金低得多（例如，主动管理基金会产生研究成本）。说到底，这就意味着被动基金的资产费用更低。由于费用可以预测，而投资回报却不可预测，所以指数基金的费用结构更精简，在它的支持之下，被动投资策略日益流行。反过来，这一趋势也给整个投资管理行业的费用收入带来了压力。[25]因此，资产管理公司发现在运营中必须使用更多样的技术，以便提高效率，弥补不断下降的管理费收入。

基于自然语言处理的情感挖掘

随着被动投资越来越受欢迎，越来越多的老练投资者发现自己深陷与竞争对手的竞争之中，他们需要掌握更多最新信息，并从中获利。为了获取这些信息，一些投资者转向社交媒体，希望在用户帖子中找到模式，作为市场情绪的指标，从而预测价格走势。[26]

这些投资者使用复杂计算技术来收集及分析社交媒体平台上的大量用户帖子，在此过程中，他们使用了被称为自然语言处理（natural language processing, NLP）的技术。可以通过用户帖子的口吻及数量来捕捉整体市场情绪，或者实际上讲，关于特定证券的情绪。[27]例如，某个程序可能会检测到含有公司产品负面形容词的帖子数量有所上升：例如，一家科技公司的最新款手机可能会在用户帖子中被描述为"无用""缓慢"或"垃圾"，这些描述可能表明这款手机未来的销售会令人失望。每当市场情绪发生变化时，该程序就会自动进行交易，以应对市场变化。如此一来，老练的投资者就可以在这些信息完全融入市场价格之前进行交易，从而领先市场，从中获利。

自然语言处理

自然语言处理可以描述为语言学及人工智能的交汇点。[28]自然语言处理可以让计算机将人类语言翻译成计算机语言。这样一来，计算机就可以编辑及分析人类的交流，发现问题并提供解决方案。自然语言处理可以应用在多个方面，包括客户支持中心自动化、翻译、文本建议功能及法律合同分析。

在该领域发展初期，人们认为自然语言处理应该采取基于规则的方法来实现人类语言的计算机化。[29]然而，如果为每种情况都编写一条规则，这种劳动过于密集，很难形成规模应用。因为语言会不断演变，不同的人会以不同的方式使用语言，而计算机只会从字面上去理解一切语言，所以有许多微妙之处，比如双关语、专业术语、言外之意及意义取决于上下文的词语，如spirit一词（除其他含义外，还可以用来指代一个人的灵魂或酒精类物质），就很难理解。[30]

于是，机器学习有了用武之地，机器学习在当下通常被称为人工智能。机器学习是一种概率决策方法，它使用大量数据来训练自然语言处理算法模型（有关这方面的更多信息，请参阅第四章）。[31]自然语言处理没有聘请专家编写硬性规则，而是使用机器学习，根据从用户行为中捕获的数据进行概率推断。例如，文本建议算法可能会检测到单词"cat"（猫）最常与形容词"cute"（可爱）产生关联，然后，当有人键入"The cat is"（这只猫）时，算法可能会建议用"cute"来完成句子。如果用户忽略此建议，并以"f"开始下一个单词，算法可能会建议以"funny"（好玩儿）来完成该单词，也就是说，算法在检测到以"f"开头的单词与"cat"产生关联时，那么这个单词就可能是形容词"funny"。无论用户最终的选择如何，该算法都会使用此输入以及数千（甚至可能是数百万）其他用户的输入来显示下一步推荐。

为了理解用户的输入，自然语言处理算法采用了一套称为词法分析及语法分析的计算技术。这一过程从词法分析开始，以字符串的形式接受用户输入，并将这些输入提炼成单独的意义单位，称为标记（token）。[32]词法分析算法将每个输入与示例库进行匹配，以找到输入的含义；当输入与示例匹配时，将现已识别的标记发送给语法分析算法。[33]

然后，语法分析过程努力在标记之间建立关系。[34]将标记的结构与已知模式的示例相匹配，来实现语法分析这一过程。在机器学习的支持下，解析算法的选择由数据的权重决定，因此显示最可能匹配，而不是完美匹配。[35]因此，通过建立模式，计算机能够将用户的输入分类到决策树中，并做出相应的响应。

网络连接消费设备（如笔记本电脑和智能手机）越来越普及，加上计算能力的提高，极大地提供了便利，人们可以通过社交媒体平台及诸如维基百科（wikipedia）等内容丰富的网站收集数据。[36]因此，自然语言处理算法规则的编写已经众包给大众，从语言中计算平均值这一任务已通过互联网外包给数百万大脑，而不再依赖专家。

因此，社交媒体平台实际上已经成为投票工具。[37]然而，这一过程与直接调查不同，社交媒体用户并不知道他们正在参与其中。因此，他们的输入不会因他们知晓自己成为调查对象而产生偏见。这种偏见是直接调查中的一个常见问题，在直接调查中，受访者可能倾向于给出他们认为观众想要听到的答案，而不是他们实际的想法。

除此之外，社交媒体帖子还包含其他形式的噪声，比如用户无知、炒作、恶意帖子及拼写错误等。因此，一家聚焦投资的社交媒体平台Stocktwits的一项研究表明，只需跟踪知名度高的用户，就可以提高可预测性。[38]拥有更多粉丝、拥有更多赞及成功预测历史的用户显示出更高的预测准确性；通过收集这些"聪明"用户的帖子，研究人员能够预测备受瞩目的美国股票（如苹果、亚马逊等）的短期价格变动，准确度比平台平均水平高出约10%。[39]

此外，研究还表明，情绪挖掘（sentiment mining）比单个证券更能预测股票指数的价格变动，[40]这可能是可用数据更多而导致的结果。在任何时候，都有可能有更多的用户发布关于多种股票、经济和整个股票市场的信息，而不是任何特定股票的信息。因此，有更大的数据量为预测股市指数提供信息。

可以说，社交媒体是一面镜子，它反映了市场、经济及社会的总体情绪。出于同样的原因，情感挖掘代表着网络和金融系统之间的一条通道，使社交媒体内容能够以市场价格形式表达出来。

奇怪的是，有证据表明，消极情绪比积极情绪更能预测市场走势。[41]这一现象的部分原因可能同样是有更多的数据可用。正如报纸编辑所知，几个世纪以来，负面新闻故事一直能吸引读者的注意力。因此，社交媒体用户更可能发布帖子讨论坏消息，进而为自然语言处理算法提供更多数据。

此外，一些情绪价格效应可能会自我实现。[42]由于知名用户拥有大量追随者，所以许多人可能会循例复制知名用户的交易，从而通过改变价格和/或社交媒体活动影响市场情绪。由于情绪交易往往是自动匹配的，这样一来，可能会产生反馈循环，尤其是在越来越多的市场参与者使用社交媒体来告知他们的交易决策时。负面情绪的飙升可能引发价格螺旋式下降，市场参与者——或者更确切地说，他们的交易算法——会出售证券，导致价格下跌，从而恶化市场情绪，引发进一步抛售。

当然，情绪挖掘可能会加剧市场波动，但积极的价格螺旋上升也可能发生。然而，鉴于负面情绪提供了更大的可预测性，[43]负面价格螺旋下降的可能性似乎更大。这种影响可能已经在市场上普遍存在。例如，道琼斯（Dow Jones）指数在2020年春季跌入熊市（定义为较峰值下跌20%以上）的速度堪称股市历史上最快，只用了20个交易日。而平均而言，此类下跌需要255个交易日。[44]

然而，由于算法价格螺旋下降（又称闪电崩盘flash crashes），市场下跌速度可能要快得多。2010年5月6日下午，美国股市在几分钟内下跌了5%~6%。然而，平均跌幅掩盖了当天的波动性，虽然由大型知名证券组成的道琼斯工业平均指数下跌了约2.5%，但300多只证券下跌了至少60%。价格恢复的速度几乎与下跌的速度一样快，到当天结束时，即便不是全部恢复，也已经恢复了大部分。[45]

这场闪电崩盘是由伦敦一名交易员提交了一份异常庞大的标普500指数（S&P 500）期货抛售订单引发的，他从未打算完成这一订单。本质上讲，这是一种自我实现押注，即标普500指数将下跌，同时能够从较低的价格中获利。[46]销售量飙升引发了一些交易算法抛售，进而引发了进一步的抛售，对整个市场产生了滚雪球效应，导致价格迅速下跌。这些算法似乎也有了自己的想法。

电视剧《恐慌指数》（*The Fear Index*）[47]将机构屈服于日益复杂的交易算法所带来的风险表现得淋漓尽致。这部惊悚剧以2010年5月6日的事件为背景。在故事中，一位科学家制作了一个程序，通过搜索互联网上的数据来预测未来事件，后来才意识到该程序参与了这些事件。

虽然这个故事纯属虚构，但在某种程度上，可能也反映出某种诡异的先见之明。2017年，人们估计，到2020年，网络连接设备的数量将翻一番还多，达到200亿台左右。[48]因此，人们可能想知道，连接的增长是否会增加未来更严重的闪存崩溃的风险。

在理想的世界里，自然语言处理算法可以搜索网络，进行交易，来应对情绪或新信息哪怕是最为细微的变化。价格变化将瞬时发生，或渐进发生，从而将市场效率提到更高的水平。然而，因为将交易算法暴露给社交媒体用户的情绪变迁可能会导致价格螺旋变化，而这是十分危险的，所以更高效的市场之路可能会充满荆棘和坎坷。即便如此，自然语言处理交易算法日益普及，可能会促使越来越多的散户投资者采取被动投资策略。毕竟，与使用高科技的老练投资者竞争需要时间，需要费用，也需要技能，这一切会使散户投资者难以做出其他选择。

案例研究 Stocktwits 平台：投资者的社交媒体

Stocktwits平台是一个面向投资者、交易员及金融市场专业人士的微型博客平台。[49]其特性及功能与推特（Twitter）相似。该平台的界面，加上该平台名字对推特帖子（即"Twits"）的明显认同，绝非偶然。因为Stocktwits最初出现时是一个构建在Twitter上的应用程序，尽管后来它已经迁移到了自己的平台上。[50]

Stocktwits平台上的用户最多可以在帖子中使用1 000个字符，这一数字远远超过推特的280个字符。这些帖子在证券的股票代码前面使用一个现金标签（即$符号），固定在个别证券上，[51]这样一来，微软（Microsoft）就变成了$MSFT。就像Twitter上的#（如#Microsoft）一样，现金标签可以帮助用户识别Stocktwits平台上的热门话题。然而，与推特不同的是，流行话题会水平显示在滚动区域。

此外，该平台还具有基于扇区的热图功能。这一功能有助于识别用户在前1、6、12及24小时内发布的股票所在的行业。关于某一特定行业股票的用户帖子数量越大，该行业在热图中所占的空间就越大。用户可以通过单击每个行业放大显示推动对话的成分股。与行业层面一样，职位数量较多的股票在热图上也会占据更多空间。价格上涨的股票以绿色显示，红色表示下跌；单击股票，用户就可以进入一个专用页面，该页面显示价格表以及与该股票相关的最新帖子。

不难看出，Stocktwits这样的平台对寻求衡量市场情绪的投资者是多么有用，尤其是因为它有利于基于成交量进行情绪分析。雅虎金融（Yahoo! Finance）是一个专注于金融的信息板，也是Stocktwits平台的竞争对手，事实上，对雅虎金融用户帖子的研究表明，如果能把与特定股票相关的帖子数量的大幅激增与情绪的重大变化联系起来，就可以用来预测极端的价格变动，至少可以预测15%的变动。[52]

Stocktwits成立于2008年，其目标是"将普通投资者和交易员联系起来，以便他们能够获利、学习及享受乐趣"。[53]显然，该平台强调建立关系，并力图与投资行业的其他部门有所不同。这一点在该公司创始人之一霍华德·林松（Howard Lindzon）的深刻言论中显而易见，霍华德·林松是一位直言不讳的博主，也是投资人，他在2016年写道，"我这个行业（风险投资和资产管理）似乎人性尽失了"。[54]

那么，这样说来，Stocktwits平台能够吸引那些对主流金融机构失去信心的人，也就不足为奇了。根据该公司首席执行官伊恩·罗森（Ian Rosen）的说法，自2007—2009年全球金融危机以来，人们已不愿意将资金委托给个人金融专家，他们转而去求助于他们信任的人际网络来帮助他们做出财务决策。[55]

此外，Stocktwits平台专注于吸引年轻投资者，这些年轻投资者非常熟悉数字技术，对在线合作态度更开放。[56]这种策略似乎有所起效，80%的Stocktwits平台用户年龄在45岁以下，平均而言，用户正变得越来越年轻。[57]

Stocktwits平台上的帖子审核严格，以防滥用。为此，该平台实施了严格的内部规则，以保持帖子"遵章守法、无垃圾邮件、契合主题"。[58]这些规则有助于确保内容质量，同时也可鼓励用户友好地合议。[59]该平台强调要建立一个由制作及共享优质内容的用户组成的健康社区，这一做法似乎正在发挥作用，在撰写本文时，Stocktwits拥有约200万用户。[60]这些用户高度投入，平均每天在平台上花费51分钟。[61]

Stocktwits平台严重依赖广告收入，广告收入约占其收入的60%。[62]因此，该公司正在设法使其收入来源多样化。2018年，该公司推出了一项高级聊天室功能，用户只需每月付费，就可以通过私人聊天室访问知名用户的独家内容。[63]这一价值主张很明确，因为研究表明，这些知名度高的用户与平台上的普通用户相比，更善于预测股价走势。[64]此外，高级聊天室功能可以让知名度高的用户将其内容货币化，[65]从而激励他们驻留平台并创建高质量的内容。

该公司随后又推出了另一项创新。2019年，该公司宣布推出免佣金交易应用程序，用户可以在不支付经纪费的情况下进行股票交易。[66]尽管税收及市场利差等其他交易成本仍然存在，[67]但此举大大降低了小型投资者的总交易成本。此外，该应用程序还允许部分股票交易，这样一来，用户就可以进行更小金额的投资。[68]

通过集成无佣金交易应用程序罗宾汉（Robinhood），Stocktwits平台多年来一直具备交易功能。[69]有了这一功能，用户就可以与Stocktwits社区分享他们的交易，[70]从而帮助成功交易者与追随者建立信誉。如此说来，Stocktwits平台推出自己的交易应用程序似乎是为了努力进一步将收入来源多元化。事实上，无佣金交易应用程序可以通过赚取客户存款利息或对杠杆交易等附加服务收费来实现其用户基础的货币化。[71]

Stocktwits等平台的日益普及会如何影响股市效率？（参考答案见本章末尾）

预测市场

信息在网络上传播时，表现为证券市场的价格变动。每一条新信息的出现都会影响人们对未来的预期，从而导致价格变化。交易者不确定价格是上涨还是下跌。因此，他们愿意以合适的价格进行交易，因为未来总是存在一定程度的不确定性。

网络的连通促进了这种不确定性的证券化，使市场参与者能够交易对未来事件的预测，如选举结果或天气状况。这种交易在平台上进行，这类平台称为预测市场。如果用户相信某个事件会发生，他们就会买入该事件；反之，如果他们认为某件事不会发生，他们就把这个事件卖掉。在预测市场上的交易与在金融市场上的交易非常相似，包括买卖价差。[72]

根据市场的不同，参与者使用真实或虚拟货币进行交易。在任何一种情况下，正确预测交易事件结果的一方都会从另一方赢得金钱，不管是虚拟的金钱还是真实的金钱。买入一个事件之后，如果事件发生，你就会从卖方那里赢到钱，而作为卖方，如果那个事件没有发生，你将从买方那里赢到钱。[73]

交易事件的"股票"报价通常在1至100美分之间。[74]买卖双方最终现金流的大小由交易价格与100美分之间的差额决定。[75]例如，如果你以55美分的价格买入某个事件的股份，而该事件确实发生了，你将从卖方那里得到45美分，而如果事件没有发生，你要向卖方支付55美分。

与所有市场一样，价格会根据买卖双方的平衡而波动。这样一来，正如股票价格反映了市场对相关公司财务前景的预期一样，一个事件的价格会随着市场对其未来发生的确定程度而上升或下降。因此，预测市场实际上是通过价格机制表达的民意调查。猜测未来事件时，用户"把钱放在嘴边"。因此，与回答调查时相比，他们可能会收集更多的信息并更仔细地考量自己的决定。

因此，这些市场有助于捕获及提炼分散的信息，因为价格机制会聚集有关交易事件可能性的信息，买卖双方之间的拔河应确保所有相关信息都反映在价格之中，而精明的交易者会确保异乎寻常的估测（即交易离市场中间价太远）不会改变市场共识。因此，预测市场使用市场价格作为共识概率估计，并将其作为预测工具，[76]如果特定事件的市场价格为58美分，则意味着市场认为该事件发生的概率为58%。

将价格用作预测工具的效率可以解释为市场迫使买方及卖方达成一致。由于买方相信交易会发生，他们可能会偏向于交易，而出于同样的原因，卖家也可能会对这一事件产生抵制性偏见。市场机制促使买卖双方达成妥协，从而抵消各自的偏见，只让相关信息来决定价格。

出于这一原因，预测市场可以信手拈来，预测未来结果。例如，在预测美国总统选举结果时，民意调查显示，预测市场在74%的时间里表现出色。[77]此外，微软内部使用预测市场来估计项目完成时间及软件缺陷的数量。[78]这并不奇怪，因为惠普（Hewlett-Packard）对销售预测的研究也表明，预测市场可以在75%的时间内完胜传统的预测工具。[79]

传统预测工具的用户必须权衡相互矛盾的证据才能得出预测，但用预测市场预测时，不需要这样的过程。因为价格的变化可以揭示最终结果，如果支持预测的证据更有力，价格将上涨50美分以上，因为这时买家超过卖家，反之亦然。此外，市场价格提供了一个更为细微的概率化视角，如果价格在任何一方都有很大的变动，这表明证据的力量强烈支持论点的这一方。但如果价格变动微不足道，那么预测的问题可能就更加微妙，难以判断。

因此，预测市场有助于收集分散且往往很复杂的信息。[80]因此，有助于防止出现信息瓶颈，即"分析瘫痪"（paralysis by analysis）。市场机制能够确保在价格中只反映相关重要信息，因此有助于过滤噪声。这种影响类似于市场经济中价格的作用，因为价格有助于促进资源分配。如果没有外部价格信号，管理层将难以收集及量化与商业决策相关的所有信息。[81]因此，预测市场可以让管理层在其组织内部使用价格机制，作出并非严格意义上与货物及服务供应相关的决策。这样，预测市场可以让管理层综合量化内部信息，这比使用其他决策工具更容易。

此外，价格机制还提供了一层匿名性，员工就可以表达一些保密、令人不快或管理层不知道的信息。这样一来，预测市场就可以作为一种从一线到高级管理层的自下而上的反馈机制。理论上讲，价格应该随着市场参与者了解的新信息而调整。因此，使用内部预测市场可能比使用其他公司监督工具更快，可以让管理层以一种更快的方式捕捉"实地变化"。[82]

在一个高效的预测市场中，非交易观察者可以根据其他人的交易收集信息。从理论上讲，保险公司可以使用预测市场来评估风险的可能性，否则这些风险将难以量化，例如运营风险（"op risk"）事件——公司内部因人员或流程失误而出现问题时，往往不会广为宣传。因此，有关运营风险一般事件的可用数据非常少，保险公司很难估计其概率，这样一来，保险费的计算便更加复杂。

为了收集运营风险数据，保险公司可能会通过向其公司某一客户的员工开放的内部预测市场提出以下问题，在未来12个月内，我们组织内将发生一起事故，造成超过100万美元的损失。这样一来，面向预测市场的员工可以帮助保险公司估计运营风险事件的可能性及可能造成的影响。保险公司还可以邀请多个客户参与同一预测市场，从而增加样本量，以便更好地估计其客户群中的运营风险。这一举措对保险公司客户的好处应该是显而易见的，因为更优质的信息有助于保险公司更准确地评估风险，进而转化为更有竞争力的保险费。此外，通过分析每个参与组织的回复，保险公司还可以帮助其客户了解他们与同行之间的关系，进而鼓励高风险客户采取预防措施。

内部市场可用于预测，从而降低风险，外部预测市场也可用于风险管理。由于外部预测市场对潜在的更多参与者开放，因此从理论上讲，外部预测市场应该比内部市场更有效。不难想象，保险公司有朝一日可能会利用真实货币外部市场来降低自己动手的风险。例如，汽车保险公司可以利用外部预测市场购买9月至3月半年期间高于平均水平的降水量，以降低恶劣天气条件导致的比预期更大的车祸风险。如果降水量低于预期，保险公司将在预测市场中遭受损失，但可以通过减少保险索赔而有所补偿，而如果降水量超过预期，保险公司将在预测市场中获利，从而获得超出预期保险索赔的补偿。

这样一来，公司就可以利用外部预测市场来降低风险。然而，并非所有风险都可以在外部预测市场交易，因为这些市场需要一个客观的基准来确定每个交易事件的结果。例如，在平均降水量市场中，可以参考气象部门对结果进行独立验证。在处理更具体的风险时，例如组织内部的事故，就不存在客观的基准，因此运营风险事件通常不适合在外部市场进行真实货币交易。

作为一种降低风险的工具，外部预测市场与期货市场非常相似，期货市场已经存在了几十年。期货是一种从另一种资产或商品的价格中获得价值的证券（因此期货是一种常见的"衍生"证券），它允许市场参与者在不持有所述标资产或商品的情况下，对资产或商品的未来价格进行投机。

因此，企业可以利用这些市场来降低风险。例如，一家大型巧克力棒制造商可以购买可可期货，来对冲可可价格的上涨。在可可价格下跌时，制造商失去了期货头寸（futures position），但因为可可更便宜，该制造商就可以从较低的成本投入中获益，而当可可价格上涨时，较高的原材料成本可以用期货头寸的利润来抵消。

诚然，期货也并非完美，因为期货往往会被标准化为大型合同规模——只有作为大型组织的风险缓解工具使用时才真正实用。由于洲际交易所可可期货的合同规模为10吨，[83]所以可可期货对于较小的巧克力制造商来讲并不实用。但是，如果需要15吨可可来制作巧克力棒，你就可以使用一个或两个期货合约来抵消价格上涨的风险。无论是哪种情况，你都将还要受到可可市场价格波动的左右，因为期货头寸的规模要么无法抵消您的购买成本，要么就会大大超出您的购买成本。

如果我们无法将真实世界的商业风险与综合金融风险完全抵消，就会出现这种情况，因为风险管理工具（即期货合约）本身过于迟钝，过于工具化。要想解决这一问题，公司可以通过预测市场创建并交易更多定制预测来降低风险。这样一来，小公司就可以利用这些市场在更细粒度的基础上降低风险。与主流金融市场提供的工具相比，互联网更开放，覆盖面更大，可以让公司使用更精确、规模更小的风险缓解工具。

尽管预测市场前景光明，但尚未广泛用于降低风险。缺乏大量的市场参与者、预测市场的流动性不比主流金融市场等因素，削弱了它们作为风险缓解工具的吸引力。我们或许需要大型社交媒体或电子商务平台进入该领域，因为这些媒体及平台的用户基础足够大，可以确保必要的市场效率。

> **案例研究** Augur 预测市场：分散预测市场

Augur是一个点对点预测市场，它由一个开源协议管理，该协议规定了不同计算机之间的交互方式。Augur平台托管于世界各地通过点对点网络连接的多个独立服务器之上。因此，这是一个分散的预测市场。[84]

交易以加密货币，即数字代币结算，用户可以在没有中间人的情况下进行在线交易（见第五章）。Augur平台不处理用户资金，它允许用户在绑定框架内直接进行交易。用户交易某一个事件时，用户在网络中持有资金，平台上的管理协议根据交易事件的结果为用户之间的资金转移提供便利。有了这种便利，任何人都可以匿名参与Augur预测市场。[85]

交易以Ether结算，Ether是一种流行加密货币，它独立于Augur平台。网络上的其他交易，如支付债券及费用（见下文），用Augur代币结算，这种代币叫作Reputation。[86]这两种代币在众多加密货币交易所都可以与比特币（最知名、流动性最强的加密货币）进行交易，因此最终可转换为传统的法定货币（即美元、欧元等）。

任何人都可以为预测创造市场。创建伊始，市场创造者发布一份债券，一旦交易事件成功结算，即买方或卖方获利时，该债券将退还创造者，并加上创造费用。如果结果无法验证，创造者就会失去他们的债券。因此，创造者会受到激励，努力为明确无误、时间有限、结果可以客观验证的事件创造市场。[87]

创造者需指定一个独立来源，如主流新闻网站，稍后这一来源将用于验证交易事件的结果，这是市场创建过程的一个部分。然后，验证事件结果的任务就落在了一组叫作"通讯员"（reporter）的用户身上。同样，这些"通讯员"可以是任何人，关键的要求就是每个"通讯员"在一开始就要发布一份债券。[88]

验证过程如下：交易结束后（即在规定的时间范围内发生或未发生事件），通讯员通过将债券押在正确预测结果的市场一侧，对结果进行投票。位于市场错误一侧的通讯员就会失去他们的债券，这些债券将在市场正确方的通讯员之间重新分配。这些正确方的通讯员还会收到一笔费用，这是他们的回报。[89]

因此，通讯员们更愿意说出真相，也许更含蓄地说，他们只同意报道可以客观核实的事件。此外，由于Augur社区提供七天的窗口期，可以对任何报告决定提出质疑，这样一来，交易员及通讯员之间的共谋风险降到了最低。成功质疑报告决定的各方将获得经济奖励。[90]这种开放性，再加上诚实的强烈动机，有助于确保结果核查机制稳健运行。

如果Augur也实施类似PredictIt市场实施的那样的限制，来获得美国商品期货委员会（CFTC）的不采取行动函（no-action letter），将如何影响平台上的交易？（参考答案见本章末尾）

本章总结

自20世纪90年代以来，网络让更多的人进入金融市场，并为人们提供更优质的信息，跑赢大盘也因此变得越来越困难。因此，普通投资者受到被动投资策略的吸引，这种策略要依赖老练的投资者来确保市场对人们持续有效，这听起来有些荒谬。

为了保持领先地位，一些投资者使用自然语言处理算法从社交媒体中收集数据，希望在市场情绪变化表现为价格变化之前检测到市场情绪的变化。与此同时，其他知名投资者通过聚焦投资的社交媒体平台传播他们的见解，寻求将其专业知识货币化。

因此，一批以博闻广识的影响者为核心的参与者可以助力形成市场共识。虽然大型算法投资者会通过交易主导市场，但知名的影响者也可以通过社交媒体平台影响市场情绪，进而影响价格变动。所以，这些平台正迅速成为现实世界（如社交媒体所反映的情况）和金融市场之间的关键信息渠道。从理论上讲，将获取金融市场专业知识（通过社交媒体）民主化，缩短新信息在市场价格中体现的时间（通过自然语言处理驱动的交易算法），会使金融市场更加高效。

如此说来，社交媒体内容与任何其他市场信息并没有什么不同，因为这些内容通常不甚确定、相互矛盾，有时甚至可能会产生误导。考虑到这种先天不确定性，只要在线信息仍然陷于不完美的窠臼，就不可能存在一个完全高效的市场。

尽管如此，网络及金融系统似乎正在合为一体。比如在过去，人们必须打电话给经纪人才能进行投资，那时候的金融市场及生活的其他事物之间有着更为明确的界限。而如今，随着金融系统连接到越来越多的设备（笔记本电脑、手机、平板电脑等），这一界限变得越来越模糊。

此外，网络正在缓慢地分散金融系统，使个人能够通过网络中介直接进行交易。这增加了金融系统的流动性，同时也扩大了可供出售证券的范围。投资者可以从预测市场的出现中明显看到这种变化，预测市场可以让投资者将不确定性证券化并进行交易。有朝一日，公司也可以利用这些市场来管理风险，与使用传统金融工具相比，这种方式对其业务而言更具针对性，粒度更细。

然而，当前的平台不够大众，流动性也不够，导致这些市场的效率还不足以用于风险缓解。

在本章开头，我们就已提出，经济和互联网的相似之处在于它们都是市场。说来说去，价格是信息渠道，网站及消息应用程序亦如此。下一章，我们将探讨金融不断数字化对网络安全所产生的影响。

终极锦囊

本章最重要的理念是：

- 数字化让金融市场更具流动性，更具效率。
- 社交媒体及证券市场是网络与金融系统之间的信息渠道。
- 数字化带来了新的投资及管理风险的方法，如社交媒体情绪分析。

讨论要点参考答案

Stocktwits等平台的日益普及会如何影响股市效率？

Stocktwits就是一个例子，它表明更大的连通性可以让更多的人进入金融市场。通过Stocktwits等平台的自由流动和信息交换，投资者能更容易接触到投资研究——事实上就是众包了金融专家。

由于大量用户及自由流动的信息是股市效率的关键先决条件，Stocktwits等平台更为大众，可能会有助于提高市场效率。通过促进对相同证券感兴趣投资者的相互联系，Stocktwits等平台可以助力收集及传播价格相关信息。理论上讲，这有助于确保市场价格反映所有相关信息，因为Stocktwits用户会通过交易影响这些价格变化。

此外，增加无佣金交易应用程序的数量，也可以强化这种影响，这些应用程序可以与聚焦金融的社交平台集成。这些应用程序可以降低小型投资者的交易成本及头寸规模，从而扩大市场参与者的数量，进而有助于增加市场流动性。

不幸的是，Stocktwits等平台也可能会为创建危险的反馈循环推波助澜。如果某只股票的成交量及情绪（积极或消极）上升，而且这是由交易算法引起的，那么价格变动（上涨或下跌）加剧可能会恶化现有情绪，并引发更多的交易算法的操作，进而提高市场波动性。因此，Stocktwits等平台的日益普及对市场效率及稳定性既带来了好处，也带来了风险。

如果Augur也实施类似PredictIt市场实施的那样的限制，来获得美国商品期货交易委员会（CFTC）的不采取行动函（no-action letter），将如何影响平台上的交易？

短期之内，或与美国商品期货交易委员会不采取行动函有关的积极宣传可能会扩大用户基础，从而提高平台的流动性。此外，监管机构暗中对其活动的支持也可能会增强平台的吸引力，吸引更多用户。在最佳状态下，这可能会对用户数量产生滚雪球效应——更多用户加入该平台，市场变得更具流动性，进而吸引更多用户加入该平台。

然而，从长远来看，对每个市场的持仓规模及用户数量的任何限制都可能限制对大型玩家的吸引力。因此，对于希望将Augur用作风险管理工具的公司来说，该平台可能没有多大用处。

最后，问题仍然是在Augur平台上限制用户交易在技术上是否可行。作为一个开源平台，该软件在互联网上可供所有人查看及使用。因此，平台限制很可能会推动山寨平台的兴起，或许到那时，监管机构对分散预测市场采取任何行动都为时已晚。

参考文献

1 Worldpay (2018) Global payments report: The art and science of global payments

2,3,4,5,6,81 Hayek, F A (1945) The Use of Knowledge in Society, *The American Economic Review*, 35 (4), 519–30 (September)

7 MailOnline (2018) British millionaire spends £330,000 on a single round of champagne... and needed 12 staff to help him serve it, 9 September, www.dailymail.co.uk/news/article-2332675/British-millionaire-spends-330-000-single-round-champagne--needed-12-staff-help-serve-it.html (archived at https://perma.cc/L76G-8LHL)

8 Galton, F (1907) Vox populi, *Nature*, 75, 450–51 (March)

9 Surowiecki, J (2004) *The Wisdom of Crowds: Why the many are smarter than the few and how collective wisdom shapes business, economies, societies and nations*, Random House, New York

10,11,12 Chen, J (2018) Bid and Ask, Investopedia, 4 August, www.investopedia.com/terms/b/bid-and-ask.asp (archived at https://perma.cc/J2ZC-PBNH)

13,15 Markets Committee (2018) Monitoring of fast-paced electronic markets, Bank for International Settlements, www.bis.org/publ/mktc10.pdf (archived at https://perma.cc/H9NR-P4U9)

14 Ding, L and Hiltrop, J (2010) The electronic trading systems and bid-ask spreads in the foreign exchange market, *Journal of International Financial Markets, Institutions & Money*, 20 (4), 323–45 (October)

16,17,18,19,20,21 Fama, E (1970) Efficient Capital Markets: A Review of Theory and Empirical Work, *Journal of Finance*, 25 (2), 383–417

22 FTSE Russell (2020) FTSE 100 Index, 30 April, research.ftserussell.com/Analytics/FactSheets/Home/DownloadSingleIssue?issueName=UKX (archived at https://perma.cc/EQJ5-Z6RR)

23,25 McWaters, R J, Blake, M, Galaski, R, Chubb, C K, Uykur, D, Blickling, A and Münch, T (2018) The New Physics of Financial Services: Understanding how artificial intelligence is transforming the financial ecosystem, World Economic Forum, 15 August, www.weforum.org/reports/the-new-physics-of-financial-services-how-artificial-intelligence-is-transforming-the-financial-ecosystem (archived at https://perma.cc/B4EH-LRKM)

24 Marriage, M (2016) Passive funds take third of US market, *Financial Times*, 11 September, www.ft.com/content/4cdf2f88-7695-11e6-b60a-de4532d5ea35 (archived at https://perma.cc/V6X8-8FXE)

26,27,37,52 Al-Ramahi, M, El-Gayar, O, Liu, J and Chang, Y (2015) Predicting big movers based on online stock forum sentiment analysis, in Twentieth Americas Conference on Information Systems, Savannah, USA

28,30,35 Nadkami, P M, Ohno-Machado, L and Chapman, W W (2011) Natural language processing: An introduction, *Journal of the American Medical Informatics Association*, 18 (5), 544–51 (September)

29,31,34,36 Otter, D W, Medina, J R and Kalita, J K (2018) A Survey of the Usages of Deep Learning in Natural Language Processing, University of Colorado Springs, 27 July, arxiv.org/abs/1807.10854 (archived at https://perma.cc/XMZ2-UC4Z)

32,33 Might, M (2015) What is parsing? [video], www.youtube.com/watch?v=V6LiAtG_0QI (archived at https://perma.cc/RMH6-RD4F)

38,39,64 Coyne, S, Madiraju, P and Coelho, J (2017) Forecasting stock prices using social media analysis, in IEEE 15th International Conference on Dependable, Autonomic, and Secure Computing, Orlando, USA

40,41,42,43,49 Deng, S, Huang, Z, Sinha, A and Zhao, H (2018) Can social media affect stock market performance? [Blog], London School of Economics, 19 September, blogs.lse.ac.uk/businessreview/2018/09/19/microblogging-sentiment-and-stock-returns/ (archived at https://perma.cc/6CQS-7TKC)

44 Winck, B (2020) The Dow plunged into a bear market in just 20 days – the fastest 20% drop in history, Business Insider, 12 March, markets.businessinsider.com/news/stocks/dow-index-bear-stock-market-20-days-fastest-history-coronavirus-2020-3-1028989775?op=1 (archived at https://perma.cc/7EVG-9Z2Z)

45 U.S. Commodity Futures Trading Commission & U.S. Securities & Exchange Commission (2010) Findings regarding the market events of May 6, 2010: Report of the staffs of the CFTC and SEC to the Joint Advisory Committee on Emerging Regulatory Issues, 30 September

46 The United States Department of Justice (2016) Plea agreement: United States v. Navinder Singh Sarao, 9 November. Court docket number 1:15-CR-00075-1

47 Harris, R (2011) *The Fear Index*, Random House, New York

48 Gartner (2017) Gartner says 8.4 billion connected 'things' will be in use in 2017, up 31 percent from 2016, 7 February, www.gartner.com/en/newsroom/press-releases/2017-02-07-gartner-says-8-billion-connected-things-will-be-in-use-in-2017-up-31-percent-from-2016 (archived at https://perma.cc/U4HB-T3TW)

50,53,60 Stocktwits (2019) About us, about.stocktwits.com/ (archived at https://perma.cc/M5VR-LS3B)

51,57,59,61,62 Archer, S (2017) A company that's trying to teach millennial 'noobies' how to invest is growing like crazy, Markets Insider, 6 September, markets.businessinsider.com/news/stocks/stocktwits-ian-rosen-teach-millennial-noobies-how-to-invest-2017-9-1002346294 (archived at https://perma.cc/2GEV-PKSK)

54 Lindzon, H (2016) The Future of Asset Management…the State of Venture Capital… and Goldman Sachs is Spamming me [Blog] Howard Lindzon, 11 April, howardlindzon.com/the-future-of-asset-management-the-state-of-venture-capital-and-goldman-sachs-is-spamming-me/ (archived at https://perma.cc/Q8JZ-9THX)

55,56 Chowdhry, A (2017) How Stocktwits is building upon its social platform for millennials, *Forbes*, 10 October, www.forbes.com/sites/amitchowdhry/2017/10/10/how-stocktwitsis-building-upon-its-social-platform-for-millennials/#76ce8cf921b4 (archived at https://perma.cc/X3Z7-JTU5)

58 Stocktwits (2019) ST rules, stocktwits.com/st/rules (archived at https://perma.cc/XJ7M-MQ79)

63,65 PRNewswire (2018) Stocktwits to announce groundbreaking premium rooms at Stocktoberfest West to connect users with industry leaders, Yahoo! Finance, 23 October

66,68,69 Muhn, J (2019) Stocktwits Launches Free Online Trading, Finovate, 18 April, finovate.com/stocktwits-launches-free-online-trading (archived at https://perma.cc/WY7F-8LWG)

67 Stocktwits (2019) Trade App Commissions and Fees, content.stocktwits.com/Commissions and Fees.pdf (archived at https://perma.cc/K686-94TL)

70 Stocktwits (2015) We Teamed Up with Robinhood to Bring True Social Trading to the Stocktwits Community, The Stocktwits Blog, 20 November, blog.stocktwits.com/we-teamed-up-with-robinhood-to-bring-true-social-trading-to-the-stocktwits-community-3c52a909f6aa (archived at https://perma.cc/E9PG-TNFY)

71 Cheng, E (2018) How commission-free trading app Robinhood tries to make money, CNBC, 11 May, www.cnbc.com/2018/05/11/how-commission-free-trading-app-robinhood-tries-to-make-money.html (archived at https://perma.cc/ACQ3-9ELE)

72–76 Yeh, P F (2008) Using prediction markets to enhance US intelligence capabilities: A 'Standard & Poors 500 Index' for intelligence, Central Intelligence Agency, 26 June

77 Berg, J E, Nelson, F D and Rietz, T A (2008) Prediction market accuracy in the long run, *International Journal of Forecasting*, 24 (2), 285–300 (April–June)

78 Berg, H (2007) Prediction Markets at Microsoft [Lecture], Microsoft Corporation, 1 November, users.wfu.edu/strumpks/PMConf_2007/HenryBerg(PredictionPoint%20 KC%20 071101).pdf (archived at https://perma.cc/W5MB-ZVN3)

79 Chen, K Y and Plott, C R (2002) Information aggregation mechanisms: Concept, design and field implementation for a sales forecasting problem, California Institute of Technology, Social Science Working Paper 1131 (March)

80,82 O'Leary, D (2011) Prediction Markets as a Forecasting Tool, *Advances in Business and Management Forecasting*, 8, 169–84

83 Intercontinental Exchange (2019) ICE futures US: Cocoa Futures, www.theice.com/products/7/Cocoa-Futures (archived at https://perma.cc/C3S6-7KPF)

84,85,86,91,93 Forecast Foundation (2019) Frequently asked questions, www.augur.net/faqs (archived at https://perma.cc/7VFK-LUVK)

87,88,89,90 Peterson, J, Krug, J, Zoltu, M, Williams, A K and Alexander, S (2018) Augur: a Decentralized Oracle and Prediction Market Platform (v2.0), Forecast Foundation, 12 July, www.augur.net/whitepaper.pdf (archived at https://perma.cc/2X7K-MN2E)

92,95 Orcutt, M (2018) This new blockchain-based betting platform could cause Napster-size legal headaches, MIT Technology Review, 2 August, www.technologyreview.com/s/611757/this-new-ethereum-based-assassination-market-platform-could-cause-napster-size-legal/ (archived at https://perma.cc/27QC-ARZT)

94 Leising, M (2018) Crypto Prediction Market on Blockchain Raises Regulatory Concerns, *Insurance Journal*, 27 July, www.insurancejournal.com/news/national/2018/07/27/496202.htm (archived at https://perma.cc/U6ST-MKJT)

96,97,98 U.S. Commodity Futures Trading Commission (2014) CFTC letter no. 14-130: No-action, 29 October

第七章

金融科技的陷阱及机遇

> **学习目标**
>
> 本章结束时,你将了解:
>
> - 新技术及创新如何成为风险源头。
> - 风险管理系统必须具有适应性及前瞻性。
> - 为什么风险应该处于每种商业模式的核心。
> - 文化如何塑造风险管理,以及如何在金融科技环境下正确实施风险管理。

本章将总体研究金融机构面临的技术性风险。本章的主要关注点与金融科技密切相关，那就是云计算环境下的数据安全。此外，本章还将探讨使用算法预防及侦查网络犯罪的一些优缺点。

人们普遍认识到，在2007—2009年全球金融危机之前，金融机构承担的风险与全行业董事会监控的风险之间存在差异。因此，这种治理失败可以视为导致危机的一个因素。[1]因此，金融服务业的风险管理在专家人员、系统及治理方面越来越成熟。金融服务机构，无论大小，再也承受不起风险管理的错误。本章将谈到那些试图利用技术扰乱金融机构、窃取金融机构或其客户或以其他方式损害社会的人，这一群体包括欺诈分子、洗钱分子、恐怖分子、黑客及其他不受欢迎的人。这些犯罪分子正在不断通过创新来利用企业的安全漏洞。因此，金融机构面临的威胁正以前所未有的速度演变。

考虑到这一点，希望读者能够重新认识到金融科技环境下的风险管理，让风险管理成为商业模式的核心部分，而不是去做事后诸葛亮。当然，这取决于一个关键因素，就是要发展具有风险意识的组织文化。因此，本章最后将探讨这种组织文化在风险管理中所起的作用。

技术风险及机遇

更大的全球连通性会带来更多的机遇及风险。虽然自20世纪80年代以来的经济自由化扩大了国际贸易，并促进了世界各地的繁荣，但也为犯罪分子及其他不良行为者开辟了新的贸易渠道，技术的进步使他们更容易跨司法管辖区运作。[2]

电信诈骗——在呼叫中心进行的诈骗——就是一个很好的例子。呼叫中心工作人员运用高压销售策略，诱使受害者（通常是老年人或其他弱势群体）购买价值明显被高估的产品，甚或是毫无价值的产品。[3]尽管有执法行动、广泛媒体报道及多部关于这些骗局的好莱坞电影，电信诈骗仍然存在。例如，在欧盟内部，他们通常在东欧或南欧国家以外开展业务，雇用母语为英语的人来迎合英国及爱尔兰投资者的天真和贪婪。

电信诈骗很难对付，因为它们往往会以居住在不同管辖区的人，而不是它们所在地的人为诈骗对象，[4]这能让他们逃避地方当局的注意，至少一开始时不会引起注意。真的开始执法时，往往会涉及来自多个司法管辖区的警察，会导致大规模的资源调动。如此一来，犯罪分子就可以利用人员及资本的自由流动来达到邪恶的目的——一边使用通信技术联系受害者，一边利用地理距离保护自己免受审查及执法行动的影响。

如果没有廉价易用的通信技术，这一切就不可能实现。与初创企业一样，犯罪分子也寻求利用技术来挖掘缺陷，他们挖掘的不是市场缺陷，而是人类心理、法律及安全体系的缺陷。因此，廉价的通信技术对某些人来说是机会，对其他人来说可能就是风险。

此外，罪犯分子不断创新手段。他们会根据新的商业模式及技术调整策略，加以利用，这导致经常迫切需要客户的金融科技初创公司很容易被不良分子盯上。毕竟，金融科技公司的安全及风险管理系统不太可能像大型银行那样先进。因此，初创企业从一开始就必须保持警惕，较成熟的组织可能因其规模而成为很有吸引力的目标，而小型初创企业则因其暴露出的缺陷而吸引犯罪分子。

从某种程度上讲，技术降低了进入犯罪领域的门槛。[5]在过去，一个人想要盗窃就需要走出家门。而现在，这些不良分子可以从世界的另一边通过数字技术实施盗窃。互联网让金融科技公司更容易接触到潜在客户，也让犯罪分子更容易联系到潜在目标，而且更具成本效益。

相比之下，打击网络犯罪并不便宜，[6]因为进入网络空间的不良分子越多，就需要投入越多的资源来抵御他们。此外，金融机构及执法部门并非资源无限——这些组织需在同一个人力资源库中竞争，以吸纳应对网络威胁的人才。这样一来，可以说网络罪犯更具有成本优势。

因此，执法机构及金融部门有责任团结一致，打击各种不良行为，从恐怖分子及洗钱分子到欺诈分子及黑客。[7]如同所有战争一样，结成联盟就可以先于敌人一步取得优势。不幸的是，这战争会无休无止。虽然不能根除所有的不良行为者，但良好行为人可以先发制人，以适应性良好的创新方式来应对威胁，进而挫败并遏制罪犯。

为什么要关心风险管理及金融犯罪

据估计，网络犯罪每年会给全球经济造成约6 000亿美元的损失。[8]对于个体企业而言，网络犯罪可能会产生重大影响，因为它可能导致补救费用和审计费用的开销，甚至可能被提起诉讼。[9]此外，网络犯罪造成了巨大的机会成本，因为企业需要不断在网络安全上投入时间及金钱，却无法将这些资源用于业务的其他地方。[10]不仅如此，任何针对客户的违规行为，比如丢失数据，都可能损害公司的声誉及品牌形象，同时也会给客户带来不便。这种状况让以客户体验为中心的金融科技初创公司显得尤其脆弱。因此，风险管理应该成为金融科技初创公司业务模式的核心关注。

此外，监管干预者态度傲慢，是风险管理的另一个潜在不利因素。例如，根据《通用数据保护条例》，欧盟及英国的公司可能因未能保护客户数据而被处以2 000万欧元或全球收入的4%以上的罚款。[11]2019年，英国信息专员办公室宣布，将对英国航空公司（British Airway）的网站漏洞（该漏洞导致50万名客户的个人信息被盗）处以1.83亿英镑的罚款。[12]此外，在许多司法管辖区，高级管理层越来越难隐藏在组织背后坐享其成。例如，在英国，高级管理和认证制度要求高级管理层对其公司内部的监管失误负责。[13]这就要求高级管理人员积极主动地为公司遵守法律法规承担责任。在全球反洗钱法规中也可以看到类似的规定。尽管不同司法管辖区的法规可能有所不同，但个人通常会因未能报告可疑交易而承担刑事责任。

最后，打击犯罪在道义上十分必要。无论在数字领域还是物理领域，犯罪都会破坏社会结构，犯罪一旦失控，就会破坏政治及民主体制。此外，犯罪也会伤害个人，比如，一个80多岁的老奶奶，可能把毕生积蓄都给了一个骗子，她就是某人的祖母，可能就是你的祖母！因此，可以说，在切实可行的范围内，防止伤害他人是有道德依据的。

云系统的安全弱点

云解决方案受到许多金融科技初创公司的青睐，因为有了这些方案，就可以对计算资源进行灵活访问。由于小型金融科技公司的运营预算通常很低，因此依赖基于云的基础设施可能是这些公司的不二之选。然而，云计算与大多数技术一样，也有其自身的风险。

对云服务的依赖几乎无处不在，一项针对北美、亚洲及欧洲信息技术专业人员的调查发现，在2018—2019年，在云上存储数据的组织比例（其中大多数是敏感数据）从约50%增长到约70%。[14]然而，这种做法并非没有风险，因为外包部分系统，这些组织向犯罪分子敞开了更多方便之门。[15]

此外，业界似乎普遍缺乏对云使用程度的认识。一项调查要求11个国家的信息技术专业人员估计其组织内使用的云解决方案的数量，平均估计数值严重低于1 935这一真实平均数值。虽然这一数字似乎高得离谱，但考虑到许多主流应用程序在某种程度上都是基于云端，这一数字就变得越来越合理了。主要的例子包括社交媒体（如脸书）、电子邮件（如Gmail）、协作（如Microsoft OneDrive）和文件存储解决方案（如Dropbox），此外还有许多在"一切即服务"（Everything-as-a-Service，XaaS）范式中不太明显的解决方案。[16]

对云解决方案缺乏认识可能会在组织系统中造成漏洞。对云使用情况监督有限的组织有可能会部署基于云的应用程序，这些应用程序在不同业务部门之间、部门及用户之间的配置并不一致。这就可能会在应用程序的安全设置中留下漏洞，而这些漏洞就可能会被不良分子利用。[17]

因此，本质上的治理缺陷（即缺乏监管）增加了风险，如果没有推出快速增长的云服务，这种情况就不会出现。考虑到约83%的使用云的组织将敏感数据存储在云上，[18]企业必须将其云解决方案视为其网络安全职责的一部分。

依赖云计算会带来独特的风险。将不同组织的数据放在同一台服务器上，可能会混淆这些数据，从而造成破坏。此外，数据尽管可以从服务器上删除，但可能会留下印记。如果没有适当的对策，这些先天的缺陷可能会被不良分子利用。[19]

当客户将数据交给组织托管时，几乎不（即便有的话也很少）会考虑这些组织的云提供商。因此，组织使用云服务时，会代表其客户信任外部组织。这样一来，一条依赖链会迫使组织在选择使用云服务时采取系统观点，[20]换句话说，组织要因此接受监督，因为这也是其业务的一部分。这就意味着要让云提供商遵守组织要求自己遵守的风险管理及安全标准。组织需要问自己，如何以及为什么要信任云提供商及客户的数据。[21]这就需要确定解决方案提供商是否有适用的安全系统，以及解决方案提供商是否采用了最佳数据保护措施。[22]

不幸的是，云提供商的系统安全级别有所不同。例如，据估计，每十个提供商中只有不到一个提供商会对静止数据（即未使用或传输的数据）进行加密存储。[23]这种状况凸显出一个问题——尽管存在竞争压力，但服务提供商依然可以而走捷径，而且也会选择走捷径，而考虑到保持客户数据安全是客户的首要需求，人们可能会反过来认为，在云计算这样的商业模式中，提供最大程度的安全保障应该是理所当然的事情。

依赖云解决方案也会对业务连续性规划产生影响。[24]如果关键业务云提供商倒闭，即使是暂时无法提供服务，业务将受到何种影响？可以采取哪些备份措施？这些问题需要被当作部署云解决方案的一部分问题来考虑，而且最好是提前考虑。因此，企业必须将关键业务云提供商视为关键供应商，并进行相应处置。

在云依赖的组织中检测潜在威胁这件事本身就很困难，这主要是因为这些组织平均每月会产生32亿个独特事务（例如文档编辑、用户登录、文件下载等）。[25]其中约31个会造成威胁，剩余事务均为良性，这就会产生亿分之一的信噪比，[26]使得威胁检测比大海捞针还要困难。

因此，如果没有自动化处理，检测系统会因数据量过大而拥堵。[27]此外，不良分子经常试图通过模仿正常用户行为来隐匿自己的行为。[28]为了解决这一问题，各个组织部署了机器学习算法来检测微小异常，进而识别不良行为者。

利用机器学习打击网络犯罪

交易量及不良行为人日益复杂,给金融机构造成了检测成本:[29]若未能检测到金融犯罪,会产生损失,同样,误报会给客户带来不便,浪费员工时间。基于以上考虑,各个组织开始转向自动化处理,最大限度检测不良行为者,同时最大限度地减少误报。

金融机构利用机器学习及数据挖掘算法构建甄别机制,自动处理明显恶意的交易,将更复杂的案例留给人类审查。[30]这样一来,自动化可以帮助组织筛选大量数据,更有效地利用员工时间。

如上所述,恶意交易与良性交易的信噪比较低,可能会带来问题,因为真阳性样本较少,让算法很难识别相符的模式。[31]因此,部署有监督学习算法而不是无监督学习算法是有充分理由的。事实证明,在检测信用卡欺诈领域,无监督学习算法与有监督学习算法结合使用比单独使用这两种方法更为有效。[32]

不幸的是,金融机构往往缺乏关于所受攻击的完整信息。例如,如果客户的计算机遭到黑客攻击,那么银行除了最终捕获的数据之外,不太可能拥有更多信息。因此,金融机构必须了解此类攻击与常规客户交互有何不同。例如,自动窃取客户资金可能会遵循正常的客户流程,例如在转出资金之前检查账户余额。如果这个过程只用了几秒钟,而任何人都不可能在这么短时间内完成这一操作,那么就可以自行识别这一攻击。[33]

这样一来,收集更详细的数据成为打击网络犯罪不可或缺的一部分。因为攻击一旦发生,遭到攻击的目标必然会遭受一些损失,例如,在网上银行欺诈案件中，追回损失资金非常困难，而且代价不菲。[34]虽然早期发现可以最大限度减少损失，但预测则可以防止损失。因此，各组织必须校准检测算法来预测攻击。[35]

事实证明，算法可以有效对抗不良分子不断演进的战术。[36]这是因为算法可以发现大型数据集中的小异常，[37]从而标记出网络罪犯的潜在"创新"；由于恶意交易的数量相对于总交易量而言很低，因此最好集中精力识别异常行为及已知的攻击模式。[38]当然，这些任务不需要使用相同的算法来执行。

在实践中，设计者需要在发现异常和模式识别之间取得平衡，换句话说，就是要平衡预防及检测。此外，由于不同组织具有不同业务模式，所以存在不同漏洞，需要根据面临的风险程度调整预防措施。[39]

虽然算法可以有效地检测，甚至预防恶意交易，但良好行为者需要领先一步。"道德黑客"可以帮助组织实现这一目标——他们尝试破坏组织的系统，以暴露其中的漏洞。尽管道德黑客通常活跃在网络安全领域，但也有理由让他们去暴露金融机构反欺诈或反洗钱程序中的漏洞。

黑客不一定非要部署什么"高科技"方法，在网络威胁迅速演变的这个世界里，人们很容易忽视更多的现实弱点。例如，道德黑客可以将带有公司品牌的U盘寄给公司的首席技术官（CTO），然后由首席技术官将这些U盘交给技术团队的成员，在一个组织的信息技术部门内安装密钥记录软件。这就是一个"社交黑客"的例子，因为入侵者可以利用公司品牌及公司首席技术官的权威来消除潜在的疑虑。可以想象，如果该U盘不是该公司的，就可能会引发安全问题。

虽然预测算法及道德黑客可能有助于防止攻击，但这些也只是战术干预。为了进一步隔离潜在的攻击者，金融服务机构需要从整体角度来处理数据安全问题，从而取得更高站位。例如，他们可以对需要隐藏的数据流进行结构化，使其更难以破坏。为此，公司会将数据匿名化，以减轻数据丢失的潜在负面影响。

匿名化及数据安全

"匿名化"（anonymization）这一术语指一组可以通过隐藏个人数据的某些方面来保护个人隐私的技术。[40]例如，一个人的病历可能会省略这个人的姓名、地址及出生日期。这样一来，匿名化可以让组织与第三方更安全地共享客户数据。[41]数据匿名化技术可以包括以下内容：[42]

● 聚合数据：所有数据均显示为总计（或平均值），因此无法识别任何个人数据（如披露客户平均收入）。

● 删除部分数据：省略某些可用于识别身份的细节（例如共享客户的年龄而不是出生日期）。

● 化名：使用参考编码或化名代替其他数据（例如使用数字而不是姓名来指代个人）。

上述列表并非详尽无遗，重点介绍的每种技术都有不同变体。然而，无论使用何种技术，部署该技术的人都会面临同样的权衡问题，即权衡数据可用性与隐私问题。[43]数据集越详细，就越有用，然而，数据细粒度越精细，破解匿名的风险就越大。[44]也就是说，如果匿名化数据集包含足够细粒度的信息，就可能会让不良行为者有可乘之机——他们可以通过拼接各个数据点来识别个人数据。[45]

一般而言，不良行为者会通过将个人数据与公共领域的已知个人数据进行匹配，来破解个人数据的匿名性。[46]例如，马萨诸塞州曾在20世纪90年代向研究人员提供州雇员医院就诊摘要，研究人员只需使用州长居住的城市、出生日期、性别及邮政编码，就可以从摘要中识别州长的记录。[47]这说明，不良行为者只需要很少的数据就可以破解匿名。事实上，根据一项对110万人信用卡交易的研究，90%的人都可以通过4次交易的日期和地点识别出来。[48]因此，即使看起来不太关乎个人隐私的数据仍可能十分敏感，毕竟，个人数据的匿名性是可被破解的。[49]

互联网让数据唾手可得，计算技术进步让大型数据集筛选变得更加容易，破解匿名化的风险也随之增加。[50]评估破解匿名风险时，组织必须评估不良行为者成功将匿名数据与公开信息匹配的可能性。随着社交媒体的出现，衡量这种风险的难度越来越大，因为我们越来越难判断数据集中与个人相关的个人信息已经在多大程度上进入公共领域。[51]

对于各个组织而言，采取谨慎的方法发布匿名数据很有意义。由于破解匿名的风险永远无法完全消除，所以问题不在于是否可以破解匿名，而在于不良行为者是否可以在他们可能拥有的任何补充信息的情况下来破解匿名。为了解决这个问题，一些组织会聘请第三方顾问，让他们来对数据进行匿名破解，以便在数据公开发布之前确定匿名化的鲁棒性。[52]

尽管匿名化方法很普遍，但这一方法并不是阻止坏人的唯一方法。符号化是针对攻击者的另一种预防措施。作为这一点的一部分，客户数据在销售点通过隐藏得到保护。

利用符号化来保护客户数据

使用信用卡及借记卡交易有一个先天问题，客户必须向商户出示其卡号及某种形式的唯一信息（如在店内出示个人身份识别码或在线填入卡背面的号码），以便在销售点验证交易。如果不良行为者可以截获这两条数据，那么该卡就可能会被盗用。

这个问题可以通过符号化来解决。在这种安全模式下，第三方（如数字钱包提供商）安全地存储用户的卡号，并向客户提供一个备用号码，称为令牌（token）。[53]在销售点，用户将此信息提交给商户，而不必提交实际卡号。商户系统查询钱包提供商的系统，以确定令牌是否合法，这是交易验证过程的一部分，钱包提供商在自己的系统内将令牌与用户的卡号进行匹配，用来确认。[54]

由于商户系统从未看到用户的实际卡号，因此从战略上维护了安全性[55]——攻击者无法获取用户的卡号，这导致对商户系统的攻击无法完成。这样一来，黑客的重点转移到了令牌提供商，商家系统就不再是那么有吸引力的潜在攻击目标了。[56]这种程度的集中可能是一个弱点，因为只要有一个漏洞，就能影响到许多客户。同时，它也可以成为一种力量来源，因为提供令牌的组织往往拥有更大的资源及更复杂的技术来抵御攻击。

风险通常被视为坏事。然而，风险也可能导致积极的结果——正面和负面都有可能。比如，一种新产品如果受到客户的欢迎，可能会增加利润；反之，新产品也可能会失败，导致企业亏损。再比如，保护客户数据免受网络攻击可以保护组织的声誉，从而保护其创收的能力；做不好就可能导致收入下降。因此，保护客户数据既存在创收增长风险，也存在收益损失风险。从本质上讲，业务模型不过是管理给定风险集的结构化方法。就像不同的企业有不同品牌、不同产品、不同客户一样，各个企业管理每种类型的风险的方法也略有不同。这样一来，企业就可以利用比竞争对手更有效的管理风险方法，获取竞争优势。[57]

金融科技背景下的风险管理

在全球金融危机之前的几年里，金融行业关注的是创收，风险经理对业务决策的影响有限。风险职能在银行治理结构中的次要作用，以及其中的激励机制，被普遍视为导致2007—2009年金融危机的因素。[58]

在动态风险环境中，金融机构如果只把风险管理视为按部就班打打对号就了事的常规日程，可能会招致损失，在网络风险的情况下更不能轻视风险管理。根据一项估计，2018年大型企业网络犯罪的平均成本为1 300万美元。[59]当然，实际成本可能相差很大。2017年，航运巨头马士基公司（Maersk）遭受了4.5亿美元的损失，因为网络攻击中断了其航运活动长达10天。[60]

金融科技初创公司与大型成熟机构有所不同，它在风险管理方面处于独特的地位。由于金融科技初创公司没有大型银行那样的规模成熟度，只能从白纸一张开始。通过从头开始建立业务，他们有机会将风险管理嵌入组织的内在基因之中，而不是将其视为附加内容。这意味着金融科技初创公司可以将风险管理置于业务规划的中心，为短期及长期决策提供信息。[61]

由于其规模较小，金融科技公司坐拥一个独特的机会，即创收及保收的员工经常会并肩工作。这样一来，相比大型金融机构，金融科技公司能够更有效地弥合这两个群体之间的鸿沟。随着业务的增长，管理层需要努力保持这种联系。否则，个别团队就有陷入竖井心理的风险，他们可能会只专注于自身职权范围内的事情，而忽视了大局。这种状况很可能出现，因为金融科技公司往往偏向于创新及增长，却忽视了基于风险的干预措施，不知道干预措施正在形成保护作用。

要想有效管理风险，金融机构需要部署风险及合规团队，作为承担计算风险的业务规划工具。正如新产品创新可以根据其优缺点进行成本计算和评估一样，各个组织在作出战略业务决策时也需要考虑潜在的风险。换句话说，要问问自己，这么做值不值得呢？

要想提高移动应用程序上的用户参与度，就要收集与用户参与相关的数据，同样的道理，要想有效管理金融服务环境中的风险，就要及时获取有关业务面临的相关风险信息。这样，就可以制定对策，跟踪对策效果。金融科技公司在这方面地位堪称独特，因为这些公司可以建立自己的组织，来捕获更丰富的数据。

无论捕获的数据数量及质量如何，大多数公司都需要确定明确定义的风险偏好。[62]对于公司的管理层来说，这就意味着要去量化每种具体风险的潜在损失及可接受的损失。[63]例如，该组织可以说明每年可以接受多少因欺诈而造成的损失。组织还应根据风险的可能性对风险进行量化，[64]从而根据风险的可能性及影响来确定风险的优先级。此外，通过量化，管理层还可以将未定形风险的潜在损失作为经理/团队预算中的成本，以激励他们更好地工作。

诚然，对金融科技公司而言，这种做法实践起来可能会很困难，因为金融科技公司是新生组织，可能对所面临的风险缺乏经验及数据。而行业级数据少之又少，又进一步加剧了这一问题。这种现象并不仅限于金融服务业——为了避免损及声誉，很少有组织会热衷于公布其风险事件/错误数据。

有迹象表明，金融科技行业正努力采取不同的做法去克服在风险事件及安全违规方面缺乏相关组织经验的问题。金融科技领域金融犯罪交流论坛（Fintech Fincrime Exchange，FFE）就是一个很好的例子。金融科技领域金融犯罪交流论坛是一个国际论坛，各企业在其中分享打击不良行为者信息及经验，有助于传播金融科技部门的最佳实践。[65]通过这种方式，金融科技公司就能够更快地学会应对新的犯罪形式。这个论坛体现了该行业的协作精神——大多数公司并没有明确就防止在线欺诈的能力展开竞争。我们知道，金融科技公司的客户价值主张侧重于便利性、体验及价格。因此，金融科技公司有必要相互分享最佳实践，因为每一次违规都有可能损害整个行业的声誉。

前瞻性风险管理

风险管理职能部门至少要确保其组织遵守适用的法律法规，有效运作，并实施有效的预防措施。[66]此外，必须要有流程来验证其风险管理方法的效用。说来说去，风险功能必须随着风险环境的变化而发展。[67]

在动态环境中校准组织的风险管理方法可能会有些问题，因为风险管理指标本质上是回顾性的——量化指标往往会捕捉到已经发生的事情，而不是将要发生的事情。然而，数据应该越新越好。但从技术上讲，即使是实时数据也是过去的数据。因此，过度关注量化指标可能会导致组织忽视新出现的风险，在金融科技等快速发展的行业尤其如此。

这就是为什么金融监管机构要求银行进行压力测试。在压力测试中，银行要对其资产负债表上看似合理但严重的情景所产生的影响进行建模。[68]这样做的目的是要迫使银行着眼未来，考虑未来的风险会如何影响其业务。

许多金融监管机构也都采取了前瞻性的监管方法。例如，英国金融行为监管局尝试"先发制人或解决不良行为，以避免发生风险及任何相关损害"，并且在出现问题时"确保不会对消费者或市场造成重大损害"。[69]

因此，为了先发制人地进行监管干预，金融机构需要能够证明并记录他们自己作出的前瞻性及基于风险的决策。在实践中，这就意味着使用组织自身的风险管理流程来通知业务规划、资本分配及应急规划。这些活动并不完全是定量的，这意味着，即便小型金融科技公司可能不具备部署高级预测模型所需的成熟度，也无法阻止他们在定性的基础上展望未来。

人们之所以将风险管理与业务规划联系起来，是因为考虑到基于风险的监管，监管机构和企业的资源有限，因此必须将资源集中于管理最重大风险。因此，金融科技公司可以借鉴监管做法，采用类似的方法进行风险管理。在资源有限的情况下，他们必须专注于最有潜力的机会，同时还要应对其最大最紧迫的风险。换句话说，风险管理其实就是在创收及保收活动之间的一种平衡行为。

案例研究 RiskGenius 公司：保险公司的"保险科技"

长期以来，保险业一直被效率低下的后台流程所困扰。例如，巨灾保险的合同续签谈判历来都是通过电子邮件进行的，这就会带来版本控制、数据完整性及文档管理方面的风险，降低效率和安全性。[70]

保险业后台流程的手动性质在许多公司风险管理系统中留下了漏洞，不良行为者可以利用这些漏洞。据估计，英国保险业每年对每个投保人付出的保险欺诈成本仅为50英镑。[71]尽管如此，许多保险公司报告仍称，由于反欺诈软件包的成本较高且与现有系统不兼容，因此才未充分使用反欺诈软件包。[72]

综上所述，保险业系统过时，流程低效，导致了提供保险的成本居高不下。这就意味着要收取更高的保险费，说来说去，最终是客户承担了保险欺诈的成本。这种高昂费用把一些人挤出了市场。这样一来，经济弱势群体就无法获得可能需要的保险。除非老牌保险公司更新风险管理及信息技术系统，否则这些公司可能很快就会发现自己的客户流向了规模较小、技术水平更高的竞争对手，即所谓的"保险科技公司"。事实上，如果这些保险科技公司更善于侦测保险欺诈，它们很可能会削弱更大的竞争对手。不仅如此，大型企业对大型保险公司缺乏定制保险已经深感不满，现在正寻求保险科技公司提供更多以客户为中心的保险解决方案。[73]

严格来说，并非所有的保险科技公司都是保险公司。RiskGenius（RG）就是这样一家公司。这家保险科技公司实际上是保险业的服务提供商，该公司相信"将保险专业人员与数字知识联系起来"这一做法。[74]如此说来，RG公司似乎正在促进保险业的数字化转型，而不是与老牌保险公司直接竞争。

RG公司成立于2012年，由两名美国索赔代理人创立。该公司的创始人都不喜欢"凌乱不堪的保险文件"，这正是RG公司的部分起源。为了解决"文件凌乱"的问题，该公司将机器学习算法应用于保险合同，自动化处理整个保险行业的工作流程。[75]

在一些批发保险业务（如经纪人及再保险商）中，双方在达成协议并签署后通常会把保险合同"保管"起来，换句话说，就是安全地存储在硬盘或文件柜里。这样，保险公司就很难跨不同保单提取及汇集信息。在这种情况下，审查过程通常依赖于纸笔和/或手动搜索关键字，这种操作会阻碍监督。[76]

这一问题可以通过机器学习算法来解决。部署自然语言处理算法，对大量文本进行筛选，以发现政策措辞不一致及需要进一步关注的标志区域，然后由技能娴熟的员工进行审查，并提出干预建议，如更新政策措辞等。通过这种方式，自然语言处理可以让保险公司提升工作效率。[77]

RG公司使用机器学习帮助保险公司识别"静默"风险敞口，[78]就是当保单措辞未能适应风险环境变化时产生的保险风险。例如，该公司帮助一位客户快速查阅了100 000份保单中的"环境"一词，[79]大概是为了识别与气候变化相关的保险风险。RG公司可以通过这种方式帮助保险公司识别新出现的风险。[80]这一点很重要，否则保险公司可能会因无意中承保某些风险而收取不足的保费，和/或因缺乏监管而被迫支付意外索赔。关于这一点，RG公司的首席执行官兼创始人克里斯·切瑟姆（Chris Cheatham）在接受采访时表示："我们发现，没有多少人知道自己的保单中有什么……不但是保险的买家不知道……实际上，保险商及经纪人也不知道。"[81]

此外，RG公司的工具可以让保险公司设置保单措辞基准，以审查未来的保单[82]。RG公司部署了机器学习算法来解析保险单，并为基于检查表的审查挑选关键条款。[83]这种方式可以让保险公司根据内部标准评估收到的保单。[84]

RG公司正在使用机器学习算法推动保险业的自动化。2018年，首席执行官克里斯·切瑟姆在一次采访中表示，公司正在按类型对政策条款进行分类（如除外条款、战争条款）。[85]这可以让算法将定性信息视为定量数据。这样一来，RG公司就可以自动比较不同公司的保险合同。[86]

RG公司的解决方案如何促进保险业的风险管理？（参考答案见本章末尾）

尽管监管机构施加压力，要求企业（尤其是金融服务业）更加重视风险管理，但要想把事情做好，仍有一段路要走。根据一项调查，相当多的企业风险经理报告称，风险仍然被视为组织内部的"事后考虑"，而不是业务的核心部分。[87]那么，为什么风险管理的作用仍会被忽视？这么说吧，其实风险管理都和人有关。一个组织可以调用同类最佳策略并部署最佳实践控制，但风险管理系统仍然可能会存在缺陷。这是因为这些措施只有在其背后的人的支持下才会有效，而人的行为又会受到组织文化的影响。

金融科技公司的风险管理及文化

据美国联邦调查局（FBI）统计，2018年美国的前三大在线欺诈（按总损失计算）分别是电子邮件欺诈（13亿美元）、信任/浪漫欺诈（3.63亿美元）和投资欺诈（2.53亿美元）。[88]这些诈骗计划都依赖某种社会工程来进行欺诈。例如，在电子邮件账户泄露骗局中，不良行为人可能扮作企业高管或高级决策者来实现资金转移。[89]这种欺诈利用了权威启发诱导（authority heuristic）（见第三章），与上述道德黑客的USB攻击非常相似。

正如上面的网络犯罪统计数据所示，不良行为人实施犯罪往往要依赖犯错的人。在这方面，莎士比亚就曾断言"错不在我们的星空……而在我们自身"[90]——人往往是风险管理系统中最薄弱的环节，因此有必要规范人的行为。这意味着，各组织需要正确打造组织文化。

组织文化可以显现言与行之间的差异。从人类学定义上看，我们可以使用"我们在这里做事的方式"来解释组织文化。但这个定义过于简单，可能会导致人们误认为塑造一个组织的文化是一件简单的事。

首先，人们必须接受这一事实，那就是，没有什么事物会与文化无关。无论是否出于有意设计，除了合同协议、计算机代码和内部政策之外，一定还有其他因素推动着组织内各种结果的产生。目前还没有任何企业完全由机器人经营，所有企业都需要人工干预。由于政策、准则及规则手册无法捕捉所有可能发生的情况，有时就需要员工进行专业判断。在这种情况下，组织文化显得尤其重要。如果没有努力塑造组织文化，雇员很可能会去做符合他们眼前利益的事情——通常是权宜之计，要么简单，要么有利可图——同时也会从环境中获取线索，去衡量他们这一行为是否可以接受。不幸的是，这样做并不一定会带来积极的结果。因此，金融机构有责任塑造其内部文化，让员工依据组织风险管理目标而不是唯我主义，作出决策，只关心个人私利。

其次，文化并非一成不变。文化会随着组织内部及外部环境的变化而发展。因此，组织需要坚持不懈地进行文化变革，必须定期检查组织文化是否符合当前需要。[91]因此，组织需要收集情报，帮助他们评估他们的文化如何以及为什么要进行变革。这些干预措施可以通过简单的内部调查，也可以通过任命外部顾问来施行。

一旦确定了想要什么样的文化变革，问题就变成了：如何变革？可以采取哪些实际措施来实现预期变革？想要成功地实现文化变革，各个组织必须采用定性及定量两种工具。

我们从定性措施开始。除其他事项以外，公司领导还要负责引导组织风气，[92]而且，这个工作比撰写任务声明、发表演讲和提供培训更为重要。不仅如此，管理者要按照他们所说的去做，也就是所谓的"言行一致"。这一点很重要，因为员工与大多数人一样，也会从那些有权势的人那里去学习如何行事；如果"高层的语气"与上层及中层管理层的行为不一致，那么员工将失去对其传达的信息的尊重。因此，管理层的言行必须与组织的风险管理目标保持一致，这一点至关重要。

例如，一位对冲基金（hedge fund）经理只给予其员工法律允许的最低年假权利。他之所以这样做，是因为对冲基金是一个需要艰苦拼搏、勤奋工作的组织。而该经理是这家公司的老板，他自己可以随心所欲休假，但他没有这样做。相反，他从未逾越最低休假权利。通过这种方式，他践行了公司精神，从而激励员工也这样去做。

通过量化干预来塑造组织文化也可以影响员工行为。这就意味着组织需要在实践中建立激励机制，使员工行为与组织风险管理的迫切性保持一致。[93]因此，内部评估程序可以用作风险管理工具。通过将风险及其子组件的责任分配给各个团队、经理及员工，组织可以将管理每个风险作为某人责任的一部分，使员工成为风险所有者，这种问责制将风险与绩效考查联系在一起，督促人们提高警惕。

在分配每个风险的责任时，详细程度必须与每个组织级别（即业务单位、团队及个人）的预期风险管理结果相称。[94]这就要求风险指标与每个风险所有者的职责相关，离前线越近，信息需要的粒度就越细，反之亦然。大型银行的董事会通常不关心个别分行的客户投诉程度，因为这是分行经理的责任。

责任是自上而下分配的，信息是自下而上流动的。因此，任何有价值的风险管理系统都应该聚合下层战术数据，能够对决策、监督提供帮助，最重要的是，它能够在指挥链上及时升级风险。在这方面，要确保所需的风险管理结果制定得具体、可衡量、可实现、切题、有时间限制[95]，这一点非常重要，否则，衡量（并因此解决）的内容与组织的风险管理目标之间会出现差距。

尽管上述定量及定性干预措施可以有效重新定位组织文化，增强风险意识，但也有可能导致风险所有者陷入竖井心理，进而使单个业务部门及团队忽视全局。为了避免这种情况发生，组织可以组织内部知识共享活动，例如在业务部门之间借调员工。

诚然，上文讨论的许多干预措施可能更适合规模更大、更成熟的金融机构，而对小型金融科技公司则不太适用。例如，要想让许多风险管理干预措施有效，需要分离职责及报告线，而许多小公司根本没有实现这一目标的规模及人力资源。尽管如此，对于金融科技初创公司来说，仍然要考虑其文化会如何影响风险管理的结果。公司处于萌芽阶段时，在塑造其组织文化方面，他们可能比行动缓慢的现有金融机构更能有效做好组织文化塑造。

随着金融科技公司的发展，其组织经历了规模上的重大变化，从刚刚起步的初创企业到中小企业，还有少数公司会进一步成为大型金融机构（如贝宝）。随着金融科技公司的发展，其组织文化会随着规模的变化而变化。这样一来，成长的每个阶段都有机会进行积极的文化变革。然而，如果没有有意识地解决文化问题，公司文化的发展可能就与组织风险管理目标不符。

由于大多数金融科技公司都是小型组织，因此，在寻求实现积极的文化变革时，从员工及员工之间的关系入手很有道理。创新型企业的领导人往往都雄心勃勃，偏好高风险。因此，许多金融科技公司都面临着一个挑战，那就是如何将其以增长为导向的文化融入更具风险导向的前景，并最终在两者之间实现健康的平衡。不要将保收员工作为满足监管要求的手段，而是将保收员工视为有价值的顾问，以此为开端是个不错的选择，因为这样一来，保收员工的想法可以使得那些天性乐观的创始人更为清醒、更为持重。

案例研究　罗宾汉公司（Robinhood）

罗宾汉是一款交易应用程序，运营该应用的公司总部位于美国。自

2015年成立以来，该公司客户群快速增长。截至2018年10月，公司拥有600万客户，[96] 2019年，这一数字达到1 000万。[97]因此，该公司得到了风险投资者的追捧。2019年，罗宾汉筹集到3.23亿美元，经过此轮融资，该公司价值达到76亿美元。[98]

罗宾汉允许用户进行无佣金交易。该公司之所以能够做到这一点，是因为它还有其他收入来源，即现金余额利息、股票借贷收入、信用卡交易的交易费以及将交易导向做市商及交易场所所得的回扣。此外，罗宾汉还提供一个"黄金"会员计划，其用户可以通过该计划使用其他交易及投资工具。[99]

以支付换取订单流是经纪行业的常见做法。交易执行机构，如做市商，愿意为此买单，因为他们可以从更高的交易量中受益。[100]他们拥有的买家及卖家越多，他们的价差就越少，越有竞争力。然而，这种做法也曾受到一些批评，因为接受第三方付款可能会导致利益冲突。[101]

然而，罗宾汉坚称，该公司会根据执行质量标准将客户交易发送给做市商。该公司坚持认为，潜在的回扣不属于这些决定的一部分。[102]即便如此，罗宾汉仍在2019年，因违反最佳执行规定，被美国监管机构处以125万美元罚款。[103]根据美国证券业规则，鉴于每笔交易时的现行市场条件，经纪公司必须确定其最佳执行安排能为客户提供可能的最佳价格。[104]这就意味着券商有时可能必须将交易从其首选的交易所和/或做市商那里转移出去。然而，在2016—2017年，美国金融业监管局（FINRA）发现罗宾汉公司没有合理考虑"公司可以从替代市场获得的执行质量因素（如价格提升）"。[105]根据美国金融业监管局的说法，罗宾汉公司关于最佳执行的内部文件"只关注其现有路线排定目的地的执行质量，而所有这些目的地都向罗宾汉公司支付了订单流费用"。[106]尽管罗宾汉既不承认也不否认这些指控，但该公司同意了金融业监管局调查结果，并解决了罚款问题。[107]

这并不是罗宾汉公司第一次因为失察而陷入困境。2018年，该公司被迫撤回3%储蓄账户的公告，该公告声称该账户由美国证券投资者保护公司（SIPC）提供支持。证券投资者保护公司是一家行业机构，为投资账户中持有的现金提供保险，防止经纪人破产。[108]之所以出现问题，是因为罗宾汉在宣布产品之前没有联系证券投资者保护公司，如果罗宾汉事前联系了证券投资者保护公司，它就会知道证券投资者保护公司只为购买证券的现金存款提供保险，而不为储蓄账户提供保险。[109]

罗宾汉公司还为更为成熟的用户提供订阅服务。用户每月支付5美元，就可以访问更多功能，如更详细的（二级）市场数据及专业研究。此外，该软件包还具有保证金功能，允许用户利用账户中的现金进行借贷来购买证券。[110]

不幸的是，保证金功能存在一个漏洞，有一些用户利用该漏洞建立了非常大的交易头寸。更糟糕的是，这些用户通过在线留言板分享了这个漏洞，并发布了他们在罗宾汉公司账户的截图，其他用户受到鼓动，纷纷去追随他们的脚步。

要想了解流氓用户是如何利用罗宾汉公司的保证金功能的，首先必须了解保证金的概念。经纪人通常允许更老练的客户利用账户中的资产（即现金及证券）借款，以获得更大的投资头寸。例如，如果你的账户允许50%的保证金，这就意味着如果你在账户中存入10 000美元，你就可以再借入100 000美元来购买价值20 000美元的证券。[111]在正常情况下，如果你想进一步增加头寸规模，那么你就得存入更多现金，这样你就可以借更多的钱进行投资。而且，如果股票贬值，你必须向账户中存入更多现金，以保持资产（现金及股票）与负债（保证金）的2∶1比率，这称为"追加保证金通知"（margin call），如果未能满足要求，经纪公司就会出售你的股票，以限制其自身风险敞口。[112]

2019年，用户发现了一种欺骗罗宾汉系统的方法——让账户中看起来有更多现金，这样他们就能够获得更多利润。这一过程如下：用户购买股票，并使用这些股票出售"深钱"认购期权（deep-in-the-money call option）。[113]这些都是衍生合同，其中卖方承诺在指定的未来日期（称作到期日）或之前以特定价格出售股份。[114]卖方会收到一笔预付款，来交换这一承诺，这笔预付款被称为保险费。[115]一份期权合同被称为"深钱"，这意味着合同价格大大低于当前市场价格，而且往往离到期不远。因此，买方愿意支付非常高的溢价，通常离实际股价不远，以换取很小但很可能实现的利润。

尽管这些期权的卖方有义务在未来某个日期出售这些股份，但他们会把这些股份一直持有到到期日。[116]这些股份，再加上期权销售收取的现金，就夸大了其账户中的资产余额。[117]因此，罗宾汉公司的系统实际上重复计算了用户持有的大部分股份，使得一些用户可以利用膨胀的资产余额借款，并利用这一杠杆重复上述过程数次，从而获得大额头寸。[118]一些用户声称已经积累了几十万美元的头寸，而他们的实际账户余额只有几千美元。[119]罗宾汉公司对此做出回应，迅速限制了违规账户，并修补了系统漏洞。[120]

在这种无限杠杆攻击发生的一年里，罗宾汉公司很是忙碌，因为在2019年，[121]该公司推出了部分股票交易，扩大了加密产品品类，甚至推出了借记卡。[122]此外，该公司获得了在英国运营的监管授权。[123]在同一年，罗宾汉公司还任命了新人担任高级职位，包括任命WhatsApp的前首席法律顾问担任首席法律官，[124]任命前美国证券交易委员会（SEC）委员担任该公司第一独立董事。[125]

从独立观察员视角来看，罗宾汉公司的文化困境是什么？（参考答案见本章末尾）

本章总结

在本章，我们探讨了不良行为者会如何利用风险管理系统中的漏洞，以及如何阻止不良行为者利用这些漏洞。不幸的是，新技术带来了新威胁的风险。就像他们想要攻击的机构一样，罪犯也在创新。因此，管理金融科技风险工作需要不断演进。

在本章中，我们想向读者概述金融科技的风险管理，并使读者认识到，随着新技术出现，金融机构，无论大小，它们所面临的威胁性质必然会发生变化。为此，本章汇集了一系列与金融科技风险管理特别相关的主题，即机器学习、云计算及组织文化。

尽管随着新风险的出现，这些领域中的一些主题可能会引起关注，或失去关注。经过对这些多样主题的探索，我们可以学到更深刻的教训，那就是，要想有效管理风险，金融科技公司必须对组织内的风险管理采纳整体观念。

即便如此，人们依然决不可忽视将组织联系在一起的黏合剂——组织的员工。尽管风险环境不断变化，但人类既是风险管理系统中最大的资产，也是风险管理系统中最大的负债，这一基本事实不会改变。一方面，风险管理系统依靠良好行为人来抵御不良行为者，另一方面，风险管理系统的固有缺陷往往会成为此类系统中最薄弱的环节。

终极锦囊

本章的几个要点是：

- 不良行为者和初创企业一样，都会利用技术进行创新，扩大其活动规模。

- 抵御攻击者时，组织需要检测及预测对策，同时还在人工干预及自动化干预之间取得平衡。

- 虽然新技术会造成漏洞，为犯罪分子提供可乘之机，但某些攻击背后往往存在人为因素。

- 激励措施及领导者的行为在风险管理实现积极文化变革中会起到关键作用。

讨论要点参考答案

RG公司的解决方案如何促进保险业的风险管理？

通过在保险合同应用自然语言处理技术，RG公司将每个保险合同的内容数字化，从而可以让这些内容直接接入保险公司的风险管理及监管系统。这样一来，RG公司的工具会有助于将精细数据聚合到更广泛的类别之中。

这种做法可以帮助保险公司根据不同粒度及责任级别跟踪其针对个别风险的表现。这可能会促使保险公司在内部使用更好的风险管理及缓解措施。例如，使用机器学习识别索赔模式，就可能会让保险公司坚持要求被保险人采取某些预防措施，就像火灾警报及家庭保险一样。

此外，有关承保业绩的更精细及最新数据（本质上是收到的保费与支付的索赔额之比）可能会帮助保险公司更好地为其产品定价，从而提高产品的竞争力。最后，RG公司的工具可以为保险合同审查提供便利，帮助保险公司避免合同纠纷，避免类似的人为错误发生，节省诉讼费用。

从独立观察员视角来看，罗宾汉公司的文化困境是什么？

罗宾汉公司似乎一直都在面临着一个困扰初创公司的典型问题：走得太远，走得太快。该公司的领导显然是雄心勃勃，把增长作为导向。这导致该公司的增长令人赞叹，创新成果源源不断，从中可见一斑。在这种情况下，不难看出，由于过度关注创新及扩张，就有可能会导致罗宾汉公司在发展过程中出现各种问题，其中诸多问题都表明公司内部缺乏仔细甄别、权衡利弊的声音。

罗宾汉公司似乎也正在从自身的错误中吸取教训——该公司任命了一位经验丰富、知名度高的首席法律官，邀请一位前证券交易委员会专员加入董事会，这表明该公司正在严肃认真对待法律及监管事务。

参考文献

1 Senior Supervisors Group (2009) Risk Management Lessons from the Global Banking Crisis of 2008, 21 October, www.sec.gov/news/press/2009/report102109.pdf (archived at https://perma.cc/AA7P-LGXS)

2 Zagaris, B and MacDonald, S B (1992) Money laundering, financial fraud, and technology: The perils of an instantaneous economy, *The George Washington Journal of International Law and Economics*, 26, 61–107

3 Financial Conduct Authority (2020) Share, bond and boiler room scams, 1 June, www.fca.org.uk/scamsmart/share-bond-boiler-room-scams (archived at https://perma.cc/JPM2-HEC3)

4 St Pauls Chambers (2020) Boiler Room Fraud, www.stpaulschambers.com/expertise/boiler-room-fraud/ (archived at https://perma.cc/BK7S-Y8WT)

5,6,7,39 Fischer, E A (2016) Cybersecurity issues and challenges: In brief, 12 August. Congressional Research Service, R43831

8,10 McAfee LLC (2018) Economic impact of cybercrime – No slowing down, www.mcafee.com/enterprise/en-us/solutions/lp/economics-cybercrime.html (archived at https://perma.cc/5696-AUNE)

9,60,73,87 Cambridge Centre for Risk Studies (2018) Risk Management Perspectives of Global Corporations, University of Cambridge Judge Business School, www.jbs.cam.ac.uk/faculty-research/centres/risk/publications/finance-economics-and-trade/risk-management-perspectives-of-global-corporations/ (archived at https://perma.cc/MB88-59S3)

11 European Commission (2018) The General Data Protection Regulation (GDPR), ec.europa.eu/info/law/law-topic/data-protection/data-protection-eu_en (archived at https://perma.cc/M3BS-TF3M)

12 The Information Commissioner's Office (2019) Intention to fine British Airways £183.39m under GDPR for data breach, 8 July, ico.org.uk/about-the-ico/news-and-events/news-

and-blogs/2019/07/ico-announces-intention-to-fine-british-airways/ (archived at https://perma.cc/QY3S-RR3Z)

13 Financial Conduct Authority (2019) The Senior Managers and Certification Regime: Guide for FCA solo-regulated firms, www.fca.org.uk/publication/policy/guide-for-fca-solo-regulated-firms.pdf (archived at https://perma.cc/H3TL-4RSE)

14 Oracle & KPMG (2019) Cloud threat report, advisory.kpmg.us/content/dam/advisory/en/pdfs/2019/cloud-threat-report-2019-oracle-kpmg.pdf (archived at https://perma.cc/Z549-EBYA)

15,19,20,21,22,24 Zissis, D and Lekkas, D (2012) Addressing cloud computing security issues, *Future Generation Computer Systems*, 28, 583–92

16,17,18,23,25,26,27 McAfee LLC (2018) Cloud Adoption and Risk Report 2019, cloudsecurity.mcafee.com/cloud/en-us/forms/white-papers/wp-cloud-adoption-risk-report-2019-banner-cloud-mfe.html (archived at https://perma.cc/AG8K-3G56)

28,31,33,34,35,38 Wei, W, Li, J, Cao, L, Ou, Y and Chen, J (2013) Effective detection of sophisticated online banking fraud on extremely imbalanced data, *World Wide Web*, 16, 449–75

29,36 West, J and Bhattacharya, M (2016) Intelligent fraud detection: A comprehensive review, *Computers & Security*, 57, 47–66

30 Quah, J T S and Srinagesh, M Real time credit card fraud detection using computational intelligence, *Expert Systems with Applications*, 2008, 35 (4), 1721–32

32 Carcillo, F, Le Borgne, Y A, Caelen, O, Kessaci, Y, Oblé, F and Bontempi, G (2019) Combining unsupervised and supervised learning in credit card fraud detection, [in press] *Information Sciences* (May)

37 Ngai, E, Hu, Y, Wong, Y, Chen, Y and Sun, X (2011) The application of data mining techniques in financial fraud detection: A classification framework and an academic review of literature, *Decision Support Systems*, 50, 559–69

40,42,45,49,50,52 The Information Commissioner's Office (2012) Anonymisation:

managing data protection risk – code of practice, ico.org.uk/media/1061/anonymisation-code.pdf (archived at https://perma.cc/6T3V-L68G)

41,43,44,46,51 Ohm, P (2010) Broken promises of privacy: Responding to the surprising failure of anonymization, *UCLA Law Review*, 57, 1701–31

47 Sweeney, L (2000) Recommendations to Identify and Combat Privacy Problems in the Commonwealth: Hearing on House Resolution 351 before the Pennsylvania House Select Committee on Information Security, dataprivacylab.org/dataprivacy/talks/Flick-05-10.html#testimony (archived at https://perma.cc/RHN8-DKBX)

48 de Montjoye, Y A, Radaelli, L., Singh, V K and Pentland, A (2015) Unique in the shopping mall: On the re-identifiability of credit card metadata, *Science*, 347, 536–39 (January)

53 Townsend Security (2010) Tokenization: A cost-effective and easy path to compliance and data protection, www.townsendsecurity.com/sites/default/files/Tokenization.pdf (archived at https://perma.cc/98LQ-45YC)

54,55,56 PCI Security Standards Council (2011) Information supplement: PCI DSS Tokenization Guidelines, www.pcisecuritystandards.org/documents/Tokenization_Guidelines_Info_Supplement.pdf (archived at https://perma.cc/DD42-VJT3)

57,91-95 The Institute of Risk Management (2012) Risk culture: Resources for Practitioners, www.theirm.org/media/7236/risk-culture-resources-for-practitioners.pdf (archived at https://perma.cc/RT6M-DFUE)

58 KPMG International (2009) Never again? Risk management in banking beyond the credit crisis, London

59 Accenture (2019) Ninth Annual Cost of Cybercrime Study: Unlocking the value of improved cybersecurity protection, 6 March, www.accenture.com/us-en/insights/security/cost-cybercrime-study (archived at https://perma.cc/NB28-U23Y)

61,62,63,64,66,67 The Institute of Risk Management (2002) IRM's risk management standard, www.theirm.org/what-we-do/what-is-enterprise-risk-management/irms-risk-managementstandard/ (archived at https://perma.cc/97ZS-GK6E)

65 Fintrail (2019) FinTech FinCrime Exchange (FFE), www.fintrail.co.uk/ffe/ (archived at https://perma.cc/NJL8-6HDF)

68 Thun, C (2013) Common Pitfalls in Stress Testing, Moody's Analytics, www.moodysana lytics.com/-/media/article/2012/2012-10-12-common-pitfalls-and-challenges-in-stress-testing-of-banks.pdf (archived at https://perma.cc/F8VR-WN7H)

69 Financial Conduct Authority (2019) FCA Mission: Approach to Supervision, www.fca.org.uk/publication/corporate/our-approach-supervision-final-report-feedback-statement.pdf (archived at https://perma.cc/MAK7-8U8H)

70 B3i Services AG (2019) Cat XoL Product Deployed to Customers' Production environments, 15 October, b3i.tech/news-reader/cat-xol-product-deployed-to-customers-production-environments.html (archived at https://perma.cc/8QXE-B758)

71,72 HM Government (2016) Insurance Fraud Taskforce: final report, assets.publishing.service.gov.uk/government/uploads/system/uploads/attachment_data/file/494105/PU1817_Insurance_Fraud_Taskforce.pdf (archived at https://perma.cc/8DXB-FE9Z)

74,75 RiskGenius (2019) About RiskGenius, www.riskgenius.com/aboutus/ (archived at https://perma.cc/X5A5-25LH)

76,78,80,84 Johnston, A (2019) Quarterly InsurTech Briefing Q3, Willis Towers Watson, 23 October, www.willistowerswatson.com/en-US/Insights/2019/10/quarterly-insurtech-briefing-q3-2019 (archived at https://perma.cc/V69U-Q7K7)

77 Rodriguez, J (2019) Policy administration systems: the backbone of the policy issuance process, 23 October, in Quarterly InsurTech Briefing Q3, Willis Towers Watson, www.willistowerswatson.com/en-US/Insights/2019/10/quarterly-insurtech-briefing-q3-2019 (archived at https://perma.cc/V69U-Q7K7)

79,81 Simpson, A G (2018) Insurtech Pilots and Pivots: Learning by Doing and Undoing, *Insurance Journal*, 15 October, www.insurancejournal.com/magazines/magcoverstory/2018/10/15/503999.htm (archived at https://perma.cc/4R29-69XL)

82,83　RiskGenius (2019) RiskGenius for carriers, www.riskgenius.com/carriers/ (archived at https://perma.cc/EL2X-NDQS)

85,86　Boyce, R (2018) Q&A with Chris Cheatham, CEO of RiskGenius, Leader's Edge, 3 October, www.leadersedge.com/brokerage-ops/itc-2018-interview-with-chris-cheatham-ceo-of-riskgenius (archived at https://perma.cc/D764-4P9H)

88,89　Federal Bureau of Investigation (2019) Internet crime report 2018, 22 April, www.fbi.gov/news/stories/ic3-releases-2018-internet-crime-report-042219 (archived at https://perma.cc/WW3W-FTB3)

90　Shakespeare, W (1599) *The Tragedie of Julius Caesar*, I (ii) 140–41, www.gutenberg.org/cache/epub/2263/pg2263-images.html (archived at https://perma.cc/FQB8-995S)

96　Tenev, V (2018) A letter from Robinhood Co-Founder & Co-CEO Vlad Tenev, Robinhood, 12 October, blog.robinhood.com/news/2018/10/12/a-letter-from-robinhood-co-founder-amp-co-ceo-vlad-tenev (archived at https://perma.cc/8MSA-UVXG)

97　Robinhood (2019) 10 Million Thanks, 4 December, blog.robinhood.com/news/2019/12/4/ten-million-thanks (archived at https://perma.cc/4AFE-VQC8)

98　Robinhood (2019) Robinhood Raises $323M to Democratize Finance For All, 22 July, blog.robinhood.com/news/2019/7/21/robinhood-raises-323m-to-democratize-finance-for-all (archived at https://perma.cc/S7RM-TQGS)

99,102　Robinhood (2020) How Robinhood Makes Money, robinhood.com/support/articles/360001226106/how-robinhood-makes-money/?region=US (archived at https://perma.cc/2K4Y-64VH)

100,101　Kenton, W (2018) Payment For Order Flow, Investopedia, 28 February, www.investopedia.com/terms/p/paymentoforderflow.asp (archived at https://perma.cc/S6TZ-KV3K)

103 – 107　Ong, M and Rote, M (2019) FINRA Fines Robinhood Financial, LLC $1.25

million for Best Execution Violations, Financial Industry Regulatory Authority, 19 December, www.finra.org/media-center/newsreleases/2019/finra-fines-robinhood-financial-llc-125-million-best-execution (archived at https://perma.cc/S28K-YSHF)

108,109 Rooney, K (2018) What fintech can learn from Robinhood's 'epic fail' of launching checking accounts, CNBC, 17 December, www.cnbc.com/2018/12/17/what-fintech-can-learn-from-robinhoods-epic-fail.html (archived at https://perma.cc/Q4KY-C6TE)

110 Robinhood (2020) Robinhood Gold, robinhood.com/us/en/support/my-account-and-login/robinhood-gold/ (archived at https://perma.cc/ZC85-63RQ)

113,116,118,119 Levine, M (2019) Money Stuff: Playing the Game of Infinite Leverage, Bloomberg, 5 November, www.bloomberg.com/opinion/newsletters/2019-11-05/money-stuff-playing-the-game-of-infinite-leverage (archived at https://perma.cc/F5BV-BJ8S)

111,112 Twin, A (2020) Margin, Investopedia, 21 April, www.investopedia.com/terms/m/margin.asp (archived at https://perma.cc/2YXG-3HEQ)

114,115 Farley, A (2019) The Basics of Covered Calls, Investopedia, 13 April, www.investopedia.com/articles/optioninvestor/08/covered-call.asp (archived at https://perma.cc/Y9VG-42JZ)

117,120 Fuscaldo, D (2019) Robinhood Glitch Lets Traders Borrow Unlimited Funds To Buy Stocks, *Forbes*, 6 November, www.forbes.com/sites/donnafuscaldo/2019/11/06/robinhood-glitch-lets-traders-borrow-unlimited-funds-to-buy-stocks/#425634512125 (archived at https://perma.cc/MPS6-UWKU)

121 Robinhood (2019) #RobinhoodRewind 2019, 17 December, blog.robinhood.com/news/2019/12/17/robinhoodrewind-2019 (archived at https://perma.cc/9GK2-RA57)

122 Robinhood (2019) 5 Things to Know About Cash Management, 11 December, blog.robinhood.com/news/2019/12/11/5-things-to-know-about-cash-management (archived at https://perma.cc/WJ7E-3B42)

123 Robinhood (2019) FCA Authorizes Robinhood to Operate in the UK, 7 August, blog.

robinhood.com/news/2019/8/7/fca-authorizes-robinhood-to-operate-in-the-uk (archived at https://perma.cc/MHP6-HQ54)

124　Robinhood (2019) Robinhood Welcomes Anne Hoge as Chief Legal Officer, 21 November, blog.robinhood.com/news/2019/11/21/robinhood-welcomes-anne-hoge-as-chief-legal-officer (archived at https://perma.cc/YL8N-9MW6)

125　Robinhood (2019) Former SEC Commissioner, Dan Gallagher, Joins Robinhood's Board of Directors, 7 October, blog.robinhood.com/news/2019/10/7/former-sec-commissioner-dan-gallagher-joins-robinhoods-board-of-directors (archived at https://perma.cc/C3PS-XQR4)

第八章

金融科技背景下的金融监管

> ### 学习目标
>
> 本章将帮助你理解：
>
> - 监管指令如何塑造金融科技。
> - 监管机构如何应对金融科技创新。
> - 与大数据及人工智能相关的监管原则。
> - 与区块链及加密货币相关的法规。

第八章
金融科技背景下的金融监管

本章介绍与金融科技以及本书中讨论过的一些技术相关的法律法规，旨在阐述与某些创新商业模式及科技相关的关键监管问题。因此，本章并不涉及金融监管本身，而是讨论与在金融科技环境中使用创新技术相关的监管及法律问题。

此外，本章不会涉及具体规则、法律或法规的细节。毕竟，这些都是律师的职责所在。本章的目的是研究支持金融技术使用的宏观因素；尽管各个司法管辖区可能有不同的法律法规，但政策制定及监管目标往往类似。

本章计划从全球角度看待监管。尽管计划如此，但作者承认，所述大部分内容要么是以英国、欧盟，要么偶尔以美国为中心。这是因为这些司法管辖区一直在推动制定技术及金融领域的国际标准，而且还会将继续推动。尽管如此，由于潜在的监管问题大抵相同，因此本章对这些司法管辖区以外的读者也同样适用。

监管及全球金融危机

如第二章所述，2007—2009年全球金融危机推动了金融科技行业兴起。那次全球金融危机损害了金融业的集体声誉，让消费者更愿意采纳主流之外的金融解决方案。然而，也有一种幕后观点认为，全球金融危机的监管回应对金融监管有了重新构想，正在重塑竞争舞台。

2008年金融体系几近崩溃之后，世界各地都引入了新的金融规制。之所以采取这些措施，其目的是防止因为银行倒闭而危及金融体系的稳定，同时解决"太大而不能倒"的问题。[1]归根结底，2008年后的改革目的在于防止导致全球金融危机的错误再次出现。

在美国，这些监管变化以《多德-弗兰克法案》的形式出现。[2]这些变化带来了一系列新法规，小到对报告的严格要求，大到对银行专有资本使用的种种约束。[3]某些大型金融机构被认定为"具有系统重要性"，进而需要接受更为严格的监管审查，这是这一系列法规的一个部分。[4]

与此同时，世界各地也进行了类似的改革。例如，英国推出了《2012年金融服务法》（*Financial Services Act 2012*），该法案设立了新的监管机构，并增强了监管权力。[5]该法案承诺，金融监管将更具"干预性"及"前瞻性"。[6]此外，《2013年银行业改革法案》（*Financial Services Banking Reform Act 2013*）提高了对银行的资本要求，同时限制了资金用途，迫使银行零售及投资银行业务进行金融分离。[7]

尽管过度监管可能对金融行业的整体创新不利，[8]自全球金融危机以来，全球金融服务监管改革也可能无意中将监管负担转移到大型金融机构，进而促进了金融科技创新。金融危机让监管者更加关注风险。鉴于资源有限，这就意味着监管机构必须将重点放在对其监管目标构成相对较大风险的机构之上。一般而言，由于大型机构的资产负债表更大，客户更多，因而就会受到更严格的审查。因此，与大型机构相比，小型金融科技公司受到的审查相对较少。这样一来，对于大型机构的监管可能会更加严格，这使得大型金融机构的风险偏好更加温和，减缓银行内部的创新，进而将优势让渡给金融科技公司。

这种管辖范围内的监管套利使得小型金融科技公司受到的审查相对较少。这种状况让监管者陷入了困境。一方面，增加竞争及创新是为了解决

"太大而不能倒"的问题;另一方面,公司越来越多,监管的难度正在加大。[9]由于资源少而分散,监管机构正在寻求监管金融业的新方法。然而,由于当前的监管模式大多是为了应对全球金融危机而创建的,因此可能不适合监管金融科技公司。[10]因此,世界各地的监管机构都在寻求监管金融机构的新方法。监管机构与他们监管的公司一样,必须要创新,使得内部流程更快、更便宜、更容易。

当然,这种创新并不局限于监管机构。大型金融机构会以付出专业时间的方式承担大量合规成本,以确保机构能够遵守金融监管的细节。这种做法代价不菲:据欧盟委员会估计,金融服务公司在监管报告上的支出占其年度运营成本的0.5%~1%。[11]合规负担日益增加,而一些金融机构正在利用技术来解决这一问题。

机器人流程自动化(RPA)

使用这一术语有点不太准确,因为我们的讨论并不会涉及机器人,至少不涉及传统意义上的机器人。[12]这里所说的"机器人",只不过是一台编好程序的计算机,用来执行某些基于计算机的任务,例如打开及关闭文件,传输数据及填写表单等。因此,除了节约员工时间之外,机器人流程自动化还有助于将后台工作流程中的错误最小化。

由于后台职能不会产生收入,金融机构正寻求机器人流程自动化来降低后台成本。[13]在某种程度上,采取这一手段合乎逻辑,可以被视为将外包工作转到后台处理。[14]更重要的是,机器人流程自动化可以让银行逐步将其运营数字化,而不必全部换掉垂垂老矣却又至关重要的IT系统。

平均来讲,部署机器人流程自动化的投资回报期约为11个月。[15]此

> 外，据估计，一家拥有50 000名员工的大公司，通过使用机器人流程自动化可以节约20%的员工劳动力，每年可以增加超过3 000万美元的利润。[16]这一节约成本的潜力没有逃过保险业的眼睛。据对保险公司的一项调查表明，17%的受访者认为，机器人流程自动化会减少外包。[17]
>
> 当然，机器人过程自动化并非万灵神药。机器人的性能取决于其基本流程；[18]如果基础流程发生变化，则需要对机器人重新编程。此外，机器人越来越先进，在某些领域，可以对机器人编程来执行多项任务。[19]机器人过程自动化会让许多工作面临被替代的风险，因此，使用机器人过程自动化对管理的含义也会产生巨大影响。[20]

尽管管辖范围各不相同，但金融监管机构通常具有三个核心目标，即保护消费者，保持市场完整性及维护体系稳定性。[21]随着技术的变化及创新商业模式的发展，金融业不断演进，这些目标的风险也会发生变化。因此，监管机构必须适应环境，并相应地调整方法。

金融科技商业模式中的监管风险

虽然金融科技公司涉及的领域远不止点对点贷款人及投资机器人顾问，但本小节将重点关注这两种商业模式。因为这两种模式都是从后危机时代开始更加盛行，所以，它们可以说明许多与金融科技公司商业模式相关的监管问题。而由于对这两种类型的金融科技公司讨论的主题有很大程度的重叠，因此一些普遍存在的问题很可能会适用于其他金融科技公司的商业模式。

点对点贷款人及投资机器人顾问都承诺提供更方便、更具成本效益的金融解决方案,实现更大的金融包容性。毫无疑问,这对决策者很有吸引力。然而,对于每种商业模式,都有一些尚未回答的问题,而这些问题可能会影响消费者保护及金融稳定,换句话说,这些商业模式可能会威胁到监管目标。

首先,关于产品认知可能会存在一个消费者保护问题。由于点对点贷款人及机器人顾问都是新解决方案,消费者是否理解他们签署的协议,这一点值得怀疑。使用智能手机或平板电脑访问金融服务时,有多少人阅读了条款和条件?许多消费者会无意识地勾选方框,从而关闭弹出窗口——为了不想浪费精神头,消费者有可能会错过重要的信息。

此外,基于应用程序的财务解决方案的设计初衷是优化用户体验,就可能会忽视重要信息的展示,甚至误导用户。例如,在审查美国主流机器人顾问客户协议时,我们不难发现,这些公司并非没有潜在的利益冲突,而且它们在为客户最佳利益服务上也没有达到适当标准。[22]然而,许多客户很可能并没有意识到这些细节,因为大多除外条款、警告及免责声明往往都包含在冗长的客户协议之中。[23]所以,许多用户在借助机器人顾问进行投资时,很可能认为可以获得比他们如今所获得的信托关怀标准更高的服务。

这种误解也会发生在点对点贷款人身上。这些解决方案,无论是移动解决方案还是其他解决方案,都与机器人顾问一样,通常都会附带以法律语言编写的用户协议。要想让普通用户理解这些协议,几乎没有什么希望。这意味着,用户可能无法完全意识到通过点对点贷款人进行投资所带来的风险。

人们倾向于选择投资点对点方案,因为他们都在寻求比主流银行更高的收益率。因此,他们将产品预期锁定在储蓄账户上,而储蓄账户往往享受某种形式的存款保险。这样一来,他们可能会遭受错误期望所带来的损失,因为他们错误地认为点对点贷款投资具有与储蓄产品类似的特征(利率、期限等),可以享受同等程度的保护。所以,相关借款人违约时,一些人可能会惊讶地发现自己的投资受到了损害。

一些点对点投资者追求收益的行为也会产生系统性影响。因为追求收益,投资者就会承担更大风险,而这反过来又降低了收益率,因为信贷供应量更大,让借款人占了上风。收益率较低,会迫使渴望收益的投资者承担更大的风险,从而进一步压低收益率,造成恶性循环。如果违约增加,投资者更加厌恶风险,就会退出市场,利率随之上升,也可能会起到类似的效果。这种信贷短缺状况,就意味着即使借款人信誉良好也会发现获得融资更难(也更昂贵),经济状况恶化了。因此,点对点平台上投资者们对收益率的关注可能会导致信贷市场变得更顺周期。[24]在点对点借贷盛行的市场上(例如在英国,这些平台约占所有消费者借贷的15%),这一点可能尤其明显。[25]

投资机器人咨询模型也可以带来顺周期性。这是因为机器人顾问往往会将投资者引向同一类型的低成本交易所交易基金。这些基金投资市场指数的所有成分股,被动跟踪著名的股票指数,如标准普尔500指数。这种相互作用可能会产生泡沫,因为投资者实际上投资的股票范围很窄,这时,会产生一个反馈回路,价格上涨会吸引更多人进入股市,从而推高价格。然而,一旦公众对股市的兴趣减弱,这种反馈回路也可能会加剧市场低迷。由于约37%的美国投资资产由交易所交易基金等被动投资基金持有,[26]机器人咨询模型的顺周期性有可能显著加剧股市崩盘(有关更多信息,请参阅第六章)。

金融科技与全球金融危机

点对点和机器人顾问越普遍，产生系统影响的潜力就越大，无论是正面还是负面影响。如果大量金融科技公司倒闭，还可能会对非金融经济产生影响。如果你觉得这些话听起来很熟悉的话，那是因为这种情况以前曾经发生过，最近的一次就是在全球金融危机期间。

2007—2009年的金融危机并非凭空出现，而是在经历了一段金融创新时期及历史上极低的利率之后而产生的。上述状况营造了一种环境，使得追求收益的机构投资于一篮子美国抵押贷款，即如今臭名昭著的抵押贷款支持证券（MBS）。这些投资在财务上经过精心设计，风险相对较小，回报更高。[27]

其基本理念既简单又诱人，那就是，尽管个别州的房地产市场会不时出现下跌，但美国房地产平均价格几十年来都没有下跌过。基于历史数据，人们认为，虽然美国经济会时不时经历衰退，但区域房地产市场与美国整体经济的相关性较弱。这样一来，银行可以将来自不同州及不同类别借款人的抵押贷款捆绑在一起，制造"低风险"证券。[28]

资本看起来很安全，收益率也很诱人，吸引了世界各地的投资者进入美国抵押贷款支持证券市场。此外，银行还发现，可以通过"放款加转销"（originate and distribute）模式来赚更多钱。[29]他们首先发放住房贷款，再将这些贷款出售给投资者，然后收取抵押贷款服务费。这种做法将抵押贷款的风险从银行的资产负债表中剥离出来。因此，这些银行实际上成了借款人与投资者之间的渠道。与此同时，投资者承担着为银行抵押贷款融资的风险，成为影子银行（shadow bank）。[30]这一术语也适用于点对点贷款人，因为点对点贷款平台将借款人与投资者连接起来，从而有效地遵循

"放款加转销"模式。[31]

当然，相似之处并非仅限于此。在金融危机爆发之前，投资者一直追逐收益率，点对点方案的投资者亦是如此。此外，危机前，许多银行都面临巨大压力，因为股东要求利润最大化。同样，许多金融科技公司也面临着来自投资方的类似压力，[32]这些出资人偏好快速增长，以便"扩大"业务——通常是为了让企业在财务上可以持续发展，或至少能足以独立成长，去吸引下一伙投资者。

由于点对点贷款和机器人顾问都是以分销为导向的商业模式，用于连接借款人与投资者，因此他们几乎没有保留销售产品的风险。所以，不难看出，增长所带来的压力会导致一些公司将重点放在获取短期客户之上。全球金融危机之前就有这样一个先例。由于银行可以简单地将其抵押贷款的信用风险转移给渴望收益的投资者，因此对借款人信用筛选几乎毫无兴趣。与此同时，投资者对支撑其投资的抵押贷款几乎或根本不感兴趣，毕竟，这些抵押贷款名目繁多，而且为他们提供服务的银行机构也信誉良好。

由于大家一致地对借款人的信用筛选不感兴趣，比如点对点投资者所冒的风险他们自己就并不完全理解，所以出现一些负面的消费者结果，并不让人感到意外。事实上，已经有人在这类点对点平台上注意到这种风险。[33]如果不加以约束，点对点商业模式就会刺激不可持续的借贷及欺诈，就像中国的点对点泡沫一样，至少在最初，点对点泡沫监管很轻，随着点对点借贷的普及，到2016年年中，新点对点贷款占新银行贷款的比例增长到40%。[34]然而，随着违约量激增，监管部门开始干预，随后在全国范围内对该行业进行了彻底改革。[35]到2018年年中，新点对点贷款与新银行贷款的比率已降至10%以下。与此同时，中国点对点平台的数量也下降了1/3以上，从3 000家左右降至1 800家左右。[36]

虽然点对点贷款在欧洲及北美正在增长，但尚未达到与中国曾经达到的规模。虽然如此，如果不对其加以控制，该行业可能会对西方消费信贷市场产生类似的破坏性影响。由于点对点平台在结构上与开放式信贷基金相似，[37]面临着同样的潜在流动性问题。投资者想要赎回资金时，该基金必须出售其持有的基础资产。不幸的是，如果基础资产缺乏流动性，赎回量激增就可能会导致基金崩溃。[38]由于点对点贷款同样缺乏流动性，如果人们对点对点贷款失去信心，就可能会在一个或多个点对点平台抛售。

也许正是出于这一原因，许多点对点贷款人将备受瞩目的点对点平台的失败视为该行业面临的最大风险之一；[39]此类事件可能引发整个行业的赎回量上升，进而可能导致更多平台失败。这种情况可能就像重新经历一次全球金融危机，2008年9月雷曼兄弟倒闭导致储备一级基金（Reserve Primary Fund）抛售，这一基金属于大型货币市场基金，该基金持有大量雷曼短期债务敞口。[40]这种集体失信导致投资者囤积现金。毕竟大家也不知道，哪个银行接下来会破产？结果，常态流动性的货币市场一时枯竭，引发了更多的金融动荡。[41]

可以肯定的是，一些点对点贷款平台倒闭后，没有产生深远的系统性后果。必如，英国点对点平台Lendy于2019年倒闭。[42]没错，投资者亏了，但这一失败似乎并未对其他平台产生重大影响。

尽管后危机时代的许多潜在驱动因素（低利率、追求收益的投资者及分销导向的商业模式）与全球金融危机之前类似，但尚不清楚过度点对点贷款是否会引发新的金融危机。许多金融科技商业模式与"太大而不能倒"的银行之间存在差异。首先，即便是有，也只有很少的金融科技公司拥有金融机构的规模，能够达到其行为会助长金融危机的程度。此外，与大型银行相比,点对点贷款人之间的相互联系较少。[43]这样一来,任何失败都能得到控制,至少目前是这样。

最终,快速增长的新型金融科技商业模式正在面临新冠感染疫情及其经济影响的重大考验。点对点贷款人会了解到他们的信用风险模型在经济停滞及失业不断增加的状况之下是否站得住脚,这是重大考验的一个部分。同样,金融市场波动更大,机器人顾问能否凭其流畅的用户界面留住客户也要接受考验。

监管科技及沙箱技术

尽管创新商业模式可能会给个人消费者或更广泛的金融体系带来风险,但也提供了经济机遇。这种机遇可能表现在更大的金融包容性,也可能是更廉价的金融产品以及更有竞争力,更方便消费者的金融部门。因此,监管机构必须像那些被监管的公司一样,去努力平衡这些机遇与对其组织目标构成的风险。

由于金融科技公司是创新型企业,其监管机构也有必要尝试模仿金融科技公司的某些创新天赋,以便实施更为有效的监管措施。监管机构与其他机构一样,也受到某些资源限制。因此,他们越来越多地利用科技来为他们的活动提供便利。于是,就产生了"监管科技"的想法,这成为监管技术的门户所在。

和"金融科技"一样,"监管科技"这个词对不同的人来说可能意味着不同的事情。就我们的目的而言,这个词意味着技术应用,技术的应用可以使监管及合规更加高效。因此,监管机构及被监管的公司都可以部署监管科技解决方案。

为了监管更具活力的金融部门，监管机构利用技术为数据收集提供便利，并改善监管流程。[44]这样一来，技术就可以帮助监管机构收集粒度更细的最新信息。理论上讲，应该有助于监管机构更及时地发现及应对新出现的风险。此外，监管科技还可以帮助员工节省原本用于日常单调数据收集任务的时间。由于监管机构受到技术专业知识获取渠道的限制，[45]节约这一资源可以让其技术娴熟的员工专注于增值活动，比如思考金融科技行业的新风险，或直接与他们所监管的公司对话。

案例研究　数字监管报告

2018年，英格兰银行和金融行为管理局与六家主要银行共同启动了一项试点计划，将报告流程数字化。该项目被命名为数字监管报告（Digital Regulatory Reporting，DRR）。其目的是利用区块链技术提高向监管机构报告的数据的质量及一致性。作为项目的一部分，参与者构建了一个原型，为抵押贷款及银行资本比率这两个领域的监管报告提供便利。[46]

根据英国的规定，出售的抵押贷款中，额度超过借款人申报收入的4.5倍的贷款不得超过贷款总量的15%。[47]此外，依据《巴塞尔协议Ⅲ》（*Basel* Ⅲ）的标准，银行需要对风险加权资产保持至少4.5%的高等级资本比率。[48]这些规则被转换成计算机代码，以便自动监控各银行遵守这些规则的情况。与此同时，银行将其数据标准化，以确保所有参与实体的报告一致。[49]

这样一来，有了原型，就能够将报告的数据与监管要求进行比较。支撑这一操作的就是区块链解决方案。该方案将每项规则都编程为智能合约，然后安装在监管机构及各银行的节点上。该合同在每个节点根据受监管实体提供的数据运行。这些合规性检查的结果通过图形用户界面提供给监管机构,以便监管机构在需要时生成合规报告。此外,该界面还可以让监管机构通过应用程序编程接口直接从每家公司的节点请求额外数据。为了让小型公司也能访问该解决方案,该原型允许以excel表格格式上传数据。[50]

在英国,监管机构开始采纳监管科技,在此背景之下,数字监管报告试点可以视为一大成功,金融行为管理局认为此举是利用"技术及创新更高效地提供监管要求"。[51]此外,金融行为管理局还认识到,自全球金融危机以来,报告要求有所增加,这给公司带来了更大的监管负担。[52]根据金融行为管理局创新总监的说法,"企业在如何履行向我们报告信息的义务方面面临挑战。我们认为,技术及创新给企业带来了一个真正的机会,可以改革他们的做法。"[53]

可以想象,数字监管报告可以进一步扩展,执行自动发布罚款,用来应对违规的行为。[54]然而,要想实现这一点,可能还有一段路要走。监管机构从试点操作得出结论,将所有监管转换为代码可能会过于繁重,而且也会代价不菲。[55]因此,监管机构建议逐步使用数字监管报告,而非对报告系统进行全面改造。[56]事实上,特定领域的增量变化可能意味着受监管公司可以节省大量资金。比如,据估计,大型借贷商每年平均要为向监管机构报告抵押贷款数据花费45万英镑。[57]因此,监管机构及行业需要共同努力,进而确定监管报告过程中的最大成本及不便领域之所在。换句话说,就是他们的合规"痛点"在哪里。

除了部署技术来更好地收集数据以外,监管机构还可以想办法与所监管的公司接触,以增强自身的超级可视化流程。这样一来,监管机构就可以从行业获得商业智能及定性见解,为监管方法提供信息,这也是监管机构推广最佳实践的一种方式。此外，与监管机构接触可以让受监管实体减少监管不确定性，[58]这种不确定性也可以被视为一种成本，这种接触有助于减少进入金融领域的壁垒。

监管沙箱是增加监管机构参与度的一种方法。沙箱是一种工具，该工具旨在促进金融科技环境下监管机构与公司更深入地接触。沙箱的一部分功能就是允许公司利用真实客户尝试新的金融解决方案，尽管规模有限。这一操作要在监管机构的严格监督下，在有限的时间内完成。[59]

沙箱可以让金融科技公司在安全的环境中验证创新的金融解决方案，[60]从而将无意中违反任何相关法律或法规的风险降至最低。这样一来，企业就能够在大规模推出解决方案之前对其进行优化。此外，沙箱可以让监管机构向公司内部灌输一定程度的风险管理及合规方面的最佳实践。因为企业都很渴望从沙箱中"毕业"，所以毫无疑问，他们都会密切关注监管机构的信息。

尽管沙箱可以有效地减少金融科技公司监管的不确定性，但它也属于资源密集型方案，因为沙箱要求员工既了解监管事项，又了解技术。因此，一些金融监管机构部署了针对金融科技公司的监管支持团队，有时也称其为监管办公室。这些团队为金融科技公司提供基本指导，帮助他们了解监管要求以及如何更好地遵守这些要求。事实上，大部分监管查询，即使来自金融科技公司，也不需要经过沙箱。这样一来，监管办公室就可以作为一种分类机制，决定哪些公司进入沙箱。[61]

金融科技公司专属办公室这种方式可以集中宝贵的技能，并更好地利用这些技能。尽管如此，这仍属战术性干预，因为仍需逐案处理接受监管的公司。又由于这种方法属于资源密集型方法，一些监管机构正在更新其规则手册及指导文件，帮助企业做出更好的合规决策。换言之，就是战略性地解决问题，尽量减少围绕规则产生任何混淆。

尽管监管成熟度不断提高，对金融科技公司的支持也不断增长，监管机构可能仍然持续技能短缺。此外，因为这些业务模式通常比较复杂监管金融科技公司需要多学科方法，用来监管金融科技公司业务模式。[62]所以，来自不同专业背景、精通技术的专业人士有机会在金融科技监管领域建立职业生涯。而金融监管不断演变、性质复杂，具有监管经验的专业人士往往可以在行业中获得额外回报。

数字监管报告等举措如何促进金融行业的监管及合规流程？（参考答案见本章末尾）

人工智能背景下的数据保护

在金融服务业，即便有与特定技术直接相关的法律，也是少之又少。这是因为金融监管机构总体上采取了技术中立的做法。如此一来，金融监管机构更需要监管在金融领域中的技术应用，而不是监管个别技术。因此，各公司和银行更应该关注与金融科技公司商业模式中使用这些技术相关领域的规则。在人工智能背景下，这就意味着要仔细研究数据保护规则。

隐私及数据保护是人工智能的核心，因为数据毕竟是机器学习算法的命脉，机器学习算法也就是我们当下通常所称的"人工智能"算法。金融科技使用大量数据来训练这些算法。因此，在大多数使用人工智能的面向客户的企业中，这些数据中的大部分都可能是机密数据。这样就会使公司面临数据丢失的风险。根据英国和欧盟的数据保护法，如果违反数据保护规定，公司可能被处以最高2 000万欧元或其年度全球收入4%的罚款。[63]

这项立法被称为《通用数据保护条例》，适用于英国及欧盟。由于这一立法可能是世界上有关数据保护的最全的立法，因此自然需要做进一步审查。虽然从技术上讲，《通用数据保护条例》仅适用于在英国或欧盟境内运营的公司，但考虑到英国和欧盟经济体的综合规模，许多较小的司法管辖区也借鉴了欧洲监管。《通用数据保护条例》的某些方面是值得考量的，因为这些方面可以适用于人工智能技术的使用。

《通用数据保护条例》于2018年生效，一般要求企业在处理数据之前获得客户的"有意义的同意"（meaningful consent）。一般来说，客户必须采取明确无误的行动来表示同意，例如勾选方框。而公司必须对其打算如何使用客户数据保持透明，这是条例要求的另一部分。此外，客户还可以随时撤回许可。[64]

然而，鉴于某些机器学习算法不透明性，可能很难提前知道用户的数据将用于什么，所以很难事先获得有意义的同意。[65]若要解决这一问题，可以使用一种分级同意模式，企业可以在其数据潜在用途更加明确时获得用户同意。在实践中，设计者可以通过逐级请求同意通知来实现。[66]

当然，用户同意也可以有特定豁免。比如，当履行合同需要处理用户数据时，就不需要取得用户同意。这样一来，根据《通用数据保护条例》，使用在线购物者的地址及银行卡详细信息来完成订单时不需要特定的用户同意。[67]然而，在人工智能环境中，或许很难证明是专门为履行合同义务而使用了用户数据，[68]例如交付产品或服务。因此，对于部署人工智能的金融科技公司来说，不使用特定豁免，因为有时会难以证明，相反，使用用户同意可能更安全。

在寻求用户同意时，公司必须考虑如何获得用户同意。首先，这是无法推断的，用户的数据属于公共领域，但这并不意味着用户同意使用数据。[69]这是剑桥分析公司（Cambridge Analytica）丑闻中的关键所在，数百万美国人的社交媒体数据被用于竞选目的，而这些人却不知道，也没有明确同意。[70]

更重要的是，用户被动默许继续使用他们的数据并不一定意味着用户同意使用他们的数据。事实上，许多人无力控制其个人数据会被如何利用，对此也不太关心。[71]比如，一项研究表明，大多数美国人认为，想要控制私人公司收集个人数据终归徒劳无益。[72]

事实上，根据《通用数据保护条例》，各个组织不能把用户的漠不关心视为有意义的同意。相反，需要立法要求"合理"（fair）处理用户数据。在实践中，这就意味着各个组织应向用户披露如何使用他们的数据，为什么使用他们的数据，以及由谁来使用他们的数据。尽管如此，这份清单也并非详尽无遗，各个组织必须披露所有附加信息，以确保合理处理用户数据。在人工智能环境中，可能意味着披露用户数据要由自动决策来执行。[73]

考虑到与《通用数据保护条例》相关违规行为的重大处罚，不难看出各个组织受到激励，可能会去过度披露信息。不幸的是，这种做法可能会适得其反，因为用户可能会发现自己被冗长而复杂的信息披露所淹没，而这些信息披露的编写方式（即法律术语）大多数人都不理解。这样一来，用户可能就会简单跳过阅读这些披露信息内容，使得这些披露便变得毫无意义。[74]因此，各公司有责任使其信息披露更容易获取，并且方便用户理解。各公司完全可以通过新颖的方式实现这种可能，比如，《卫报》在网站上放了一段短片来总结其隐私政策。[75]

《通用数据保护条例》授予消费者某些与信息有关的权利，这可能会在数据密集型业务模型中引发客户管理问题。首先，如果自动决策会对用户产生重大影响，用户就有权对所述决策提出申诉，并坚持进行人工审查。这项权利有一些限定条件，尤其是如果用户明确同意自动处理，或者必须这样处理才能履行个人及使用个人数据的实体之间所签署的合同。尽管如此，当一家公司使用大量细粒度数据自动分析个人时，仍可能会适用这项权利。[76]

此外，这些规则还赋予个人访问其个人数据的权利，以及有关其来源的信息。这一点，加之对一些自动决策提出申诉的权利，给在任何想要在面向客户能力中部署人工智能的公司带来了行政负担。因此，这些实体必须设计其用户界面及底层治理流程，以维护《通用数据保护条例》规定的客户权利。比如，可以通过向用户提供包含其数据及其来源的仪表板来维护数据访问权。[77]

所需的治理流程不只是为用户提供对其个人数据的访问。事实上，《通用数据保护条例》会涉及数据生命周期的各个阶段。首先，必须在一开始就明确收集用户数据的目的，对其进行的任何后续更改必须与征得同意时的原始目的互相兼容。否则，数据处理实体必须再次征得用户同意。[78]

使用人工智能的组织会部署算法，以便发现用户数据中的模式并对其采取行动，但是这种治理可能会限制其部署算法的程度。根据定义来讲，机器学习就是模式识别，因此很难在一开始就根据所有潜在目的去征求同意。这是因为用户数据中的模式可能无法事先知晓。然而，必须区分处理数据的目的是确定相关性还是确定趋势，这样做是为了给影响用户的决策提供便利，后者可能需要再次征得用户同意，而前者不一定如此。[79]

就这一点而言，用户对辅助目的合理程度的评价就成为是否需要征得额外同意的关键考验。这就需要考虑新用途是否符合用户同意的原始用途，是否符合合理预期。此外，还应该考虑新用途对用户隐私的影响。[80]

当个人数据的使用方式发生变化,需要征得额外同意时,必须及时通知相关用户。数据处理实体需要解释如何使用其数据,这也是这一操作的一个部分。由于主体复杂,潜在用途的不断演进,在人工智能环境中,可能很难实现这种操作。因此,可能有必要建立一个及时(just-in-time)同意模型,以便在需要时寻求及时同意。即便如此,通过在分析或学习过程中对用户数据做匿名处理,可以减少同意需求,或延迟同意需求。[81]

在数据生命周期中,可能需要多次征求用户同意,因此需要设计客户界面来为这一操作提供便利。这种需求,加上用户访问个人数据的权利及对某些自动决策提出上诉的权利,都要求人工智能部署公司必须将数据保护与其风险管理及治理结构相结合。事实上,《通用数据保护条例》要求"通过设计或默认选项来保护数据"。[82]

《通用数据保护条例》还要求公司尽量减少收集及保留用户数据。因此,公司收集的数据不得超过用户同意目的所需的数据。此外,个人数据的保存时间不得超过上述目的之要求,并且个人有被遗忘权(right to be forgotten)[①]——他们可以要求从实体系统中删除其个人数据。这样一来,《通用数据保护条例》就能降低数据丢失的可能性并消除数据丢失对用户隐私的潜在影响。[83]

这些规定需要部署人工智能的金融科技公司详细考虑,毕竟,机器学习算法持续校准需要大量的多元数据。比如,设计者需要历史用户数据来磨炼这些算法的决策准确性。因此,为了用这种方式合法处理用户数据,

---

[①] 或称"被遗忘的权利"。这是《通用数据保护条例》修正后增加的新型权利。被遗忘权可以概括为:数据主体有要求数据控制者删除关于其个人数据的权利,控制者有责任在特定情况下及时删除个人数据。简言之,如果一个人想被世界遗忘,相关主体应该删除有关此人在网上的个人信息。——译者注

公司可能需要对数据进行匿名处理。一旦数据被匿名化，就不再是个人数据，也就不再属于《通用数据保护条例》管辖的范围。[84]然而，数据匿名也并非万能灵药，因为如果匿名化可以逆转（见第七章），那些数据就属于规则的管辖范围了。

人工智能行为准则

尽管数据保护规则可能与在消费者环境中部署人工智能的组织高度相关，但《通用数据保护条例》等法规仅在涉及个人数据的情况下才会产生效力。在此类网关法规的范围之外，就没有其他专门与人工智能相关的法律或法规了，至少在金融科技环境中没有。

如果没有任何其他信息来告知人们对最佳实践的看法及对未来的监管预期，那么决策者对人工智能的看法就很值得关注。例如，虽然英国目前尚无制定专门针对人工智能的立法的计划，但上议院已经提出了有道德地使用人工智能的行为准则。该准则包含五项核心原则：[85]

1.人工智能的发展必须是"为了人类的共同利益"。

2.人工智能应"根据可理解性和公平性原则"运行。

3.人工智能的应用不得损害"个人、家庭或社区的数据权利或隐私"。

4.公民有受教育的权利，这样他们就可以"在精神、情感和经济上与人工智能并驾齐驱"。

5.人工智能绝不可以具备自动"伤害、摧毁或欺骗人类"的能力。

虽然这些原则看起来与金融服务没有直接关系，但部署人工智能的组织最好仔细体会每项原则的精神。首先，原则1似乎是对《希波克拉底誓词》（*Hippocratic Oath*）①表达赞同（即"不伤害"）；原则5表达了与自主人工智能相关的类似情绪。因此，我们不难看出这两个原则应如何被应用于金融服务——它们本质上要求人工智能的控制者考虑对其更广泛的利益相关者群体的影响。

与此同时，原则3似乎与数据保护密切相关，尽管它似乎为涵盖某些人群（即家庭和社区）而拓展了《通用数据保护条例》的规定。因此，建议组织考虑部署人工智能会如何影响个人及其家人和亲密伙伴的隐私。

此外，原则4表示，对于会被人工智能驱动的自动化所取代的员工何去何从，组织需要具有前瞻性考量，也许他们在组织中还另有角色？这个角色是否需要再培训？

最后，还有原则2，该原则涉及可理解性和公平性。算法偏差及公平性在本书的补充案例研究中进行了阐述，因此无须在此做进一步讨论。另一方面，可理解性问题是深度学习算法特别关注的问题，因为这些问题可能有多个层次，比较深入，[86]所以这种不透明使得人类很难确定这些算法是如何作出决定的。

针对可理解性，《通用数据保护条例》规定个人有权要求解释对他们产生重大影响的自动化决策是如何达成的。如果实体使用了深度学习算法，这种算法可能无法以普通人可以理解的方式进行。[87]因此，在处理个人数据时，组织可能必须要依赖其他更透明的算法。

在《通用数据保护条例》之外，在构建执行低风险任务（如在图像

---

① 《希波克拉底誓词》，又称《希波克拉底誓言》，是学校要求医学学生入学的第一课就要学习并正式宣誓的誓言。在其他领域里，如律师、证券商、会计师、审计师、评估师、推销员等，都拿希波克拉底誓言作为行业道德的要求，使得该誓言成为人类历史上影响最大的一个文件之一。——译者注

中找到猫）的算法时，缺乏透明度就不是什么大问题。毕竟，如果算法出错，负面影响也相对较小。手机保险等小额金融服务也是如此。例如，保险人可能会满足于用算法提供的更高准确性来弥补由于缺乏透明度而导致的更高的不确定性（因此也会带来风险）。

然而，高风险决策可能不适用同样的方法，如果高风险决策出错，例如在筛查严重疾病时出错，则可能会对人们的人身安全或健康造成严重后果。大牌金融服务业也是如此。如果普通消费者知道算法不会由人工审计，他们会安心将自己的财务状况委托给算法吗？英国决策者似乎意识到了这个问题。上议院就表示，监管者应有权强制各组织在高风险决策中使用更透明的算法，即使这样做意味着要去使用不那么准确的算法。[88]

即便如此，在某些情况下，比如驾驶商用大型喷气式飞机，依赖人工智能永远都不合适。现代自动驾驶系统可以在起飞（包括着陆）后处理大多数事情，[89]但该系统总是由至少一名飞行员监控。因为错误的代价太高了，所以，在某些领域，无论人工智能如何熟练，都有充足理由进行人为监督。

虽然上议院提出的人工智能准则没有约束力，但该准则很可能为未来的人工智能监管定下基调。因此，金融机构有必要详细研究这些原则，并将其作为在业务基础，合乎道德地去部署人工智能。这样一来，各个组织可以最大限度地降低在将来违反任何与人工智能相关法规的风险，从而助力现行人工智能的未来验证。

监管区块链及加密货币

就像人工智能的情况一样，尚无专门针对区块链技术的法律。因此，金融监管机构采取了一种网关式的方法来监管区块链，其目的是对与其所在的金融服务环境中的应用可能相关的受监管领域进行审查。

此外，必须区分许可区块链网络及无许可区块链网络。前者无论程度大小都是私有网络，而后者是开源网络，因此对所有人开放。这一点很重要，因为无许可区块链网络往往呈分散状态，而这种状态可能会阻碍有效监管。[90] 因此，监管机构可能会将重点放在与这些网络连接的金融系统部分，即所谓的网关，这样一来，关注洗钱的监管机构可能会将注意力转向在线交易所，因为那里是比特币及其他加密货币与主流法定货币的交易场所。[91]

此外，区块链领域的快速创新和技术复杂性可能会导致监管机构倾向于采用基于原则的方法来监管区块链；[92] 毕竟，为这项技术的每一种可能应用编写一条规则实在太繁重了。从全球来看，这将意味着向更欧洲化的监管方式转变，而不是美国所青睐的基于规则的方式。

基于原则的监管赋予受监管公司责任，让他们遵循法律精神并遵循最佳实践，即使其活动在技术上不受法律保护。为谨慎起见，接受监管的公司需要将某些区块链相关活动视为属于现有监管范围。例如，一些加密货币交易所会在法律提出要求之前引入"了解你的客户"（know-your-customer，KYC）及其他反洗钱程序。

除此之外，监管部门还会推动现有法规更新，以涵盖某些区块链相关活动。例如，欧盟第五项反洗钱指令于2020年年初在英国及欧盟生效，这项指令将提供加密货币相关服务的实体纳入现有洗钱规则的监管范围。[93]

反洗钱与加密货币

在洗钱问题上，欧盟由反洗钱金融行动特别工作组（Financial Action

Task Force on Money Laundering，FATF）牵头，反洗钱金融行动特别工作组是一个反洗钱及反恐怖主义融资的国际标准制定机构，欧盟委员会是该机构的成员之一。[94]2019年，反洗钱金融行动特别工作组发布了关于虚拟资产服务提供商（VASP）如何遵守反洗钱规则的指南。[95]尽管个别司法管辖区可能与本指南存在分歧，但对于从事加密货币的金融科技公司来说，这个起点十分有益。

该指南将虚拟资产服务提供商定义为以企业身份代表他人从事涉及虚拟资产的特定活动的个人或实体。这些活动包括虚拟资产交易、虚拟资产的保管和/或管理以及参与与虚拟资产发行相关的金融服务。此外，"虚拟资产"被定义为"可进行数字交易或转让并可用于支付或投资目的的数字价值表达"。[96]

该定义明确排除了反洗钱金融行动特别工作组现有指南中已经包含的法定货币、证券及其他金融资产。这样一来，提供加密相关服务的企业将受到反洗钱/打击恐怖主义融资法规的约束，该法规同样适用于以法定货币或其他金融资产（如证券交易、交易所服务等）提供服务的实体。然而，鉴于加密货币的性质，反洗钱金融行动特别工作组还专门为虚拟资产服务提供商提供专门的指导意见。[97]

反洗钱金融行动特别工作组建议虚拟资产服务提供商采取基于风险的方法，防止不良行为者滥用其服务洗钱或资助恐怖主义活动。与传统金融机构一样，虚拟资产服务提供商也需要考虑风险因素，如地理位置、客户类型及所提供服务的性质。加密货币交易中还存在特定的风险因素，其中包括加密货币与法定货币的交换（反之亦然）、某些加密货币的交易混淆特征、用户匿名程度以及虚拟资产服务提供商自身商业模式的分散程度等。[98]

企业在何种程度上被视为虚拟资产服务提供商似乎取决于两个关键测

试：企业是否能够控制用户的私钥，或者企业是否以某种方式代表用户促成了交易。即便如此，如果企业运行一个闭环系统，如航空里程或忠诚卡计划，即使该实体满足其中一个或两个条件，也可能不符合虚拟资产服务提供商的资格——由于用户不能在二级市场出售这些资产，因此这些"虚拟资产"不在金融行动特别工作组的指导范围之内。[99]

当企业对用户的私钥拥有"排他性及独立控制"时，就能控制用户的加密货币。在这种情况下，该实体可被视为提供保管和/或行政服务，因此受反洗钱/打击恐怖主义融资法规的约束。然而，如果此类服务是虚拟资产网络的辅助服务，因为相关实体对用户的私钥没有控制权（无权访问或控制用户的私钥），所以其活动不在虚拟资产服务提供商特定指南的范围内，硬件及其他非托管钱包解决方案的提供商就属于这种情况。[100]

除私钥控制之外，如果实体具有代表用户"积极促进金融活动的能力"，则可以将其定义为虚拟资产服务提供商。这一条件比第一个条件宽松得多，因此涵盖了更广泛的实体，包括比特币自动取款机、加密货币交易所及促进虚拟资产发行的经纪业务。此外，还包括去中心化交易所，去中心化交易所是一种允许用户通过区块链网络直接进行交易的软件应用程序。尽管这种权力下放可能会妨碍出于反洗钱/反恐融资目的的监督，但维护这些解决方案的实体可被视为虚拟资产服务提供商，因为这些实体促进了虚拟资产交易。[101]

被指定为虚拟资产服务提供商的实体与提供类似服务的传统金融机构一样，受到相同的基本反洗钱/打击恐怖主义融资要求的约束。这意味着他们需要执行了解客户及其他客户尽职调查程序，以及遵守记录保存要求；此外，虚拟资产服务提供商需要持续监控客户账户中的可疑交易。因此，虚拟资产服务提供商必须将反洗钱/了解客户程序与其内部风险及监督结构相结合。实际上，这些措施与传统金融机构所要求的措施非常相似。然而，加密货币具有独特性质，要求虚拟资产服务提供商做出某些特殊考虑——虚拟资产交易具有固有的不透明性，而且缺乏面对面的互动，这可能会导致虚拟资产服务提供商依赖数字化客户验证方法，比如，可能意味着要跟踪客户的IP地址或对照国家数据库交叉检查其身份识别号码。[102]

此外，虚拟资产交易的数字化特征及不透明性意味着虚拟资产服务提供商必须收集分析更丰富的数据点阵列，以便进行可疑交易报告。越过标准数据点（如地理位置、交易金额等），监控加密货币生态系统特定的信息，应该能够更好地检测可疑交易。这些信息可能包括设备识别号、IP地址、钱包地址及交易哈希。[103]

加密货币、首次币发行及证券监管

尽管本章讨论的规则及法规各不相同，但始终有一个共同的主题，那就是，因为金融科技公司部署技术具有固有的复杂性，这就促使监管机构的立场更加基于原则。因此，公司要根据其活动的经济实质而非法律形式来制定规章制度。将合规视为一种按部就班的做法，金融科技公司可承受不起。

监管合规与区块链代币在投资行业中的法律地位息息相关，欧洲及美国的规则都强调将工具定义为证券的基于物质的方法，因此也强调了证券法的适用性。

在美国，所谓的豪威测试（Howey test）将"投资合同"定义为将资金投入一项共同事业，并"合理预期"从他人的工作中获得利润。[104]根据建立豪威测试的法院规定，这是一个"灵活的原则，而非静态的原则"。[105]

事实上，随后的规定强调了"实质内容，应忽略形式"[106]，"重点关注交易背后的经济现实"。[107]如果一种工具可以定义为涉及美国居民的"投资合同"，则该工具受美国证券法的约束。因此，这些规则涵盖了由首次币发行（Initial Coin Offering，ICO）资助的美国初创企业。[108]

同样，在英国和欧盟，根据《金融工具市场指令II》（*MiFID II*），"金融工具"可以定义为可通过资本市场转让的"可转让证券"。因此，虽然严格说来，欧洲证券及市场管理局（ESMA）所称的"加密资产"尚无法律定义，但可以想象，一些区块链相关活动仍可能受到资本市场监管。[109]

此外，欧洲证券及市场管理局还区分了不同类型的区块链代币，即公用事业代币［授予对某些资源或服务（如云存储空间）的访问权］、支付代币及投资代币。这样一来，不同类型的代币可能会受到不同法律法规的约束，具体受到哪一部法规的约束则取决于代币的使用方式。例如，支付代币可能不属于证券监管的范围，但属于支付监管的范围，而混合代币（具有多种功能的代币）则可能会受到多种监管。这样一来，支付投资代币就可以纳入支付及证券监管范围。[110]

在区块链代币被归类为证券的领域，围绕其使用的受监管活动会涉及投资生命周期的几个阶段，即发行、交易及保管。[111]投资区块链初创企业是一项风险事业。据估计，2017年推出的30%首次币发行资助项目在2018年1月至9月期间几乎失去了所有价值。[112]因此，业务失败和/或欺诈的风险，加上低流动性，使得大量散户投资者不适合投资区块链代币。因此，区块链投资的监管方向似乎是加强对投资者/消费者的保护。在美国似乎就是这样，美国的监管机构已明确表示，加密交易所及代币发行人必须遵守现有的证券及金融市场法律。[113]由于美国证券法适用于涉及美国居民的交易，无论这些交易发生在世界何处，[114]基于区块链的金融科技公司都需要遵守，即便这些公司可能位于其他地域。

证券法将区块链代币纳入管辖范围之内，对其发行人提出了严格的披露要求，以保护消费者。因此，发行人必须仔细考虑如何推广代币以及向谁来推广代币。在首次币发行方面加强消费者保护似乎也是欧洲的管辖趋势，而且可能比美国更为明显。事实上，一些欧洲司法管辖区（如英国）的监管机构已经提议，出于风险考虑，限制向散户销售加密货币相关的衍生品。[115]

无论是将区块链代币出售给散户还是出售给专业投资者，专业中介机构及交易平台都有责任关注其客户。这就要求公司以客户的最大利益为出发点，谨慎行事。就交易平台而言，这就意味着将客户资产与公司资产区分开来。这样一来，如果公司破产，客户资产将受到保护，免受债权人的侵害。此外，由于加密货币交易平台持有客户资产，因此这些平台应该遵守与传统证券公司相同的记录保存、监管以及资本要求。[116]

区块链交易平台通常从事链外交易。客户将区块链代币和/或法定货币存放在交易所，以进行交易。通过这种方式，用户可以有效地交换表示资产所有权的证书（即法定货币和/或区块链代币），而这些证书"存储"在交易所。因此，客户承担一定程度的交易对手风险，[117]如果交易所倒闭，客户的资产可能会遭受损失。加密货币交易所的客户曾多次遭遇这种情况，最值得关注的可能就是2013年臭名昭著的Mt. Gox比特币交易所破产案。[118]因此，在交易中，交易平台有责任明确区分客户及公司资产，而这可以通过为公司及其客户使用不同的区块链地址来实现。

客户资产及保管规则并非只限于交易平台或经纪公司。鉴于区块链代币的性质，托管钱包提供商也可能属于此类监管范围。这是因为这些公司控制着客户的私钥，[119]在这种情况下，丢失密钥将导致客户资产的损失。

在实践中，可以通过多重签名钱包来降低这种风险，在这种钱包中，如果不是每个签名持有人（即客户和公司）都提供认证，就无法进行交易，[120] 这种操作有助于保护客户免受盗窃，同时也能区分客户及公司资产之间的所有权。

案例研究　　全球稳定币（GSCs）

全球稳定币是由低波动性流动资产支持的区块链代币（即以美元或欧元等主流法定货币计价的短期政府证券及货币市场投资）。全球稳定币试图通过这种方式解决加密货币固有的一个核心问题——波动性。波动性被视为影响加密货币被主流采用的障碍，因为波动性会阻止加密货币实现货币的任何核心功能，使其无法用作计价单位、价值存储或交易手段。[121]从理论上讲，用一篮子低波动性资产支持全球稳定币应该会将其波动性降低到基础资产的波动性标准，从而为大规模采用铺平道路。

这样，创建一个适用于日常交易的全球稳定币，有可能使生活在没有金融基础设施地区的人们利用全球金融体系。通过促进资本流入及流出这些地区，全球稳定币可以减轻10多亿人的贫困。[122]这并不是凭空想象，因为一种金融科技解决方案已经在撒哈拉以南非洲部分地区取得了这样的成果。据估计，沃达丰的移动支付解决方案M-PESA已经帮助肯尼亚2%的家庭摆脱了贫困。[123]

随着互联网及移动设备普及率在发展中国家快速增长，基于区块链的支付解决方案（如全球稳定币）备受关注。然而，这些解决办法也并非没有风险。例如，有人担心这些方案可能被用于洗钱、避税及资助恐怖主义。[124]

此外，货币当局警告称，大规模采用全球稳定币可能会导致银行存款流失,[125]尤其是在发展中国家。考虑到这些代币的流动性及隐私安全,人们可能更愿意持有全球稳定币来代替本国货币,尤其是在本国货币遭受高通货膨胀率的情况之下。毕竟,如果活期账户利息微乎其微,有什么动机会让你把钱存在银行呢?

由于全球稳定币需要低风险流动资产的支持,大规模采用全球稳定币可能会造成此类资产短缺,[126]而法律要求银行、保险公司及其他大型金融机构应持有此类资产。这就可能会形成一个反馈回路,使这些资产增值,不是因为其基本面,而是因为被纳入全球稳定币的储备金。随之,全球稳定币基础资产的上涨可能会吸引投机者投机全球稳定币,从而增加对这些资产的需求,进而延长投资周期。

这一问题在开放式方案中可能尤为突出,用户可以用法定货币兑换全球稳定币代币,反之亦然。当用户想要拿回他们的钱时,他们会按照全球稳定币资产池的代币市场价格兑换代币。为了满足用户需求,全球稳定币运营商可能需要购买或出售基础资产。因此,全球稳定币的大量流入及流出可能会增加基础资产市场的波动性。

一些全球稳定币运营商可以通过关闭其计划来解决此问题,这样一来,就可以用固定数量的代币表示固定金额的资产。在这种方案中,用户通过在二级市场买卖代币来完成进出市场。过度需求可能会导致代币以高于基础资产的价格进行交易。这方面有一些历史先例,19世纪末和20世纪初,各种黄金及白银支持的货币以高于其金属价值的价格进行交易,这是因为人们对货币的功能性需求导致其相对于基础资产的价值产生膨胀。[127]

无论是开放式还是封闭式,全球稳定币都可能容易受到用户信心丧失的影响,从而导致其基础资产市场扭曲。[128]由于每个全球稳定币代币代表该计划基础资产价值的一部分,开放式全球稳定币的大额赎回可能迫使其运营商出售大量支持全球稳定币的"流动"资产。与此同时，对封闭式全球稳定币失去信心可能导致其以低于其基础资产价值的价格进行交易；如果全球稳定币足够大，则可能会因为投机者的行为影响证券市场，投机者将卖空标的资产，同时做多等价的全球稳定币代币，以创造无风险利润。

大规模采用全球稳定币会带来哪些系统性风险？（参考答案见本章末尾）

本章总结

随着技术不断发展，各个组织很可能会发现自己部署技术的环境中没有规则或监管先例，因此，在没有监管机构或规则手册的明确指导的情况下，各组织最好采取基于原则的方法。毕竟，技术可能会改变，但最佳实践及良好治理不会改变。此时，决策者及监管者需继续迎头赶上，必须更新现有规则，微调监督机制。

尽管这种方法可能无法保护公司免受所有监管风险的影响，但它远胜于因为"监管机构太小而无暇顾及"，或因为使用的新技术在技术上不受现有规则的保护而忽视任何形式的监管考虑。世界各地的监管机构往往更看好那些在风险管理方面做出的合理、诚信的尝试，同时对消费者公平透明的公司。

终极锦囊

本章最重要的观点是：

● 金融监管机构与他们监管的公司一样，都想通过提高监管流程的效率来进行创新。

- 越来越多的监管机构与金融科技公司合作，导致了技能短缺：这些机构及公司需要的人应与读过本书的人有相同的技术理解水平。
- 直接适用于个别技术的法规即便是有，也很少。
- 金融监管机构更希望监管网关活动及金融服务中的技术应用。

讨论要点参考答案

数字监管报告等举措如何促进金融行业的监管及合规流程？

第一，由于类似数字监管报告的解决方案可以让监管机构直接访问公司的数据，所以监管实体的合规人员无须花费时间编写监管报告。除了节省时间及费用之外，还将出错的可能性降至最低。此外，使用应用程序编程接口及智能合约可以使监管报告更加安全——公司不再需要通过电子邮件或传统邮件向监管机构发送数据，这降低了数据丢失的风险。

第二，由于自动报告系统需对报告规则进行编码，公司需要对其报告数据进行标准化操作，因此有助于提高报告的数字在公司之间的可比性，监管者可以更准确地将公司与同行进行比较，以确定需要关注的异常值。

第三，使用图形用户界面编辑公司数据有助于监管机构进行行业级别的监管。直接访问公司的系统及几乎"实时"的数据可以最大限度地减少任何时滞，使监管机构能够更及时地识别及应对风险。

大规模采用全球稳定币会带来哪些系统性风险？

不幸的是，大规模采用全球稳定币可能进一步削弱了公众对全球稳定币的信心，从而形成了一个反馈回路。

第一，如果全世界的消费者都喜欢使用全球稳定币作为主要交易工具，那么全球稳定币的相对吸引力可能会剥夺当地银行的流动性。此外，如果发生银行抛售，全球稳定币交易的便捷性及速度可能会促进金融传染（Financial contagion）：[129]对一家银行失去信心时，人们可能会对整个系统产生怀疑。在这种情况下，一家银行倒闭所产生的影响可能会因用户将资金投入全球稳定币而不是其他银行而恶化，否则的话，全球稳定币是有助于支持银行的。

第二，当人们对全球稳定币的需求足够大时，它可能会加剧资产市场的波动。全球稳定币需求过剩时，其需求可能会产生正的价格螺旋；反之，如果人们对全球稳定币失去信心，其崩溃将导致其基础资产市场大幅下跌。在这两种情况下，是与全球稳定币相关的群体行为，而非资产本身扭曲了基础资产价值。

第三，全球稳定币可能会帮助个人逃避资本管制及税收，同时限制个别国家实施货币政策的能力，尤其是那些债券不包括在全球稳定币资产池中的国家。[130]如果这些国家奉行宽松的货币政策，造成过高的通货膨胀率，其居民可能很容易通过全球稳定币转移财富，从而迫使该国提高利率。

参考文献

1,3,9,10,32,44 Magnuson, W (2018) Regulating Fintech, *Vanderbilt Law Review*, 71 (4), 1167–126

2,4 Coffee, J C (2011) Systemic Risk after Dodd–Frank: Contingent Capital and the Need for Regulatory Strategies beyond Oversight, *Columbia Law Review*, 795, scholarship.law.columbia.edu/faculty_scholarship/35 (archived at https://perma.cc/UB5V-6H5M)

5 Roberts, J (2013) Financial Services Act 2012: A New UK Financial Regulatory Framework, Harvard Law School Forum on Corporate Governance, 24 March, corpgov.law.harvard.edu/2013/03/24/financial-services-act-2012-a-new-uk-financial-regulatory-framework/ (archived at https://perma.cc/RU27-BFP2)

6 Wheatley, M (2013) Regulation as a spur to growth, Financial Conduct Authority [speech], www.fca.org.uk/news/speeches/regulation-spur-growth (archived at https://perma.cc/RU3F-PWL2)

7 Allen & Overy LLP (2020) The Banking Reform Act 2013, www.allenovery.com/en-gb/global/news-and-insights/legal-and-regulatory-risks-for-the-finance-sector/united-kingdom/the-banking-reform-act-2013 (archived at https://perma.cc/K9HT-QAV9)

8 OECD (nd) Regulatory Reform and Innovation, www.oecd.org/sti/inno/2102514.pdf (archived at https://perma.cc/F7EK-XRLQ)

11 European Commission (2019) Results of the fitness check of supervisory reporting requirements in EU financial services legislation, 7 November, ec.europa.eu/info/publications/191107-fitness-check-supervisory-reporting_en (archived at https://perma.cc/G45W-PAWU)

12,15,16,20 Wright, D, Witherick, D and Gordeeva, M (2018) Deloitte Global RPA Survey, Deloitte Development LLC, www2.deloitte.com/bg/en/pages/technology/articles/deloitte-global-rpa-survey-2018.html (archived at https://perma.cc/8N8F-GTK2)

13,14,18,19 Willcocks, L, Lacity, M and Craig, A (2015) Robotic Process Automation at Xchanging, The Outsourcing Unit Working Research Paper 15/03 (June, www.xchanging.com/system/files/dedicated-downloads/robotic-process-automation.pdf (archived at https://perma.cc/SS6U-FVK8)

17 PricewaterhouseCoopers LLP (2018) Actuarial robotic process automation survey report, www.pwc.com/gx/en/financial-services/pdf/insurance-rpa-survey-report.pdf (archived at https://perma.cc/XZB2-H37Y)

21 Fernandez de Lis, S (2017) Fintech: key regulatory challenges, BBVA Research, www.bbvaresearch.com/wp-content/uploads/2017/11/SFL-Panel-FinTech-LACEA.pdf (archived at https://perma.cc/E7WV-VZPY)

22,23 Fein, M L (2015) Robo-Advisors: A Closer Look, Social Science Research Network, papers.ssrn.com/sol3/ papers.cfm?abstract_id =2658701 (archived at https://perma.cc/6DFD-PNCU)

24,43 Financial Stability Board (2017) Financial Stability Implications from FinTech: Supervisory and regulatory issues that merit authorities' attention, 27 June, www.fsb.org/wp-content/uploads/R270617.pdf (archived at https://perma.cc/LRW3-3UMX)

25 Ziegler, T, Garvey, K, Ridler, S, Yerolemou, N, Hao, R and Zhang, B (2017) Entrenching Innovation: The 4th UK alternative finance industry report, Cambridge Centre for Alternative Finance, www.jbs.cam.ac.uk/faculty-research/centres/alternative-finance/publications/entrenching-innovation/ (archived at https://perma.cc/N65S-LQCA)

26 Marriage, M (2016) Passive funds take third of US market, *Financial Times*, 11 September, www.ft.com/content/4cdf2f88-7695-11e6-b60a-de4532d5ea35 (archived at https://perma.cc/7EPU-WTNH)

27,28,29,30 Brunnermeier, M K (2009) Deciphering the Liquidity and Credit Crunch 2007–2008, *Journal of Economic Perspectives*, 23 (1), 77–100

31,34,35,36,37 Claessens, S, Frost, J, Zhu, F and Turner, G (2018) Fintech credit markets around the world: size, drivers and policy issues, *BIS Quarterly Review*, 29–49 (September)

33   Financial Conduct Authority (2019) Loan-based ('peer-to-peer') and investment-based crowdfunding platforms: Feedback to CP18/20 and final rules, www.fca.org.uk/publication/policy/ps19-14.pdf (archived at https://perma.cc/53X6-ZBXE)

38   Financial Stability Board (2013) Strengthening Oversight and Regulation of Shadow Banking: Policy framework for strengthening oversight and regulation of shadow banking entities, 29 August, www.fsb.org/wp-content/uploads/r_130829c.pdf (archived at https://perma.cc/3KJ5-6H9J)

39   Ziegler, T, Shneor, R, Garvey, K, Wenzlaff, K, Yerolemou, N, Hao, R and Zhang, B (2018) Expanding horizons: The 3rd European alternative finance industry report, Cambridge Centre for Alternative Finance, www.jbs.cam.ac.uk/fileadmin/user_upload/research/centres/alternative-finance/downloads/2018-02-ccaf-exp-horizons.pdf (archived at https://perma.cc/NZ42-Q2FM)

40,41   Mishkin, F S (2011) Over the Cliff: From the Subprime to the Global Financial Crisis, *Journal of Economic Perspectives*, 25 (1), 49–70

42   Baird, R (2019) Collapse of property platform Lendy prompts FCA probe, Altfi.com, 28 May, www.altfi.com/article/5383_collapse-of-property-platform-lendy-prompts-fca-probe (archived at https://perma.cc/LC5J-LXAQ)

45,58,61,62   UNSGA Fintech Working Group, Cambridge Centre for Alternative Finance & Monetary Authority of Singapore (2019) Early Lessons on Regulatory Innovations to Enable Inclusive Fintech: Innovation offices, Regulatory Sandboxes, and RegTech, www.unsgsa.org/files/2915/5016/4448/Early_Lessons_on_Regulatory_Innovations_to_Enable_Inclusive_FinTech.pdf (archived at https://perma.cc/B78F-2FR5)

46,47 – 50,52   Financial Conduct Authority (2019) Digital Regulatory Reporting: Pilot Phase 1 Report, www.fca.org.uk/publication/discussion/digital-regulatory-reporting-pilot-phase-1-report.pdf (archived at https://perma.cc/2EYJ-T9ZC)

51,53   Financial Conduct Authority (2016) TechSprint: Unlocking regulatory reporting [video transcript, www.fca.org.uk/publication/documents/techsprint-unlocking-regulatory-reporting-video-transcript.pdf (archived at https://perma.cc/66G6-Z5XQ)

54 Micheler, E and Whaley, A R (2019) Regulatory Technology: Replacing Law with Computer Code, European Business Organization Law Review, 1–29

55,56,57 Financial Conduct Authority (2019) Digital Regulatory Reporting: Phase 2 Viability Assessment, www.fca.org.uk/publication/discussion/digital-regulatory-reporting-pilot-phase-2-viability-assessment.pdf (archived at https://perma.cc/BX4S-9W6G)

59,60 Zetzsche, D A, Buckley, R P, Barberis, J N and Arner, D W (2018) Regulating a Revolution: From Regulatory Sandboxes to Smart Regulation, *Fordham Journal of Corporate & Financial Law*, 23, 31–104

63 Deloitte Risk Advisory (2017) General Data Protection Regulation, www2.deloitte.com/content/dam/Deloitte/nl/Documents/risk/deloitte-nl-risk-gdpr-vision-approach.pdf (archived at https://perma.cc/W555-HLFK)

64,66,67–69,71,73,74,76–84 Information Commissioner's Office (2017) Big data, artificial intelligence, machine learning and data protection, ico.org.uk/media/for-organisations/documents/2013559/big-data-ai-ml-and-data-protection.pdf (archived at https://perma.cc/FTP3-AUGM)

65 Buttarelli, G (2016) A smart approach: Counteract the bias in artificial intelligence, *European Data Protection Supervisor*, 8 November

70 Federal Trade Commission (2019) FTC Imposes $5 Billion Penalty and Sweeping New Privacy Restrictions on Facebook, 24 July, www.ftc.gov/news-events/press-releases/2019/07/ftc-imposes-5-billion-penalty-sweeping-new-privacy-restrictions (archived at https://perma.cc/77EH-RW6X)

72 Turow, J, Hennessy, M and Draper, N (2015) The Tradeoff Fallacy: How marketers are misrepresenting American consumers and opening them up to exploitation, University of Pennsylvania, www.asc.upenn.edu/sites/default/files/TradeoffFallacy_1.pdf (archived at https://perma.cc/5SP6-ECJ6)

75   *The Guardian* (2020) Privacy, www.theguardian.com/info/privacy (archived at https://perma.cc/5ZAL-QS9A)

85,86,88   House of Lords Select Committee on Artificial Intelligence (2018) AI in the UK: Ready, willing and able? Report of session 2017–19, 16 April, publications.parliament.uk/pa/ld201719/ldselect/ldai/100/10002.htm (archived at https://perma.cc/YN92-4MCV)

87   Castelvecchi, D (2016) Can we open the black box of AI? *Nature*, 5 October 2016, www.nature.com/news/can-we-open-the-black-box-of-ai-1.20731 (archived at https://perma.cc/PG94-H3BG)

89   Nasr, R (2015) Autopilot: What the system can and can't do, CNBC, 26 March, www.cnbc.com/2015/03/26/autopilot-what-the-system-can-and-cant-do.html (archived at https://perma.cc/ZQX8-3Q3S)

90   Bank of International Settlements (2018) V Cryptocurrencies: looking beyond the hype, BIS Annual Economic Report, www.bis.org/publ/arpdf/ar2018e5.htm (archived at https://perma.cc/2ED7-C9RN)

91,92,108,113,114,132   Casey, M, Crane, J, Gensler, G, Johnson, S and Narula, N (2018) The Impact of Blockchain Technology on Finance: A catalyst for change, International Center for Monetary and Banking Studies, www.cimb.ch/uploads/1/1/5/4/115414161/geneva21_1.pdf (archived at https://perma.cc/9ZTC-Q7FR)

93   Fintrail (2020) Changes to the UK's Money Laundering and Terrorist Financing Regime, 10 January, www.fintrail.co.uk/news/2020/1/10/changes-to-the-uks-money-laundering-and-terrorist-financing-regime (archived at https://perma.cc/D57M-X7HN)

94   European Commission (2019) Anti-money laundering and counter terrorist financing, ec.europa.eu/info/business-economy-euro/banking-and-finance/financial-supervision-and-risk-management/anti-money-laundering-and-counter-terrorist-financing_en (archived at https://perma.cc/M447-NUQX)

95 – 103   Financial Action Task Force (2019) Guidance for a risk-based approach to virtual assets and virtual asset service providers, www.fatf-gafi.org/media/fatf/documents/recommendations/RBA-VA-VASPs.pdf (archived at https://perma.cc/6PBA-BXNV)

104 - 107 Securities and Exchange Commission (2017) Report of Investigation Pursuant to Section 21(a) of the Securities Exchange Act of 1934: The DAO, www.sec.gov/litigation/investreport/34-81207.pdf (archived at https://perma.cc/LS2Q-H6AS)

109,110,111,117,119,120 European Securities and Markets Authority (2019) Advice: Initial Coin Offerings and Crypto-Assets, www.esma.europa.eu/sites/default/files/library/esma50-157-1391_crypto_advice.pdf (archived at https://perma.cc/XAH6-D6XW)

112 Ernst & Young Global Limited (2018) Initial Coin Offerings (ICOs): The Class of 2017 – one year later, www.ey.com/Publication/vwLUAssets/ey-study-ico-research/$FILE/ey-study-ico-research.pdf (archived at https://perma.cc/WUU9-QNCW)

115 European Banking Authority (2019) Report with advice for the European Commission on crypto-assets, 9 January, eba.europa.eu/sites/default/documents/files/documents/10180/2545547/67493daa-85a8-4429-aa91-e9a5ed880684/EBA%20Report%20on%20crypto%20assets.pdf (archived at https://perma.cc/U9A2-RBFQ)

116 Financial Industry Regulatory Authority (2017) Distributed Ledger Technology: Implications of blockchain for the securities industry, www.finra.org/sites/default/files/FINRA_Blockchain_Report.pdf (archived at https://perma.cc/C3HJ-DRS9)

118 Emerging Technology from the arXiv (2014) The Troubling Holes in MtGox's Account of How It Lost $600 Million in Bitcoins, MIT Technology Review, 4 April, www.technologyreview.com/s/526161/the-troubling-holes-in-mtgoxs-account-of-how-it-lost-600-million-in-bitcoins/ (archived at https://perma.cc/JS9X-AAMT)

121 Lo, S and Wang, JC (2014) Bitcoin as Money? Current Policy Perspectives, No. 14-4, Federal Reserve Bank of Boston, www.bostonfed.org/-/media/Documents/Workingpapers/PDF/cpp1404.pdf/ (archived at https://perma.cc/P7EV-85F2)

122 Libra Association (2019) An introduction to Libra: White Paper, libra.org/en-US/wp-content/uploads/sites/23/2019/06/LibraWhitePaper_en_US.pdf (archived at https://perma.cc/8QPW-2R25)

123 Suri, T and Jack, W (2016) The long-run poverty and gender impacts of mobile money, *Science*, 354, 1288–292 (December)

124,125,126,128 - 130 G7 Working Group on Stablecoins (2019) Investigating the impact of global stablecoins, October, www.bis.org/cpmi/publ/d187.pdf (archived at https://perma.cc/AMZ8-UCQ2)

127 Hayek, F A (1977) Toward a Free Market Monetary System, in: Gold and Monetary Conference, New Orleans Gold, *The Journal of Libertarian Studies*, 3, 1–8

第九章

优化、去中心化及个性化

学习目标

在最后一章中,你将了解:

- 物联网(IoT)将如何影响金融科技的发展。
- 个性化在日益自动化的金融部门中所起的作用。
- 去中心化会如何重新构想金融服务。

本章旨在带领读者冷静地展望未来，为影响中短期金融业的技术趋势提供一个真实、前瞻性的视角。希望这样一来，读者就能够利用本章的见解为当前的决策提供信息。

本章并没有预测未来十年左右会如何。公开记录中遍地都是大胆预测，但结果却大错特错。互联网不会忘记，2004年五角大楼曾预测，到2020年，英国将出现"西伯利亚"气候。[1]

未来从本质上讲是不确定的，而且在中短期之外的未来，很大程度上是不可预测的。因此，本章结合本书中确定的商业及技术趋势，为读者提供一个不太遥远的未来的一瞥，而不是直接进行预测。

优化及整合

为了应对金融科技公司，银行采纳的解决方案更加方便、简捷、经济、高效，人们不得不问：下一步该怎么办？毕竟，使用类似的分析技术，结合众所周知的用户界面/用户体验设计原则，很可能会导致大大小小的金融机构最终落得同一个下场。这样一来，用户体验中的任何差异都可能归于肤浅。那么，金融机构如何才能与众不同呢？

在这方面，作为消费者，你可以问问自己愿意为什么样的服务主张付费，这个办法很有用。你可不可以估计一下短期流动性需求，还有储蓄、投资及借款的实时净头寸，然后直观地概述一下个人消费习惯？换句话说，就是评估一下个人损益表及实时资产负债表，其中包含饼图，点击饼图可查看单笔交易及持有投资，此外，还将包含将一个分布曲线，该曲线把一个人的财务业绩及头寸与历史平均值、个人目标和/或类似客户档案进行比较。这些内容每周、每月、每季度及每年都可以查看，客户只需点击按钮、轻触屏幕或通过简短的语音输入即可在这些内容之间进行切换。

该解决方案不会就此止步。它还将挖掘客户数据，以了解客户偏好，预测财务需求，并代表客户提交纳税申报单。简而言之，该解决方案堪称装在智能手机中的个人理财部门。相应地，该方案将根据客户的生活方式部署客户的财务资源，不会在不必要时侵占客户时间，而只会在出现问题或机会时提醒客户，并安排每月及每季度的审查简报。同时，还可以通过聊天机器人或客户服务热线随时提供人力援助。

如果可以为散户构建上述解决方案，那么也可以在企业领域实现上述解决方案。事实上，有一些金融科技应用程序可以将发票收集、工资单、管理监督及税务备案数字化；然而，这些解决方案都无法解决所有问题。相反，这些金融科技解决方案可以通过将工作流或其中一部分自动化处理来辅助财务部门的工作。因此，下一个飞跃可能是通过整合现有解决方案来实现更高效率。

促进这种变化的技术已经存在。然而，在金融部门，缓慢的后台流程阻碍了变革。根据2019年对金融服务机构的调查，遗留系统被视为实施金融科技解决方案的关键障碍之一。[2]此外，客户所需的变化规模意味着银行将被迫逐步推出金融科技解决方案。但是，作为这一变化的一部分，银行必须专注于"速胜"，以改善客户体验。[3]

金融科技解决方案不必仅限于面向客户的领域，按理来说，最大的收益可能来自内部部署技术，一部分可能是来自后台的数字化及自动化需求。然而，尽管自全球金融危机以来，金融机构将重点都放在通过重新设计客户界面及产品选项上，以便优化用户体验，但这些相同的改进尚未在后台完全实现。

因此，金融机构在实施内部金融科技解决方案时，最好遵守面向客户的标准。就像金融科技帮助其用户将成本、不便及花费时间降到最低一样，金融机构在对待员工方面也应如此。在这种情况下，基于任务的服务设计方法比较适宜，通过这种方法，金融机构可以设想解决方案来帮助员工执行任务和/或克服工作中的问题。[4]从理论上讲，这种设计可以将员工的时间及精力腾出并用来执行增值任务，例如与内部或外部利益相关者会面。这种想法并不局限于金融部门；事实上，公共部门也可以这么做。[5]

实时支付及无现金社会

除了降低成本，金融机构还将金融科技视为节省时间及免去不便的途径，换句话说，就是寻求降低客户及员工的心理交易成本。在这种情况下，现金交易可以视为一种心理交易成本；[6]毕竟，现金必须手动清点，运送到销售点，在销售点，买方往往会被迫接受找零。此外，现金交易在后台也增加了额外成本，即增加了记账、保管及到银行的旅途费用。

为了消除这些成本，许多机构都希望采用数字支付。[7]数字支付有助于实时监督，降低金融犯罪风险，能够更快地应对可疑交易，并能总体上提高企业在运营中重新分配收入的能力。流动性的增加可以促进企业顺利发展，有助于提高企业赢利能力。因此，无现金计划正受到学术界、决策者及大企业的青睐。当然，如果没有大宗消费者购买，这一切就都无关紧要了。然而大宗购买正蓬勃兴起，据统计，2012—2016年，全球非现金交易以每年约10%的速度增长。[8]

即便如此，要实现真正的实时数字支付还有很多障碍。虽然从客户的角度来看，刷卡付款似乎是即时支付，但通常情况下并非如此，在后台，支付活动可能需要几天才能完成。[9]之所以存在这种出入，是因为一些面向客户的机构通常会在技术清算之前将在途付款记入客户账户。例如，信用卡提供商可能会从客户处收取款项，同时立即减少其卡余额，而资金实际上还要过几天才会离开客户银行账户，以创造一种即时交易的假象。

实际上，金融机构愿意向客户提供短期信贷，以尽量减少等待交易清算带来的不便。但这给上述机构带来了融资成本，所以金融机构为什么要这样做？简单的回答就是，在线购物已经让客户养成了习惯，客户期望获得更大便利及更快服务。这些体验继而提高了客户在其他领域（如金融服务）的期望。[10]

更具体的答案当然要更复杂一点，而且从字面上讲就复杂得多。利用短期流动性创造即时或接近即时支付的感觉，可以视为弥补基础设施不足的一种方式，事实上，这是一种改善客户体验的"速胜"。与此同时，彻底检修堆满纸张、运行缓慢的后台系统实在太复杂、风险太大、成本太高，不可能一蹴而就。因此，金融机构在逐步更新其系统的同时，正在求助于中短期补丁。

虽然金融机构在未来一段时间内将继续采用这种变通办法，但许多金融机构正在调整其系统，以促进实时支付（RTP）。与按固定时间间隔分批处理付款不同（目前许多机构都是这样），这些交易是单独处理的，因此可以进行实时处理。[11]

虽然不同国家实施实时支付的方法可能不尽相同，但全球采用支付系统数据标准ISO20022将使金融业广为受益。环球银行金融电信协会（SWIFT）网络已承诺在2025年年底前完全采用该标准，[12]从而在其11 000

多家金融机构组成的社区内实施该标准。[13]

尽管最初的环球银行金融电信协会系统是为了加快处理速度而构建的，但ISO20022使支付系统现代化，促进数据流传输：信息被标记好以便于识别，而不用再发送文本块，例如收件人的姓名（即<nm>）及国家（即<cntry>）。此外，机构可以附加扩展汇款信息（ERI），也就是附加结构化信息，如引用链接文档和各个行项目。[14]

汇款数据的结构使数据具有机器可读性，从而实现更快处理及更精细监督。而更丰富的数据可以促进更好的风险管理，例如通过训练欺诈检测算法。再比如，扩展汇款信息可以自动化付款对账，或者至少减少了对电话、电子邮件及传真的需求。[15]因此，实施ISO20022可以将处理汇款数据的负担从人工转移到机器上，有可能大大降低交易成本。

随着实时付款引入以便利为中心的经济之中，无现金的社会是否会随之到来？当然会有好处，无现金支持者认为，建立所有付款的数字书面记录将有助于预防腐败及洗钱等金融犯罪，提高透明度，进而有助于减贫。[16]

即便如此，无现金的社会中也存在现实及道德问题。首先，无现金社会要依赖于电力持续供应。[17]尽管在许多发达国家停电的可能性微乎其微，但还是有可能的，所以医院有备用发电机不是没有原因的！

此外，完全无现金的社会可能会将无法使用银行账户的人排除在外，这也是一种风险。[18]由于这些人往往已然是社会的弱势成员（如老人或无家可归者），人们不得不问，为了无现金化，而在经济上将这些人排除在外，这种做法是否恰当。

除了上述强调的实际问题外，还有一些潜在的社会政治问题，让人们对无现金社会是否可取产生疑问。[19]现金让人们可以选择将财富储存在金融体系之外。就其本身而言，这是对银行的一项重要检测，如果人们不信任银行，他们只需提取现金，将其放在床垫之下。理论上讲，现金能激励银行业更好地为客户服务，但如果没有现金，这种激励就会消失。尽管客户仍然可以持有实物黄金或比特币，从金融系统中转移财富，但由于黄金及比特币的流动性都不如现金，客户无法在没有银行的情况下进行日常交易。因此，无现金化有可能让人们对银行业心存感激。

这种依赖性将是人们不批评银行的强烈动机。在没有强有力的消费者权益保护的情况下，什么会阻止银行因为一个人的"错误"观点而关闭他的账户呢？因此，无现金社会可能会对多元化及言论自由产生毁灭性影响，有可能导致调查记者、政治活动家及持不同政见的思想家三缄其口。[20]

虽然作为一个社会，我们必须仔细思考围绕新技术应用产生的更广泛的道德问题，但技术本身仍在大步前进。事实上，追求交易成本最小化的步伐似乎势不可当。银行从分行迁移到我们的电脑上，然后转移到我们的手机及平板设备上，很快就会成为人们客厅家具的一部分。

案例研究　通过 Alexa 语音助手办理银行业务

尽管电话银行业务已经存在了几十年，但直到2020年，完全基于语音的用户界面都还未成为主流，金融机构一直在这一领域进行试验。2017年，D3银行技术公司（D3 Banking Technology，下文简称D3）宣布推出使用亚马逊Echo（又名Alexa）的语音银行业务。[21]该设备可以记录客户的语音，然后将这些数据传输到云服务器，在那里使用自然语言处理程序进行处理。[22]这样，Alexa这个应用程序就成为金融服务中物联网（见下文）的一个例子。

D3是银行及信用合作社的数字解决方案提供商，[23]为这些机构提供面向消费者及商业市场的技术解决方案，这些解决方案可以预先根据需要定制并构建。[24]谈到基于Alexa的解决方案，D3首席执行官马克·维庞德（Mark Vipond）表示："通过提供语音激活银行业务……我们正在打破分歧所产生的障碍，以及终端用户对特殊知识的需求。"[25]

作为此解决方案的一部分，客户可以通过使用语音检查账户余额、转移资金、查看财务目标。[26]可以让缺乏数字技能的客户，如老年人，更方便地使用网上银行。D3的语音银行业务是具备更广泛的技术解决方案平台的一部分。[27]该平台帮助其用户收集分析客户的数据，这可以让用户预测客户需求，个性化客户体验。例如，语音助理可以向现金余额较高的客户账户推荐储蓄产品。[28]

有些人将像亚马逊Alexa这类基于语音的用户界面描述为"虚拟管家"。[29]这类"虚拟管家"，还有谷歌家居（Google Home）和苹果HomePod智能音箱。[30]随着功能的不断扩展，它们看起来将在用户的生活中发挥更大的作用，并且随着底层算法的数据量不断增加，这些设备可能会变得越来越具有会话性能，越来越个性化（请参见下面的情感计算框内容）。

尽管支持语音的设备能够从记录用户语音开始学习，从而更好地识别及响应单个用户的输入，但它们确实会出错。例如，自然语言处理算法可能会"误听"用户的输入，并做出不适当响应，或根本没有响应。[31]要解决这一问题，用户可以简化命令，提供更多的细节或非常清晰地表达他们的话语，用一种比自然声音更慢、更响亮、更清晰的方式说话。[32]

支持语音的用户界面可能只是金融服务进一步数字化的一个步骤，随着连接不断增强，人们可以通过虚拟现实头戴系统或互联网眼镜访问虚拟分行，这可能很快就会成为访问实体银行分行的可行替代方案。[33]通过这种方式，虚拟现实技术可能会再现一种类似于访问银行的用户体验，虽然是在舒适的家中，这在某种程度上仍然有点讽刺意味。

然而，虚拟分行不太可能成为数字化金融服务的最终目标。随着自动化程度的不断提高，会有更多的设备将能够代表其用户进行自主操作，以大大减少用户所需的时间及输入。这样一来，自动化可能会削弱用户界面在用户体验中的作用。

基于语音的解决方案应用于金融服务环境时会如何影响客户体验？（参考答案见本章末尾）

物联网

自2000年以来，通过笔记本电脑、智能手机及最近的智能手表等形式连接互联网的用户界面数量迅速增长，与此同时，连接的自主设备也有所增加，这些设备配备了传感器，能够从环境中获取输入，如湿度、温度、声音及运动，等等。[34]

这些数据被传输到云端托管的应用程序，在分析数据之后，应用程序向"智能"设备下达响应环境的变化的指令。[35]例如，空调系统可以从家庭的各个角落获取温度数据，从而优化能源使用，并保持每个房间的温度恒定。

这样的解决方案通常称为物联网；虽然此类方案在技术上可行已经有一段时间，但以前只有富人或大型组织才能使用。物联网解决方案的不同之处在于，它们可以在零售层面上使用，并且可以通过智能手机或平板电脑应用程序进行导航。这得益于更高的连通性、云计算以及更便宜的传感器。因此，金融科技创新的一些驱动因素有助于将网络嵌入家庭。

从根本上讲，部署物联网解决方案是为了优化资源使用，不论是在业务还是在消费者领域都是如此。例如，数字化库存管理系统是已知的物联网技术解决方案的最早示例之一。[36]虽然优化使系统拥有更低成本、更大便利性，当然是一种优势，但物联网及某些其他技术的结合则具有更大的潜力。

首先，可以用人工智能构建更具自主性的物联网解决方案。这是一条双向的道路，每个设备都配备了多个传感器，随着连接设备数量的增加，可以收集更多数据来完善使用的机器学习模型。反过来，这也允许连接的设备做出数据驱动的决策，从而更自主地执行其功能。自动驾驶汽车就是一个很好的例子。自动驾驶系统采用多种算法在道路上做出决策，而反过来，在驾驶过程中通过传感器及摄像头收集的数据可以用来进一步完善这些算法。

其次，如果物联网设备能够获得人工智能授权，就可以成为经济代理人，可以代表用户自主交易。这一操作可以通过区块链代币来实现。[37]由于这些代币可以用作法定货币的替代品，因此可以用于小额交易。[38]区块链代币是价值的数字表示，在理论上，使用它们进行交易应该会降低交易成本。这是因为区块链交易不涉及中介机构，因此可以在没有法定交易的纸质后台结算流程的情况下进行。

例如，捷豹（Jaguar）曾实验用加密货币补偿其用户，用来交换用户的数据：驾驶员允许他们的汽车自动报告从车辆传感器收集的道路数据，作为回报，他们的数字钱包会存入加密货币，这些加密货币可以拿来兑换咖啡、停车位及通行费。[39]

虽然上面的例子相对简单，但从技术上讲，不难看出它是如何扩展的。例如，2017年，丰田宣布正在探索在自动驾驶汽车中使用基于区块链的汽车共享解决方案，以帮助车主在非个人使用时实现汽车的货币化。[40]该方案的一个部分是，车主可以通过智能合约获得区块链代币补偿，作为允许其他人使用其车辆的回报。[41]随着物联网设备的普及，这些设备将开始代表其用户进行交易。这样，以前个人使用余下的东西将被金融化。

身份识别及数字自我

不难想象，有了越来越方便的用户界面、即时支付及支持物联网的设备自动为用户提供服务，这一切导致了"数字自我"的出现。换句话说，"数字自我"就是每个用户的个性化数字表示，可以代表用户处理各种事务，这些工具支持人工智能，各种用户界面捕获的大量用户数据可以通知它们做出各种决策。[42]

在某种程度上，这种解决方案已然存在。例如，机器人顾问可以依据用户表达的偏好（即用户数据）提出投资建议。此外，许多机器人顾问推荐的交易所交易基金可以自己做出算法投资决策。比如，按照市值比例投资伦敦证券交易所100家最大的公司，这就是一种算法投资策略，尽管是被动决策。

在未来，为我们服务的应用程序可能会从各种来源获取输入信息。[43]来源可能包括我们的在线搜索历史、金融交易、购物车、驾驶习惯，甚至我们的私人对话。由于在这些数据集上进行记录及资本化的技术已经存在，因此，下一步就是将这些数据集成起来。

在商业及消费者领域，许多新入场者的核心策略显而易见，就是使服务更便利。当前大量的金融科技创新在某种程度上需要整合，以减少用户的监督成本及时间成本。所以，时下将各种金融科技创新结合在一起的新型金融机构蓬勃发展，甚至以牺牲更多成熟的金融机构为代价，这或许就不足为奇了（见第一章）。

为了集成技术支持的解决方案，用户身份必须首先数字化。在某种程度上，这种情况已经自然而然地发生了。例如，许多网站允许人们使用其脸书账号登录。同样，一些在线零售商需要用户的电子邮件地址来建立账户，然后，就可以使用相同的地址通过在线支付工具（如贝宝）对交易进行身份验证。

然而，这些功能并不构成一个成熟的数字身份系统。迄今为止，其重点一直在交易验证上，而不是用户验证上。[44]这些系统依赖第三方金融机构来确认用户交易，即依靠政府签发的证件，如护照或驾驶执照来验证用户身份。这样一来，这些在线身份识别系统不过是现有纸质系统的数字门面而已。

此外，这些数字门面并不集中，而底层系统则相反。例如，大多数政府都有一个数据库，记录所有已经发放的驾驶执照。这种数字及物理身份的分离可以让人们使用多种在线身份。虽然从隐私角度来看，这一操作可能很有吸引力，但也会导致金融犯罪。事实上，如果所有电子邮件账户都与政府颁发的用户身份证件相关联，那么某些在线欺诈就更难以成功。

当然，集中式数字身份系统的潜在好处（减少欺诈、反洗钱等）可能未必大于此类系统对公民自由构成的潜在风险。尽管如此，这种忧虑并没有阻止一些国家将其公民身份数字化。印度的Aadhaar（印地语为"基金会"）倡议可能是这方面最广泛的例子。2008年，印度政府启动了这一计划，为该国12亿人口（2008年数据）的每个人提供数字身份。[45]该方案的核心目标之一是增加金融包容性，为每个人提供获得公共服务的机会。据估计，截至2008年，52%的印度成年人没有使用金融服务，[46]因此，这种干预可以视为在这个世界上最大的民主国家所做的减贫努力。

这一做法似乎有所起效，2011—2017年，印度15岁以上人口中拥有金融机构账户的比例从35%增长到了80%。[47]根据2014年的估计，约90%的消费者都是以现金付款。[48]此外，2016年，为了打击以现金为中心的经济体中的洗钱和逃税行为，高面额（500卢比和1 000卢比）纸币开始被禁用。[49]这些改革促进了印度经济的数字化。2016—2017年，数字支付增长了约18%，从170亿美元增长到200亿美元，[50]而在2014—2019年，印度国内生产总值的年化增长率约为7.5%。[51]

支持数字化的改革并非印度独有。2019年，欧元区国家停止发行500欧元纸币，尽管现有纸币仍然是法定货币。[52]鉴于较成熟经济体中的大多数人已经拥有银行账户，所以应该是金融机构会在管理数字身份系统方面发挥主导作用，而不是政府。

由于拥有管理数百万客户账户的用户界面及必要的基础设施，金融机构可以在数字身份系统中发挥关键作用。[53]银行注册新客户时，基本上都是在从头开始验证客户的身份。印度政府一开始设立了一个中央机构，负责收集其公民的基本信息，[54]而银行只需向其客户索取更多的可验证数据。事实上，这些银行已经具备了安全收集及存储这些信息的规模及成熟度。[55]

在这之后，银行就可以代表政府将客户身份数字化。为了提供便利，政府可以像英国开放银行业务那样，正式制定实施标准，从而为各个机构提供管理其客户数字身份的通用框架。或者，也可以通过金融机构联盟实现这一点，即通过各个联盟集中验证及管理客户的数字身份。[56]

更加去中心化的身份管理方法确实存在。例如，在分布式身份解决方案中，用户验证依赖于多个第三方机构，[57]如公用事业公司或税务机关。实际上，应用程序编程接口（见第一章）就可用于访问第三方系统，用来提供和/或验证用户信息。

案例研究　ConsenSys 公司使用的 uPort：分布式身份

"在如何在所有系统中建立信任方面，我们取得了突破。我们正处于下一场革命，即信任革命的开端。"这是总部位于瑞士的区块链公司 ConsenSys 的创始人 uPort 的开发商约瑟夫·鲁宾（Joseph Lubin）的讲话。[58] 该公司成立于2014年，之所以引人注目，是因为该公司为以太坊开发应用程序，以太坊是鲁宾与人合作共同创建的一个开源区块链系统。[59]

以太坊与比特币一样，也是一个区块链网络。然而，以太坊的特点与比特币大不相同。比特币的背后是矿工的能源成本，而以太坊的价值则来自另一种商品，即计算资源。要理解这一点多么重要，首先必须认识到比特币的稀缺性源于这样一个事实，即比特币只能通过所谓的采矿过程来创造。与金矿开采一样，这一过程需要能源及硬件成本。[60]通过消耗计算资源，矿工们获得发行比特币的权利，即"工作证明"。[61]因为"工作证明"，可以决定谁能够将下一个区块添加到区块链，也进一步用来核对分类账（参见第五章）。

以太坊网络通过股权证明模型核对其账本，网络节点根据其持有的以太坊代币[62]（即以太币）的比例来开采区块。[63]以太坊矿工掌管分散的应用程序，[64]这是这项操作的一个部分，因为工作证明比股权证明（proof-of-stake）能耗低得多。这样一来，以太坊网络实际上成为一个分散的云系统。要想访问网络上的应用程序，用户就必须用以太币支付矿工的费用，[65]这样就产生了对代币的自然需求。因此，以太坊区块链实际上是一个由处理能力支持的货币系统。

尽管以太坊网络消耗的资源与比特币相同（即能源、硬件及劳动力），但以太坊网络会将这些资源转化为更为有用的资源。如果比特币代币可以描述为"数字黄金"，那么以太币可以恰当地描述为数字黄金首饰。这个比喻很贴切，因为制造首饰需要技能及创造力，可以提高黄金的价值，就像软件开发一样。

以太坊上运行的分散应用程序称为"DApp"。[66]计算机程序可以托管在区块链上，尽管这一点看起来似乎令人困惑，但你可能会从第五章中回忆起来，区块链交易不过是信息传输而已，计算机程序也只不过是代码行。由于以太坊是一个开源系统，任何人都可以使用它来启动DApp。[67]此外，这些应用程序的管理独立于以太坊基金会这个支持以太坊网络的非营利组织。[68]

uPort解决方案是DApp的一个示例。该方案是一种身份管理解决方案，用户可以通过以太坊区块链存储及管理其数据。该应用程序本身的功能类似于加密货币钱包，其中的私钥用于验证交易。当然，该程序不发送代币，用户签署交易，允许交易对手访问其数据来验证其身份。[69]

2019年，ConsenSys宣布与普华永道及全球身份管理提供商Onfido建立合作关系。作为这项工作的一部分，ConcenSys将在金融服务中试验uPort解决方案，用于用户验证。对此，uPort的战略及运营负责人爱丽丝·奈费勒（Alice Nawfal）表示，"我们看到安全及隐私保护解决方案的需求不断增加，这些解决方案有助于金融机构之间的个人数据共享。我们的希望是，消费者最终将能够利用他们开户的所有金融机构的数据建立动态、稳健的金融身份，并能够跨服务提供商移植身份"。[70]

如果个人的身份可以数字化，身份验证可以去中心化，那么金融机构也可以吗？毕竟，在许多司法管辖区，公司拥有与个人类似的权利及责任。我们知道，去中心化所需的数字化和非集中化操作已经开始。[71]人们在家办公，基于办公室的工作流程正在自动化，信息技术基础设施也正在向云端移动。

在金融服务中使用uPort有哪些机遇与风险？（参考答案见本章末尾）

金融机构去中心化

金融领域的去中心化已经进行了一段时间。通过非中介化及分拆金融服务，金融科技公司削弱了中央金融机构的作用（见第一章及第二章）。尽管这些金融科技公司会聚集在金融平台上，但考虑到金融服务进一步去中心化所需的技术已经存在，比如区块链及人工智能，因此，这些平台本身的去中心化也可能只是时间问题。

甚至可以说，去中心化组织已经以开源社区的形式存在。这些社区不属于私营企业，它依靠其成员贡献时间及精力来支持手头的项目。事实上，很少有公司能像开源社区那样依靠股东从事无报酬的工作。

去中心化私人组织并非完全未经测试的想法。例如，2016年，去中心化自治组织（DAO）成立。这是一家以太坊企业，其项目由其成员投票决定。由于每个成员的投票比重都是根据其持有的DAO代币的比例进行权衡的，因此这一过程与年度股东大会上的股东决议相当，并且DAO代币可与以太坊代币交换。[72]

DAO实行去中心化管理，项目将由其成员提出并投票决定。一旦接受项目，将通过智能合同委托给承包商，承包商在成功完成后将以以太币支付款项。[73]这样一来，DAO同时既是一个股东公司，又是一个众筹平台，还拥有一款加密货币。

2016年5月，DAO一经推出就引起关注，吸引了约18 000名投资者价值

1.3亿美元的资金。[74]然而，DAO并没有持续多久，诞生刚刚一个多月，一名黑客利用DAO合同机制中的漏洞，从其仓库中窃取了价值7 000万美元的以太币（ETH）。[75]随后，DAO颓然崩塌，美国证券交易委员会进行了调查，发现DAO可能违反了美国证券法，以区块链代币的形式发行了未注册的证券，但随后没有采取任何执法行动。[76]世界似乎暂时关上了去中心化组织的大门。

人性化：自动化经济的优势

在这本书中，我们研究了如何应用技术来使金融服务更快、更便宜、更容易。在本章中，我们探讨了这一趋势的延续将如何促进金融服务进一步向自动化及去中心化方向发展。在未来，机器人顾问、自动语音助理甚至去中心化组织会越来越复杂，在这种情况下，有必要提出这样一个问题：各个金融机构如何使自身具有特色？

在第二章中，我们研究了如何使用行为经济学及细心的界面设计来优化用户体验。然而，如果所有金融机构都追求类似的优化策略，差异化将受到限制。虽然品牌可能会有所不同，但所谓的不同解决方案却仍会让人感觉似曾相识，这就会限制用户体验的深度。此外，自助服务解决方案难以留住客户，这一点已有明证。[77]

因此，金融机构在业务中部署新技术时，必须考虑人的作用。如何去做，将取决于目标用户及目标用户的"痛点"。我们不妨更广泛地解释"用户"这一概念，将内部利益相关者包含在内。毕竟，如果缺乏人与人之间的接触会对留住客户产生负面影响，那么这是否也可能会影响到员工士气及员工绩效？

无论是内部客户，还是外部客户，都有某些固有偏好。这些偏好就是人工服务、服务的透明度、真实性。[78]要想创造独特的用户体验，在将人力资源作为以技术为支撑的服务产品的一部分时，应注意这些偏好。因此，需要对每种偏好进行进一步阐述。

首先，人工服务的渴望直截了当：用户想要的体验是人工服务，而不是机器代理。[79]因此，消费者愿意为手工制作的产品支付额外费用，比如珠宝或礼品卡片。[80]这种相互作用可以解释这样一个事实，即人们愿意为人工提供的财务建议付费，尽管机器人顾问的成本较低，而且水平也越来越高。

其次，用户希望在满足其需求的过程中可以观察到人为的努力；也就是说，他们希望看到有人在做一些事情来帮助他们。[81]这可以解释有些人不愿意使用聊天机器人的原因，有些客户就是喜欢和人对话。事实上，自1989年以来，英国第一家没有分行的银行First Direct一直以"全天候营业"而自豪，该银行拥有一个呼叫中心，总部位于英国。尽管事实是其客户与银行进行数字互动的可能性是通过电话互动的19倍，[82]但有一些客户，无论用户界面的效果如何，都可能继续喜欢人工互动。

情感计算

由于许多人仍希望将"人性化"作为其用户体验的一部分，目前一些组织正在努力打造情感智能的用户界面，或者至少这种界面在用户眼中极具人性化。他们致力于构建能够识别及响应人类情感的系统，即情感计算（affective computing）。[83]由于其复杂性，情感计算是一个多学科领域，需要借鉴计算科学、心理学及认知科学。[84]

人类能够通过有意识及潜意识地提取言语及非言语线索来衡量彼

> 此的情绪，但计算机需要检测用户输入的模式。例如，情绪激动的人可能在讲话中表现出特定的声波频率。人类所表现出的情感信号的范围及深度也可能会阻碍计算机对其情感的解释能力。事实上，人类也经常误读彼此的情感。[85]此外，要想解释人类的情感，计算机必须实时收集整合不同信息。毕竟，人们很可能以不同的方式表达情感，而且往往非常怪异，这一事实会使情况变得愈发复杂。[86]

最后，客户渴望真实的体验。在他们的关键偏好中，这可能是最难制造出来的。如果过于努力，就会有被视为虚伪的风险，因此，要想表现得真实，努力必须恰到好处。例如，过早地将成立年份作为其品牌一部分的餐厅，可能会在更有眼光的客户面前显得很跌份，因为他们能够认清这个伎俩——餐厅老板不过是想利用消费者的心理而已。在这方面，成熟的金融机构比金融科技公司更具潜在优势。在一个全球化数字化的世界中，许多人感到越来越不确定，往往会被有形、有历史且与当地社区有联系的领域所吸引。老牌银行可以通过强调其历史渊源，服务当地企业，通过其分行吸引当地社区来满足这些人们的愿望，这些都是纯数字金融科技绝对没有的潜在优势。

上面强调的客户偏好让我们了解了金融服务组织该如何重新部署未来十年会被自动化取代的员工。因此，金融机构有责任确定可能会实现自动化的工作流程。随着机器学习算法的进步，依赖访问及存储数据的工作将实现自动化，许多管理角色也会变得越来越计算机化。[88]此外，随着算法变得越来越精密，依赖于模式识别的工作流可能也会朝着自动化或者计算机化的方向发展。[89]这种转变已在一些金融领域进行。例如，2000年，高盛在其纽约办事处雇用约600名股票交易员，而到了2017年，该公司只聘用了两名交易员，外加大约200名软件工程师。[90]

另外，据预测，涉及高度创造力和/或情商的工作流受自动化的影响相对较小。[91]但这种预测是建立在对技术未来的其他预测之上的，因此具有不确定性，因为技术发展的速度及性质能够而且一定会让人感到惊讶，即便是最敏锐的观察者也不会例外。我们很难预测新技术将如何塑造世界，至少也很难确切地说会是什么时候。

本章总结

本章探讨了未来十年将影响金融服务业的几个技术趋势，即数字化、自动化及去中心化。不仅如此，在业务中部署新技术的金融机构决不能忘记整合服务，个性化服务。因此，在某些方面，面对金融科技的颠覆，金融业的答案科技含量之低或许会令人惊讶，那就是借助技术，通过人与人之间的接触，提供更方便的服务。

终极锦囊

本章的要点包括：

●随着金融服务越来越便宜，越来越快捷，越来越方便，下一个价值来源可能会是集成不同的技术解决方案。

●鉴于现有的规模及成熟度，银行可以在推进数字身份管理方面发挥关键作用。

●随着自动化及数字化程度不断提高，消费者可能会更偏向于人性化的服务。

讨论要点参考答案

基于语音的解决方案应用于金融服务环境时会如何影响客户体验？

首先，称呼用户的名字，预测客户的需求的个性化金融服务，这些都可能会提高客户保留率。此外，能够审查自己的财务状况及目标，而不必花额外的时间去盯着屏幕，可能对渴望便捷的客户很有吸引力。事实上，这项功能有助于客户保持在预算范围内，并实现其储蓄目标，因为客户的资产会受到更严密的监督，并因此使客户感到"控制"着自己的财务状况（进而感到有动力为实现目标承担更大的责任）。

其次，预测客户需求，并在此基础上向客户推荐其他产品，会让客户感觉他们正在接受个性化服务。也就是说，这些建议需要真正有帮助，并且要与每个客户的需求息息相关。否则，客户会觉得太像是追加销售，就会给客户带来不便。说来说去，如果客户必须费心去考虑一项建议是否有用，就会增加客户的心理交易成本。

最后，如果用户必须要重复自己所说的话，还要口齿清晰，或者还要提供额外的细节，才能让语音助手完成出价，那么用户可能会感到非常懊恼。此外，由于用户习惯于在屏幕上做事情，他们可能会遇到困难，不知道如何保留以听觉形式接收的信息。

在金融服务中使用uPort有哪些机遇与风险？

机遇

- 可以通过uPort应用程序验证身份，从而更快地访问金融服务。
- 减少后台文书工作/后台成本。
- 降低金融机构的数据丢失风险，因为金融机构必须持有较少客户数据。

- 客户数据数字化可以启动数据挖掘来检测机会及威胁。

风险

- 由于疏忽或网络攻击,客户可能会丢失其私钥。

- 数据集中就意味着一处疏漏就可能导致客户丢失最敏感的数据。

- 提供服务的速度加快,网络攻击也随之加快(例如通过使用数字身份来获取贷款)。因此,金融机构需要一个用户界面及各种程序来让客户重置密码/报告攻击。此类应急措施/对策可能会模仿电子邮件提供商的应急措施/对策。

- 语音和私钥双因素身份验证用于移动应用程序可能还不够。

参考文献

1 Townsend, M and Harris, P (2004) Now the Pentagon tells Bush: climate change will destroy us, *The Guardian*, 22 February, www.theguardian.com/environment/2004/feb/22/usnews.theobserver (archived at https://perma.cc/RK7Q-4LDN)

2 PricewaterhouseCoopers (2019) Crossing the lines: How fintech is propelling FS and TMT firms out of their lanes, Global Fintech Report, https://www.pwc.com/gx/en/industries/financial-services/assets/pwc-global-fintech-report-2019.pdf (archived at https://perma.cc/MC4Z-YCZE)

3,10,50 Badi, M, Dab, S, Drummond, A, Malhotra, S, Muxi, F, Peeters, M, Roongta, P, Strauß, M and Sénant, Y (2018) Global Payments 2018: Reimagining the Customer Experience, The Boston Consulting Group, 18 October, www.bcg.com/publications/2018/global-payments-reimagining-customer-experience.aspx (archived at https://perma.cc/UKQ2-AMSJ)

4 Bettencourt, L and Ulwick, A W (2008) The Customer-Centred Innovation Map, *Harvard Business Review*, 86 (5), 109–14 (May)

5 Martinho-Truswell, E (2018) How AI Could Help the Public Sector, *Harvard Business Review*, 53–55 (January–February)

6 Szabo, N (1999) Micropayments and Mental Transaction Costs, www.fon.hum.uva.nl/rob/Courses/InformationInSpeech/CDROM/Literature/LOTwinterschool2006/szabo.best.vwh.net/berlinmentalmicro.pdf (archived at https://perma.cc/8X8L-BKA3)

7,11 Deloitte Consulting LLP (2015) Real-time payments are changing the reality of payments, https://www2.deloitte.com/content/dam/Deloitte/us/Documents/strategy/us-cons-real-time-payments.pdf (archived at https://perma.cc/V4N6-BLEQ)

8 Gapgemini and BNP Paribas (2018) World Payments Report 2018, worldpaymentsreport.com/wp-content/uploads/sites/5/2018/10/World-Payments-Report-2018.pdf (archived at https://perma.cc/VK4T-JZLX)

第九章
优化、去中心化及个性化

9 Large, J (2005) Clearing and settlement in payment card schemes, The Global Treasurer, February 14, www.theglobaltreasurer.com/2005/02/14/clearing-and-settlement-in-payment-card-schemes/ (archived at https://perma.cc/JB5L-LZLB)

12 Swift (2020) ISO 20022 Programme, www.swift.com/standards/iso-20022-programme (archived at https://perma.cc/LK6Z-EJAR)

13 Swift (2020) About Us, www.swift.com/about-us (archived at https://perma.cc/5E3L-BYVY)

14,15 Swift (2019) ISO 20022: Better data means better payments - Why correspondent banking needs ISO 20022 now, www.swift.com/swift-resource/229416/download (archived at https://perma.cc/G88Y-D7E4)

16 Desai, M (2020) The benefits of a cashless society, World Economic Forum Annual Meeting, 7 January, www.weforum.org/agenda/2020/01/benefits-cashless-society-mobile-payments/ (archived at https://perma.cc/C4WL-KBHL)

17 Hardekopf, B (2020) Is a Cashless Society Good For America?, *Forbes*, 24 February, www.forbes.com/sites/billhardekopf/2020/02/24/is-a-cashless-society-good-for-america/(archived at https://perma.cc/T625-LUNR)

18 Federal Reserve Bank of San Francisco (2019) Impacts of Cashless Business on Financial Inclusion, 19 August, www.frbsf.org/our-district/about/sf-fed-blog/impacts-cashless-business-financial-inclusion/ (archived at https://perma.cc/FXK8-YDBH)

19,20 Sajter, D (2013) Privacy, Identity, and the Perils of the Cashless Cociety, in *Culture, Society, Identity - European Realities*, papers.ssrn.com/sol3/papers.cfm?abstract_id=2285438 (archived at https://perma.cc/3P9D-WQ9P)

21, 25 – 28 Businesswire (2017) D3 Banking Introduces Intelligent Voice Banking with Amazon's Alexa: Natural language interactions provide a simple and intuitive way of banking, 22 February, www.businesswire.com/news/home/20170222005349/en/D3-Banking-Introduces-Intelligent-Voice-Banking-Amazon%E2%80%99s (archived at https://perma.cc/U5R3-EMFL)

22 Amazon.com, Inc. (2020) Alexa and Alexa device FAQs, www.amazon.com/gp/help/customer/display.html?nodeId=201602230#GUID-1CDA0A16-3D5A-47C1-9DD8-FDEDB10381A3__GUID-A596C73E-1A6B-4385-B1AC-F8A09EF2EBC6 (archived at https://perma.cc/5BP2-MCHE)

23,24 D3 Banking Technology (2019) Platform, www.d3banking.com/platform/ (archived at https://perma.cc/57JS-MT3K)

29,30 Porcheron, M, Fischer, J E, Reeves, S and Sharples, S (2018) Voice interfaces in everyday life, in The ACM CHI Conference on Human Factors in Computing Systems, Montréal, Canada

31,32 Myers, C, Furqan, A, Nebolsky, J, Caro, K and Zhu, J (2018) Patterns for how users overcome obstacles in voice user interfaces, in The ACM CHI Conference on Human Factors in Computing Systems, Montréal, Canada

33 BNP Paribas (2017) Virtual reality: step into the future of banking, 9 August, group.bnpparibas/en/news/virtual-reality-step-future-banking (archived at https://perma.cc/C2XF-NBHS)

34 Bandyopadhyay, D and Sen, J (2011) Internet of Things: Applications and Challenges in Technology and Standardization, *Wireless Personal Communications*, 58, 49–69

35 Lee, I and Lee, K (2015) The Internet of Things (IoT): applications, investments, and challenges for enterprises, *Business Horizons*, 58, 431–40

36 Palattella, M R, Dohler, M, Grieco, A, Rizzo, G, Torsner, J, Engel, T and Ladid, L (2016) Internet of Things in the 5G Era: Enablers, Architecture and Business Models, *IEEE Journal on selected areas in communications*, 34 (3), 510–27

37,38 Huckle, S, Bhattacharya, R, White, M and Beloff, N (2016) Internet of Things, Blockchain and Shared Economy Applications, *Procedia Computer Science*, 98, 461–66

39 Khatri, Y (2019) Jaguar Land Rover Plans to Give Drivers Crypto in Return for Their Data, Coindesk, 29 April, www.coindesk.com/jaguar-land-rover-plans-to-give-drivers-crypto-in-return-for-their-data (archived at https://perma.cc/6NUX-T9QG)

第九章 | **323**
优化、去中心化及个性化

40,41 Toyota Research Institute (2017) TRI Explores Blockchain Technology for Development of New Mobility Ecosystem, www.tri.global/news/toyota-research-institute-explores-blockchain-technology-for-development-of-new-mobility-ecosystem-2017-5-22 (archived at https://perma.cc/3KRN-H8BZ)

42,43 Domingos, P (2015) *The Master Algorithm: How the quest for the ultimate learning algorithm will remake our world*, Penguin Books, London

44,53,55,56,57 McWaters, J, Bruno, G, Galaski, R, Drexler, M and Robson, C (2016) A Blueprint for Digital Identity: The role of financial institutions in building digital identity, World Economic Forum, www3.weforum.org/docs/WEF_A_Blueprint_for_Digital_Identity.pdf (archived at https://perma.cc/DS5U-JUHE)

45,54 Banerjee, S (2016) Aadhaar: Digital inclusion and public services in India, in World Development Report, World Bank Group, pubdocs.worldbank.org/en/655801461250682317/WDR16-BP-Aadhaar-Paper-Banerjee.pdf (archived at https://perma.cc/49QD-FBPD)

46 Honohan, P (2008) Cross-country variation in household access to financial services, *Journal of Banking and Finance*, 32, 2493–500 (May)

47 World Bank (2018) The Little Data Book on Financial Inclusion 2018, openknowledge.worldbank.org/handle/10986/29654 (archived at https://perma.cc/UY3C-7598)

48 Agarwal, S (2018) India's Demonetization Drive: A necessary jolt towards a more digital economy?, 1 September, www.forbes.com/sites/nusbusinessschool/2018/09/01/indias-demonetization-drive-a-necessary-jolt-towards-a-more-digital-economy/#39e486423dc3 (archived at https://perma.cc/3DUE-3C4Z)

49 Euromonitor, Passport (2015) in: Govil, S, Whitelaw, D and Spaeth, P (2016) Perspectives on accelerating global payment acceptance, Visa Inc, usa.visa.com/visa-everywhere/global-impact/accelerating-electronic-payments-worldwide.html (archived at https://perma.cc/G3JD-7T5A)

51 Boone, L, Joumard, I and de la Maisonneuve, C (2020) Structural reforms are key for a more prosperous and inclusive India, OECD, 3 December, oecdecoscope.blog/2019/12/05/structural-reforms-are-key-for-a-more-prosperous-and-inclusive-india/ (archived at https://perma.cc/5XWT-7U5X)

52　European Central Bank (2020) Banknotes, www.ecb.europa.eu/euro/banknotes/html/index.en.html#500 (archived at https://perma.cc/Q3H5-GXZH)

58,69　ConsenSys (2015) UPort: The wallet is the new browser, 1 October, media.consensys.net/uport-the-wallet-is-the-new-browser-b133a83fe73 (archived at https://perma.cc/C4TK-TKX6)

59　ConsenSys (2020) About us: ConsenSys is a market-leading blockchain technology company, consensys.net/about/ (archived at https://perma.cc/HE57-5LVZ)

60,61　Nakamoto, S (2008) Bitcoin: A peer-to-peer electronic cash system, bitcoin.org/bitcoin.pdf (archived at https://perma.cc/6N5N-2NPQ)

62,64　Buterin, V (2020) Ethereum Whitepaper, 27 May, ethereum.org/whitepaper/ (archived at https://perma.cc/QWQ6-BN6M)

63,65　Ethereum Foundation (2020) What is Ether (ETH)? 11 April, ethereum.org/eth/ (archived at https://perma.cc/Y9VS-MF5A)

66,67　Ethereum Foundation (2020) What is Ethereum? 13 May, ethereum.org/what-is-ethereum/ (archived at https://perma.cc/3GA8-JBA6)

68　Ethereum Foundation (2020) About the Ethereum Foundation, 8 May, ethereum.org/foundation/ (archived at https://perma.cc/GKJ4-77DK)

70　ConsenSys (2019) PwC and Onfido to Join uPort's Portable Identity Effort in the UK Finserv, 23 September, consensys.net/blog/press-release/uport-with-onfido-pwc-_-sibos-2019/ (archived at https://perma.cc/GM5J-DM6H)

71　Kypriotaki, K N, Zamani, E D and Giaglis, G M (2015) From Bitcoin to decentralized autonomous corporations, in Proceedings of the 17th International Conference on Enterprise

Information Systems, 284–90

72,73 Jentzsch, C (2016) Decentralised autonomous organization to automate governance – final draft – under review, archive.org/stream/DecentralizedAutonomousOrganizations/WhitePaper_djvu.txt (archived at https://perma.cc/RVW2-BFFL)

74 Simonite, T (2016) The 'Autonomous Corporation' Called the DAO is Not a Good Way to Spend $130 Million, MIT Technology Review, 17 May, www.technologyreview.com/s/601480/the-autonomous-corporation-called-the-dao-is-not-a-good-way-to-spend-130-million/ (archived at https://perma.cc/A9UV-DJJR)

75 Falkon, S (2017) The story of the DAO – its history and consequences, Medium, 24 December, https://medium.com/swlh/the-story-of-the-dao-its-history-and-consequences-71e6a8a551ee (archived at https://perma.cc/R75X-ZKW8)

76 Securities and Exchange Commission (2017) Report of Investigation Pursuant to Section 21(a) of the Securities Exchange Act of 1934: The DAO, www.sec.gov/litigation/investreport/34-81207.pdf (archived at https://perma.cc/LS2Q-H6AS)

77 Scherer, A, Wangenheim, F and Wünderlich, N (2015) The value of self-service: Long-term effects of technology-based self-service usage on customer retention, *MIS Quarterly*, 39 (1), 17–200 (March)

78,79,81,87 Waytz, A (2019) When customers want to see the human behind the product, *Harvard Business Review*, 5 June, hbr.org/2019/06/when-customers-want-to-see-the-human-behind-the-product (archived at https://perma.cc/YSH9-4ZLB)

80 Fuchs, C, Schreier, M and van Osselaer, S M J (2015) The handmade effect: What's love got to do with it? *Journal of Marketing*, 79 (2), 98–110

82 HSBC Bank plc (2020) About First Direct, www2.firstdirect.com/press-releases/about-first-direct/ (archived at https://perma.cc/H952-DEJD)

83,84 Banafa, A (2020) What is Affective Computing? BBVA Group, 6 June, www.bbvaopenmind.com/en/technology/digital-world/what-is-affective-computing/ (archived at https://

perma.cc/Y887-EH2U)

85,86 Picard, R W (2003) Affective computing: Challenges, *International Journal of Human-Computer Studies*, 59, 55–64

88,89,91 Frey, C B and Osborne, M A (2017) The future of employment: How susceptible are jobs to computerisation?, *Technological Forecasting & Social Change*, 114, 254–80

90 Byrnes, N (2017) As Goldman Embraces Automation, Even the Masters of the Universe Are Threatened, MIT Technology Review, 7 February, www.technologyreview.com/s/603431/as-goldman-embraces-automation-even-the-masters-of-the-universe-are-threatened/ (archived at https://perma.cc/Z472-6QP2)

术语表

阿达尔（Aadhar）：印度数字身份系统的印地语名称。可以翻译为"基础"（base或foundation）。

算法（Algorithm）：可供计算机执行的一组指令。例如，如果一个投资算法发现黄金在之前52周的交易价格低于平均价格，可能会购买黄金。

反洗钱/打击恐怖主义融资（AML/CFT）：反洗钱/打击资助恐怖主义；旨在阻止资金流入及流出犯罪企业及恐怖活动的规则及程序。

锚定（Anchoring）：当个人决策受到他们接触到的第一条信息的不成比例的影响时，称为锚定，因为这些信息会框定对附加信息的评估。

人工智能（AI）：人类部署的计算机程序，使之具有一定程度的自主性，可以满足图灵测试的要求。

出价-询价（Bid-ask，又名Bid offer）：在金融市场交易时，买方将报出较高的价格，卖方将接受较低的价格，差额（价差）归做市商所有。

大数据（Big Data）：涉及大规模数据集及各类数据管理系统的各种定量决策方法。

大型科技企业（Big tech）：总部位于美国的几家大型知名科技公司，其中包括微软、谷歌、脸书及亚马逊。

云（Cloud computing）：总括性描述，指在远程第三方计算机上进行的任何计算。

专属自保公司（Captive）：在公司集团内设立的子公司，旨在为集团内人员和资产提供保险服务。

无现金（Cashless）：不使用现金或其他有形资产的电子交易。

选择过载（Choice overload）：人们暴露于太多选择及/或信息，结果阻碍了理性决策。

成本领先（Cost-leadership）：通过以最低价格提供产品/服务来寻求竞争；数据同步中间件Porter的一般性策略之一。

加密货币（Cryptocurrency）：当前货币系统的区块链代币（如比特币）。

密码学（Cryptography）：数学的一个分支学科，用于隐藏信息，从而保护信息免受窥探。

决策疲劳（Decision fatigue）：一种认知现象，一个人面临一连串或众多选择时，会逐渐缺乏作出理性决策的能力。

差异化（Differentiation）：与成本领先相反，一个人试图通过提供独特的产品/服务来进行竞争，这样做是为了证明收取更高价格的合理性。

数字原住民（Digital native）：随着互联网成为大多数家庭主流产品而长大的人，或者不记得没有互联网之前生活的人。

规模不经济（Diseconomies of scale）：与规模经济相反；一个实体变得过于庞大，会因其规模而产生额外的成本，如额外的监控及审计成本。此外，因个人行动者追求自己的目标而使管理目标受挫，有时也会给整个组织带来损害。

颠覆性创新（Disruptive innovation）：一种竞争理论，主要由哈佛商学院教授克莱顿·克里斯坦森（Clayton Christensen）提出。在颠覆性创新中，创新者通过在其市场中追求被忽略的客户细分市场来打乱已有秩序，以便在转向更有利的细分市场之前建立立足点。

规模经济（Economies of scale）：一个实体规模不断扩大，会带来竞争优势。供应商的批量采购折扣就是一个例子，品牌认知也是一例。

有效市场假说（Efficient market hypothesis，EMH）：该理论认为，除非偶然现象，否则金融市场不可超越，因为所有可用信息都已反映在市场价格中。

加密（Encryption）：与解密相反，通过将信息转换为其他内容（如哈希）来隐藏信息。

道德黑客（Ethical hackers）：受雇闯入系统的顾问，目的是将漏洞暴露出来。

金融科技（Financial technology，fintech）：将科技应用于金融，让金融服务更快、更便宜、更方便、更容易。

全球金融危机（GFC）：2007—2009年的全球金融危机，有时被称为信贷紧缩（credit crunch）。

做多（Going long）：购买证券，从价格上涨中获利的行为。

硬件及其他非托管钱包解决方案（Hardware and other non-custodial wallet solutions）：加密货币钱包，不依赖第三方来保护用户的私钥。通常是基于USB的设备。

哈希（Hash）值：哈希算法的输出结果。

国际标准化组织20022（ISO20022）：金融机构之间交易通信的国际标准框架。

了解你的客户（Know your client/customer，KYC）：了解你的客户是一款反洗钱制度，在该制度中，公司要求确认新客户的身份，并了解客户寻求该公司服务的理由。

流动性（Liquidity）：由于买卖双方之间的集团内竞争，市场规模越大，证券就越便宜，交易也越容易。

中间价（Mid-price）：一个市场中买入价与卖出价的平均值。换言之，就是买方及卖方所偏爱的价格之间的中间地带。

《金融工具市场指令Ⅱ》（*MiFID* Ⅱ）：一项欧盟立法，用于监管与股票、债券、投资基金及衍生品相关的交易场所及服务提供商。

货币市场基金（Money-market fund）：投资于短期银行存款/债务证券的基金。

抵押贷款支持证券（Mortgage-backed securities，MBS）：一种由大量抵押贷款支持的投资，投资者可以获得多样化的抵押贷款付款流，以换取违约风险。

网络效应（Network effect）：认为随着网络规模（即"连接"规模）增大，网络对参与者来说变得更有用和/或更有价值的一种想法。

助推（Nudge）：个人环境中的一种细微变化，旨在引导他们的决策朝着理想的结果前进。

网上银行（Online banking）：通过互联网浏览器或智能手机应用程序处理银行事务。在许多情况下，消除了去银行分行的必要性。

被动投资（Passive investment）：一种投资策略，该策略不寻求通过挑选个别股票来跑赢股市；相反，个人会投资于整个市场指数，从而确保取得市场的平均回报。

补丁（Patch/Patches）：软件缺陷或其他操作问题的解决方法或修复方法。

点对点贷款平台［Peer-to-peer (p2p) lender］：一个连接储户及借款人的平台。理论上讲，通过银行脱媒，点对点贷款平台应该可以确保储蓄率更高、借贷率更低。

私钥（Private key）：一种唯一性密码，用于授予对区块链上单个公共地址的访问权限。

工作证明（Proof of work）：以一定数量的零开始的哈希输出，比特币采矿者必须找到这些零才能添加比特币区块链的下一块。所需的零数根据网络上的计算能力而变化，因此大约每10分钟添加一个新块。

公共地址（Public address）：区块链上与特定私钥相关的位置，换句话说，就是只有私钥持有人才能访问的位置。

监管套利（Regulatory arbitrage）：将公司迁往法律及/或法规较为宽松的司法管辖区，以尽量减少监管审查及合规成本的行为。

监管办公室（Regulatory office）：在金融科技背景下，监管办公室指监管机构内的一个团队，专门负责监管金融科技公司，从而为金融科技初创公司提供更多特定行业支持。

被遗忘权（Right to be forgotten）：个人有权要求搜索引擎或其他数据存储库删除其个人数据。在《通用数据保护条例》中，称为擦除权（right to erasure）。

风险（Risk）：好事或坏事发生的可能性。

抛售（Run）：大量储户决定从银行提取资金，从而导致银行倒闭。也可能发生在其他金融机构，例如投资者决定从开放式投资基金中撤出资本。

科学管理（Scientific management）：一种效率驱动的管理理论，强调员工专业化、工作流程规划及绩效衡量。

证券化（Securitization）：将抵押贷款、租金收入或人寿保险费等未来现金流的交押作为投资出售给第三方，从而将初始合同转化为证券。

证券（Security/Securities）：可以买卖的金融工具，该金融工具构成对股票或债券等未来现金流的交押。

影子银行（Shadow bank）：投资于证券化银行贷款或其他形式债务的非银行实体，因为上述行为，影子银行要像银行一样承担信用风险。

卖空（Short-selling）：借贷证券，然后出售，以期从价格下跌中获利的行为。为了使证券的借贷人受益，卖空者必须在市场上回购证券，并将证券返还给借贷人；如果价格下跌，卖空者就会获利。

竖井心理（Silo mentality）[①]：团队及部门对其目标/风险的看法过于狭隘，忽视了其组织面临的更大前景时，就会出现孤岛心理这一问题。

法律精神（Spirit of the law）：为了真正遵守法律，必须在原则上遵守法律，而不仅仅是在技术上遵守法律。法律精神是为了防止人们玩弄规则。

价差（Spread）：金融中介通过联系交易双方（即低价买入、高价卖出）而获得的财务收益。例如，银行支付的存款利率将低于向借款人收取的利率。

堆栈（Stack）：将技术模块化及/或解决方案安排到多个层中，使每个层都依赖于其下面的层。

静态存储（Stored at rest）：数据或信息以数字方式存储，但不使用。

环球银行金融电信协会（SWIFT）：一家会员所有的金融信息服务合作社及网络。

恐慌指数（The Fear Index）：一部惊悚片，作者罗伯特·哈里斯（Robert Harris），创作于2011年，该片描述了一支有了自身想法的对冲基金。

技术中立（Technology neutral）：一种政策立场，决策者及监管者寻

---

① 或译"筒仓心态"，"孤岛心理"等。——译者注

求在金融服务等方面对技术的应用进行监管，而不是支持或不支持个别技术。

令牌（Token）：在令牌化的背景下，验证交易时用来代替用户卡号或其他敏感细节的备用号码。

太大而不能倒（Too big to fail）：该观点认为一些金融机构太过庞大，这些机构的倒闭会拖垮金融体系。因此，人们认为这些机构拥有隐性救助担保，也就是说，政府会被迫干预，拯救金融体系。这种相互关系可能会产生问题，因为它会激励金融机构不计后果地去冒险。

图灵测试（Turing Test）：一种评估标准，用来评估一个机器是否可以称为"人工智能"；如果该机器能够以相当于或优于人类能力的熟练程度执行任务，那么就可以视为人工智能。

双边市场（Two-sided markets）：以实体或平台为中心的市场，该市场至少有两个利益相关者群体，实体对一个群体所采取的行动会影响另外一（几）个群体的结果。

解除绑定（Un-bundling）：传统银行模式为客户提供全套产品的想法正在被规模较小的金融科技公司推翻，这些金融科技公司向客户提供更好/更便宜的个人产品，用来吸引客户。

虚拟资产服务提供商（Virtual asset service provider，VASP）：提供区块链代币等虚拟资产相关服务的实体。根据国际反洗钱指南，也包括与虚拟资产的交换、管理、保管及发行有关的活动。

语音助手（Voice assistant）：支持网络的控制台及/或智能手机应用程序，可对用户的语音输入作出反应。

白色标签（White-labelling）：用自己的品牌销售由他人生产/提供服务的产品。例如，许多自有品牌的超市产品都贴有白色标签。

群体智慧（Wisdom of the crowds）：一个较大群体的平均估计值能更好地估计/预测不确定的事实及结果，因为其中的极端估计/预测可以相互抵消。

一切即服务（XaaS）：一切都是服务；该观念认为技术可以将产品转化为可出租的服务，而非需要购买的服务。软件即服务（Software-as-as-service）就是一个典型的例子。

收益率（Yield）：可以通过以现行价格购买证券来实现的年化收益率；价格越低，潜在回报越高。